"十三五"职业教育 | 全国**创新创业**教育
国家规划教材 | "十三五"规划教材

大学生
创新创业 | 指导

慕课版

INNOVATION AND
ENTREPRENEURSHIP

刘霞 宋卫 ● 主编

人民邮电出版社
北　京

图书在版编目（CIP）数据

大学生创新创业指导 ：慕课版 / 刘霞，宋卫主编
. -- 北京 ：人民邮电出版社，2019.1（2023.1重印）
全国创新创业教育"十三五"规划教材
ISBN 978-7-115-48924-1

Ⅰ. ①大… Ⅱ. ①刘… ②宋… Ⅲ. ①大学生－创业
－高等学校－教材 Ⅳ. ①G647.38

中国版本图书馆CIP数据核字(2018)第267435号

内 容 提 要

本书采用项目驱动的编写方式，紧紧围绕创新创业过程中完成各阶段任务所需的知识和能力来选择和组织课程内容。根据创新创业过程中可能遇到的问题的先后，本书分为开启创新创业思维、筛选创业机会、设计商业模式、制订创业计划、建设创业团队、整合创业资源、办理新企业开办手续、新企业日常管理、初创期的营销推广、管控创业风险、入门典型创业方式 11 个项目，每个项目又进一步细分为若干个任务。

本书是"创新创业"在线网络课程配套一体化教材，建有视频资源、题库等在线教学资源。本书不仅可以作为高等院校"创新创业"公共基础课程的教学用书，也可以作为创新创业培训用书和立志创业的相关人员的参考用书。

◆ 主 编 刘 霞 宋 卫
　 责任编辑 古显义
　 责任印制 马振武

◆ 人民邮电出版社出版发行　　北京市丰台区成寿寺路 11 号
　 邮编 100164　电子邮件 315@ptpress.com.cn
　 网址 http://www.ptpress.com.cn
　 北京市艺辉印刷有限公司印刷

◆ 开本：787×1092　1/16
　 印张：16.5　　　　　　　 2019 年 1 月第 1 版
　 字数：342 千字　　　　　 2023 年 1 月北京第 17 次印刷

定价：48.00 元

读者服务热线：(010)81055256　印装质量热线：(010)81055316
反盗版热线：(010)81055315
广告经营许可证：京东市监广登字 20170147 号

PREFACE 前·言

大学生是最具创新、创业潜力的群体之一。大学生的创新创业教育是增强其创新创业意识、焕发创新创业精神、提高创新创业能力、促进创业活动的基石,是深化高等教育教学改革、培养学生创新精神和实践能力的重要途径,同时也是落实以创业带动就业、促进高校毕业生充分就业的重要措施。随着人们对创业活动的社会贡献的认知不断提升,创业及创业教育问题开始受到普遍关注。自2012年起,中华人民共和国教育部(简称教育部)对创新创业课程普及化的要求日益明确。广大高职院校积极响应号召,陆续开始面向全体学生开设"创新创业"这门课程。

创新创业教育课程作为创业教育的主要载体与工具,是创业教育理念、教育原则转化为具体教育实践的主要载体之一,也是培养具有创业素质人才的关键。

本书作为"创新创业"在线课程配套的一体化教材,根据教育部关于大学生创新创业教育的最新精神,在借鉴国内外成功经验的基础上组织内容,吸纳当代创新创业教育的最新成果,立足当前实际,对大学生创业的基本知识、基本理论、实务操作进行系统分析和全面讲解。本书为有别于传统知识传授的新形态一体化教材,着力推进信息技术与课程教育教学的深度融合,同步建立系列在线课程,形成丰富的涵盖教学短视频、案例、PPT、试题库等多样教学资源的立体化教学资源库。

本书由人邮学院平台为学习者提供优质的慕课课程,课程结构严谨,学习者可以根据自身的学习程度,自主安排学习进度。

现将本书与人邮学院的配套使用方法介绍如下。

1. 读者购买本书后,刮开粘贴在书封底上的刮刮卡,获取激活码(见图1)。
2. 登录人邮学院网站(www.rymooc.com),使用手机号码完成网站注册(见图2)。

图 1　激活码　　　　　　　　　　　　图 2　人邮学院首页

3. 注册完成后,返回网站首页,单击页面右上角的"学习卡"选项(见图3)进入"学习卡"页面（见图4），即可获得慕课课程的学习权限。

图3　单击"学习卡"选项

4．获取权限后，读者可随时随地使用计算机、平板电脑及手机进行学习，还能根据自身情况自主安排学习进度。

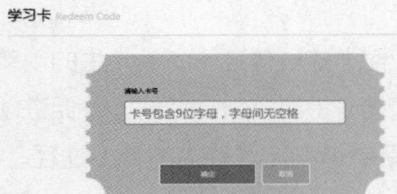

图4　在"学习卡"页面输入激活码

5．书中配套的教学资源，读者也可在该课程的首页找到相应的下载链接。关于人邮学院平台使用的任何疑问，可登录人邮学院咨询在线客服，或致电：010-81055236。

本书采用启发、参与、研讨、案例的编写方式，紧紧围绕创新创业各项目任务完成的需要来选择和组织课程内容，重点突出对学生创新创业意识的培养。本书根据大学生创新创业过程中可能会遇到的问题，按其先后发生顺序分为11个项目，分别由刘霞、宋卫、陆婷、彭苏秦、罗娟、赵宇萱等共同编写。其中，刘霞、宋卫共同编写项目1，刘霞编写项目3～项目5，罗娟、刘霞共同编写项目6和项目10，陆婷、宋卫共同编写项目2和项目9，彭苏秦编写项目7和项目8，赵宇萱编写项目11，全书由刘霞、宋卫负责统稿、定稿。

由于时间仓促，书中不妥之处在所难免，恳请读者批评指正。邮件联系方式：liuxia@ccit.js.cn。

编者

2018年5月

CONTENTS
目·录

项目1

开启创新创业思维

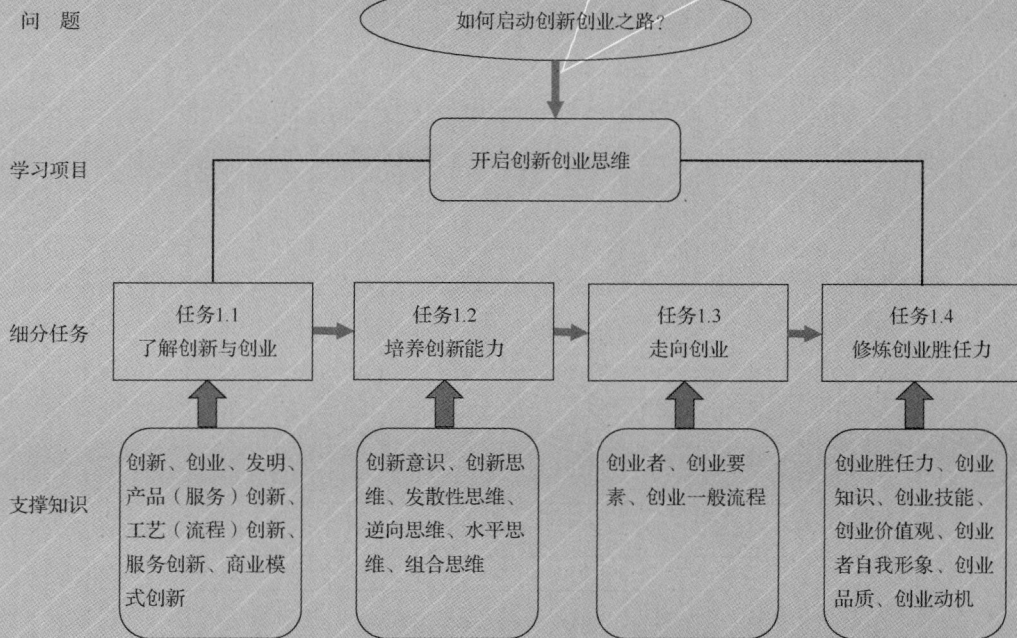

问　题	如何启动创新创业之路？

学习项目	开启创新创业思维

细分任务	任务1.1 了解创新与创业	任务1.2 培养创新能力	任务1.3 走向创业	任务1.4 修炼创业胜任力
支撑知识	创新、创业、发明、产品（服务）创新、工艺（流程）创新、服务创新、商业模式创新	创新意识、创新思维、发散性思维、逆向思维、水平思维、组合思维	创业者、创业要素、创业一般流程	创业胜任力、创业知识、创业技能、创业价值观、创业者自我形象、创业品质、创业动机

项目1｜知识（技能）框架图

知识目标

- 掌握创新的内涵与特点
- 熟悉创新的各种类型
- 掌握创新思维训练方式
- 熟悉创业的一般流程
- 掌握创业胜任力的构成

技能目标

- 能初步树立创新创业意识，主动开展创新思维训练和创业胜任力培养

任务1.1　了解创新与创业

一、创新与创业的概念

1. 创新的概念

经济学上，创新（Innovation）的概念最早是由政治经济学家约瑟夫·熊彼特（Joseph Alois Schumpeter）于1911年在《经济发展理论》中首次提出的。根据他的定义，创新就是一种"新的生产函数的建立"，即"企业家对生产要素的新组合"，其目的在于获取潜在的超额利润。

熊彼特认为创新有五种，主要包括：① 引入一种新的产品或赋予产品一种新的特性；② 引入新的生产方法，即采用新的工艺或新的生产组织方式；③ 开辟一个新的市场；④ 获取原材料或半成品的一个新的供应来源；⑤ 创建一个新组织。

拓展阅读

第一代创新理论

熊彼得在1934—1944年间研究提出强调企业家作用的交互式创新理论是第一代创新理论，如图1-1所示。

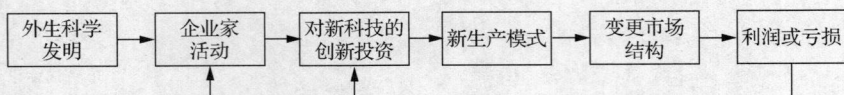

图1-1 | 熊彼得的第一代创新理论

美国国家科学基金会（National Science Foundation of USA）在其1969年的《成功的工业创新》中将创新定义为技术变革的集合。该机构认为技术创新是一个复杂的活动过程，从新思想、新概念开始，通过不断地解决各种问题，最终使一个由经济价值和社会价值的新项目得到实际的成功应用。我国的技术创新研究始于20世纪80年代，学者们对于创新的界定多从"技术"角度，强调创新主要是从技术着手，对产品或工艺进行改进或变革，从而创造新的价值。

社会学认为，创新是指人们为了发展需要，运用已知的信息和条件，突破常规，发现或产生某种新颖、独特的有价值的新事物、新思想的活动。创新的本质在于突破，即突破旧的思维定势，旧的常规戒律，改进或创造新的事物（包括但不限于各种方法、元素、路径、环境等），从而创造出有价值的成果。创新活动的核心是"新"，它或者是产品的结构、性能和外部特征的变革，或者是造型设计、内容的表现形式和手段的创造，或者是内容的丰富和完善。

概括而言，创新是指人们为了发展需要，运用已知的信息和条件，以现有的知识和物质，在特定的环境中突破常规，发现或产生某种新颖、独特的有价值的新事物、新思想的活动。

随着知识经济时代的到来，科学技术的进步与创新已经成为经济社会发展的决定性力量。越来越多的企业用实践证明，高效率的生产、优质的质量、品牌等已经不足以让一家企业永远获得持续的市场竞争优势，创新才是各类企业生存与发展的自然选择。

2. 创业的概念

"创业"一词在我国古代就被人们提及，《孟子·梁惠王》中提到："君子创业垂统，为可继也"，《后出师表》中提到："先帝创业未半而中道崩殂"。这里的创业是指创立基业。在现代社会中，"创业"是一个与保持前人已有成就和业绩的"守业"相对的概念，用来描述开创某种事业的活动。

虽然"创业"这一现象受到了理论界和实务界的普遍关注，但是迄今为止，创业仍然是一个非常宽泛的名词，学术界尚未形成统一的"创业"概念。通过对已有定义的总结来看，在所有的创业定义中出现频率较高的有：开创新事业、创建新组织、创造资源新组合、创新、捕捉机会、承担风险和创造新价值。

在借鉴前人研究成果的基础上，创业可定义为："创业者围绕创业机会通过创新性的提供产品或服务来实现新价值创造的过程"。这一定义包含了以下几个方面的内涵。

① 创业活动具有显著的机会导向。创业活动是围绕创业机会而开展的一系列活动，创业的过程也就是创业者在识别机会、开发和利用机会，实现机会价值的过程。

② 价值创造。任何成功的创业活动都必然会在一定程度上实现对人们物质和精神生活的丰富，进而对社会和经济发展有所贡献。

③ 创新依赖性。创业离不开创新与变革，创业者只有不断突破自己的长期思维方式

的局限，才能识别出创业机会，进而做到创新。

④ 顾客导向。创业者先从识别顾客入手，根据顾客的需求提供产品和服务。

从本质而言，创业是富有创新精神的创业者运用现有的知识与机会结合并创造价值的活动。创业活动的本质可归纳为八种创造活动，即财富的创造、企业的创造、创新的创造、变革的创造、雇佣的创造、价值的创造、增长的创造和管理的创造。

创新创业知识

创新视野下的创业类型划分

（1）根据创新内容的不同，可将创业分为"产品创新式创业""营销创新式创业"和"流程创新式创业"。

产品创新式创业是基于产品的技术或工艺的创新而开展的创业活动，如腾讯公司依靠QQ实现创业。

营销创新式创业是指创业者通过采取有别于已有厂商的，能给消费者带来更高满意度的市场营销模式的一种创业方式，如国美电器通过创新电器售卖方式实现创业。

流程创新式创业是指那些靠更有效地实现产品商业化和产业化的创业活动，如戴尔公司依靠其著名的"直接经营"模式实现创业。

（2）按照对个人和市场的影响程度，可将创业划分为"复制型""模仿型"和"颠覆型"三种。

复制型创业是指创业者复制原有公司的经营模式，创新的成分很低，如某人原本在某外贸企业从事外贸业务，离职后自行创立一家与原公司类似的新外贸公司。

模仿型创业是创业者模仿已取得创业成功的企业开展创业活动。模仿型创业虽然无法带来新价值的创造，创新的成分也很低，但与复制型创业的不同之处在于，模仿型创业的创业过程对于创业者而言还是具有很大冒险成分的，如模仿ICQ创立的QQ。

颠覆型创业是创业者根据创新构想所进行的创业活动。该类创业是一种难度很高的创业类型，有较高的失败率，但成功所得的报酬也很惊人。这种类型的创业如果想要获得成功，必须在创业者能力、创业时机、创业精神发挥、创业策略研究拟定、经营模式设计、创业过程管理等各方面都有很好的搭配，如扎克伯格将社区的理念搬上网络，创立了Facebook。

3. 创新、发明与创业的关系

（1）创新与发明的关系

创新与发明经常被很多人混为一谈，二者其实有着本质的区别。在最早提出创新的概念时，熊彼特就认为"创新"是一个经济范畴而非技术范畴的概念。

"发明"（Invention）是提供独创的、首创的、新颖的、有意义的成果的活动。只有当一个发明投放市场并被消费者所接受，并且消费者认为其具有某种实际的、正面的、革新性的价值后，人们才会意识到这个发明是一种"创新性"的产品。

需要关注的是，"创新"不仅是指科学技术上的发明创造，更是指把已发明的科学技术引入企业之中，形成一种新的生产能力。有些创新根本不包含发明，而是在原材料供应、生产、销售等企业价值链中的活动展开创新。

双创学堂

技术创新与其他概念的区别

技术创新与其他概念的区别如表1-1所示。

表1-1 技术创新与其他概念的区别

概念名称	简要定义	与技术创新的显著区别
发明	第一次提出新概念、新思想、新原理	缺少大量生产与市场化的活动
基础研究	认识世界，为推动科技进步而进行的探索性活动，没有特定的商业目的	缺乏深入的试制、生产与市场化活动
应用研究	为增加科技知识并为某一特定实际目标而进行的系统性创造活动	与生产和市场化联系不足
开发研究	运用基础研究与应用研究的知识来开发新材料、新产品、新装置	仍未考虑市场化的工作
技术引进	引进新设备、人才，以提高生产与市场能力	能否进入市场不能保证
技术改造	主要是对生产设备进行系统或部分的更新	可以完善生产能力，但能否市场化尚不得知
技术变革	严格意义上是从发明到技术创新、技术扩散的全过程	比技术创新的过程更长，属于经济学概念，现实中操作较难
技术进步	若干年内技术创新的累积与综合性过程	对技术创新的后期总结

（2）创新与创业的关系

创新与创业二者有着不可分割的内在联系。创业的关键在于创新，创新是创业的源泉，持续创新必然推动和成就创业；创新成果的商品化、市场化依靠创业，因而创业使得创新的经济价值、社会价值得以实现。

在信息化、经济全球化大环境中，两者正呈现出越来越显著的、动态的集成与融合趋势，并表现为正相关关系。两者的动态融合及相互影响对于创业成功和企业成长至关重要。

拓展阅读

创业者创新的层次

（1）制度创新：能够使创新者获得追加或额外利益的、对现存制度（指具体的政治经济制度，如金融组织、银行制度、公司制度、工会制度、税收制度、教育制度等）的变革。促成制度创新的因素有三种：市场规模的变化，生产技术的发展，以及由此引起的一定社会集团或个人对自己收入预期的变化。

（2）技术创新：是以创造新技术为目的的创新，或以科学技术知识及其创造的资源为基础的创新。

（3）理论创新：适时地总结、归纳、提高、升华，将零散琐碎的事实经验上升到系统化、规范化的理论高度，作为今后工作的借鉴和出发点。

（4）风险态度创新：创业者对风险的态度发生改变，从经典的风险厌恶型向中性甚至是风险偏好型转化。

创业和创新的融合是一个动态整合、集成与优化的过程，并非只发生在新企业的启动或创建阶段，而是伴随整个创业和企业成长的过程。在这一过程中，创新精神、创业能力和市场意识始终是创业成功和企业持续成长的内在动力。

二、创新的类型

创新作为一种基本的企业行为，其具体的表现形式是多种多样的，涉及企业活动的所有方面。根据其场合的不同，创新可分为产品创新、工艺（流程）创新、服务创新和商业模式创新。

创新的类型

1. 产品创新

产品创新是指通过改善或创造产品，以进一步满足顾客需求或开辟新的市场。产品创新的价值在于创造性地解决了用户的问题，同时兼顾了用户价值和商业价值，既满足了用户的需求、创造了用户价值，又达成公司的商业目标、创造了商业价值。成功的产品创新通过在功能、外观、质量、安全等各方面不断改进以满足顾客的需求，从而争取更多的顾客基础，实现企业的市场竞争优势。

产品创新的方式可分为以下六种。

（1）全新产品。这类新产品是同类产品的第一款，并创造了全新的市场，此类产品占新产品的10%。

（2）新产品线。这些产品对市场来说并不新鲜，但对于有些厂家来说是新的，约有20%的新产品归于此类。

（3）已经有产品品种的补充。这些新产品属于工厂已经有的产品系列的一部分。对市场来说，它们也许是新产品。此类产品是新产品类型中较多的一类，约占26%。

（4）老产品的改进型。这些不怎么新的产品从本质上说是工厂老产品的替代品。它们在性能上比老产品有所改进，提供更多的内在价值，该类新改进的产品占26%。

（5）重新定位的产品。适于老产品在新领域的应用，包括重新定位于一个新市场，或应用于一个不同的领域，此类产品占新产品的7%。

（6）降低成本的产品。将这些产品称作新产品有点勉强，它们被设计出来替代老产品，在性能和效用上没有改变，只是成本降低了，此类产品占新产品的11%。

拓展阅读

海尔洗衣机的产品创新

海尔曾通过在洗衣机的排水管处增加一个泥沙过滤网，从而使自己的洗衣机在农村市场上销量大增。这个功能并不是经营者凭空设想的，而是源于大量消费者的售后反馈：那时，海尔的客服部门总接到消费者投诉，海尔洗衣机的排水管总是被堵。服务人员上门维修时才发现，很多农村地区的人居然用洗衣机来洗地瓜、土豆，都是泥土，当然容易堵了！后来，厂家就给洗衣机加了一个简单的泥沙过滤网，这个问题就轻松解决了。

海尔因为发现了顾客投诉的根本原因，进而把用户的投诉变成了实际需求，并借此机会顺势推出了一款新产品——能洗大地瓜的洗衣机。该产品一经推出就异常畅销，因为这款产品意外地满足了餐饮市场的一个需求：很多饭店买来不是用来洗衣服，而是用来洗地瓜，甚至用来洗非常难洗的龙虾！海尔的大地瓜洗衣机意外地填补了一个市场空白。

2. 工艺（流程）创新

工艺（流程）创新是指生产和传输某种新产品或服务的新方式，如对产品的加工过程、工艺路线、设备、生产规则体系等所进行的创新技术活动。企业通过研究和运用新方式方法和规则体系等实现工艺创新，提高企业的生产技术水平、产品质量和生产效率。

工艺（流程）创新的方法有：① 创造策略，即利用新原理、新技术开发新工艺；② 模仿策略，即根据市场预测及企业自身的能力，选择市场上已有的生产工艺进行模仿或稍加改进；③复合策略，即把创造和模仿结合在一起的工艺创新。

双创学堂

工艺（流程）创新的类型

（1）围绕提高产品质量等级品率的工艺创新。产品质量等级品率是表征质量水平和技术规格符合度的指标。为提高产品质量等级品率，企业必须在工艺技术、工艺管理和工艺纪律三个方面协调创新，忽视其中哪一方面，都可能使产品质量和优等品产值率无法得到保证。

（2）围绕减少质量损失率的工艺创新。质量损失率是一定时期内企业内部和企业外部质量损失成本之和占同期工业总产值的比重，是表征质量经济性的指标。为降低废品、减少损失，企业工艺要在设计、工艺技术等软件方面和材料、设备等硬件方面进行协调配套创新。

（3）围绕提高工业产品销售率的工艺创新。工业产品销售率是一定时期内销售产值与同期现价工业产值之比，它反映产品质量适应市场需要的程度。通过工艺创新，企业既能生产独具魅力的产品，又能提供优质的服务，从而吸引顾客、拓展市场、扩大销售。

（4）围绕提高新产品产值率的工艺创新。产品产值率是一定时期内新产品产值与同期工业产品产值之比，它反映新产品在企业产品中的构成情况，体现企业的技术进步状况和工艺综合性水平。现代企业的生产往往需要由多种学科、多种技术综合成的工艺技术，尤其是技术密集型创新产品，需要荟萃机、电、光、化学、微电子、计算机、控制及检测等技术工艺，特别需要CIMS（Computer Integrated Manufacturing System，计算机集成制造系统）技术，实现对产品寿命周期信息流、物质流与决策流的有效控制与协调，以适应竞争市场对生产和管理过程提出的高质量、灵活响应和低成本的要求。

（5）围绕节约资源、降低成本的工艺创新。传统的自然资源日益匮乏，通过改进原有工艺，科学、合理、综合、高效地利用现有资源，或采用新工艺、开发利用新资源，可以使企业节约能源、降低物耗能耗，降低产品成本。

（6）围绕有益于环境的工艺创新。低污染或无污染成为社会、政府和人民对企业生产及其产品的越来越突出的要求。通过工艺创新，企业可以减少生产过程的污染，提供无污染的产品。

3. 服务创新

服务创新是企业为了提高服务质量和创造新的市场价值而发生的服务要素变化，对服务系统进行有目的、有组织的改变的动态过程，是一种技术创新、业务模式创新、社会组织创新和需求、用户创新的综合。服务创新能通过新的设想、新的技术手段转变成新的或者改进的服务方式，使顾客或潜在顾客感受到不同于从前的崭新内容。

服务创新的途径如下。

（1）全面创新。借助技术的重大突破和服务理念的变革，创造全新的整体服务。其比例最低，却常常是服务观念革新的动力。

（2）局部革新。利用服务技术的小发明、小创新或通过构思精巧的服务概念，而使原有的服务得到改善或具备与竞争者服务存在差异的特色。

（3）形象再造。服务企业通过改变服务环境、伸缩服务系列、命名新品牌来重新塑造新的服务形象。

（4）改型变异。通过市场再定位，创造出在质量、档次、价格方面有别于原有服务的新的服务项目，但服务的核心技术和形式不发生根本变化。

（5）外部引入。通过购买服务设备、聘用专业人员或特许经营等方式将现成的标准化服务引入本企业中。

拓展阅读

海底捞的服务创新

网上流传着很多关于海底捞为顾客服务的故事，甚至有人用"地球人无法阻止海底捞了""人类不可战胜的海底捞"造句，创造各种夸张的"海底捞体"。

海底捞的特色服务贯穿于从顾客进店到离店的整个过程中：顾客等候过程中有免费上网、棋牌、擦皮鞋、美甲等服务，并可享用免费饮料、水果、爆米花、虾片等；就餐过程中，服务员进行微笑服务，为顾客擦拭油滴，下菜捞菜，递发圈、眼镜布、15分钟一次的热毛巾，续饮料，帮助看管孩子、喂孩子吃饭，拉面师傅现场表演；店里还设有供小孩玩耍的游乐园；洗手间增设了美发、护肤等用品，还有免费的牙膏牙刷。甚至顾客打个喷嚏，就有服务员送来一碗姜汤。

4. 商业模式创新

商业模式创新是改变企业价值创造的基本逻辑以提升顾客价值和企业竞争力的活动。商业模式创新既可能包括多个商业模式构成要素的变化，也可能包括要素间关系或者动力机制的变化。简而言之，商业模式创新是指企业以新的方式盈利。

商业模式创新是对企业以前的基本经营方法进行变革。一般而言，有四种方法：改变收入模式、改变企业模式、改变产业模式和改变技术模式。

（1）改变收入模式是改变一个企业的用户价值定义和相应的利润方程或收入模型。

（2）改变企业模式是改变一个企业在产业链的位置和充当的角色。

（3）改变产业模式是最激进的一种商业模式创新，它要求一家企业重新定义本产业，进入或创造一个新产业。

（4）改变技术模式是商业模式创新的最主要驱动力，企业可以通过引进激进型技术来主导自身的商业模式创新。

拓展阅读

同样是卖花，售价却是普通玫瑰花的1379倍

伦敦一家高端鲜花公司正在出售"100%纯天然"的"美女与野兽"玫瑰，声称只要将玫瑰保存在原装的玻璃罩内就可以永不凋谢，如果暴露在空气中，这种玫瑰可以在没有阳光和水的条件下保存三年之久，起售价高达200美元（约1379元人民币）。就像1991年迪士尼动画电影《美女与野兽》中那朵神奇的玫瑰一样，伦敦永恒玫瑰公司出售的这种玫瑰似乎和常理背道而驰。该公司的玫瑰有30种颜色和多种不同的造型，如图1-2所示。不过拥有专属于你的魔法玫瑰并不便宜，每一款价格在200~4000美元，价格取决于花朵的大小和造型的复杂程度。

在云南鲜花集市，一束玫瑰花售价是0.01~0.3元不等，当地花农还是采用原始的销售方式，把鲜花通过空运销往各地，各地中间商再加价进行销售，价格是1~10元不等，而伦敦这家公司把保鲜技术应用于鲜花，使其观赏性和艺术性大大提高，通过创新价值实现价值千倍的提升。所以，重要的不是卖什么，而是用什么方式卖，创新永无止境。

图1-2 | 不同造型的玫瑰

任务1.2　培养创新能力

一、激发创新意识

创新意识是指人们根据社会和个体生活发展的需要，引起创造前所未有的事物或观念的动机，并在创造活动中表现出的意向、愿望和设想。它是人类意识活动中的一种积极的、富有成果性的表现形式，是人们进行创造活动的出发点和内在动力，同时也是创造性思维和创造力的前提。

创新意识包括创造动机、创造兴趣、创造情感和创造意志。创造动机是创造活动的动力因素，它能推动和激励人们发动并维持进行创造性活动。创造兴趣能促进创造活动的成功，是促使人们积极探索新奇事物的心理倾向。创造情感是引起、推进乃至完成创造的心理因素，只有具有正确的创造情感，才能使创造成功。创造意志是在创造中克服困难、冲破阻碍的心理因素，它具有目的性、顽强性和自制性。

1. 克服心理上的惰性，培养寻根问底的好奇心

当他人有新的想法或对工作中某一环节产生兴趣的时候，支持并积极参与，帮助他的创新活动。对产品具有寻根问底的好奇心，对市场有敏锐的洞察力，不断地对现有产品进行改进，创造新产品，满足更多客户的需求。时刻警惕自己心理上的惰性，愿意为了更高的效率不断地改善自己的工作方式和流程。

2. 打破思维定势

改变自己的工作方式和思维方式，不让自己被习惯所束缚，找出我们真正要达到的结果，不因经验或者惯用思维方式做出无谓的假设。当传统思维把我们逼进死胡同的时候，尝试训练自己的逆向思维，从想要获得的结果入手，顺藤摸瓜，一步步移除阻碍我们达到目的的障碍，这样往往比正面苦思冥想有用得多。

3. 在学习中坚持与时俱进

无数实践经验证明：创新不是轻而易举的事，而是主客观条件巧妙结合的产物，是多种因素的结晶，而知识和经验的积累则是实现创新的基础。知识是对已知世界的了解，创新是对未知领域的探索。一个人掌握知识的多少，往往意味着这个人水平的高低、能力的强弱。没有一定的专业知识做基础去创新，这好比在空中建楼阁一样虚幻缥缈，更何况我们处在当前这个科技进步日新月异、知识更新不断加快、国内外新情况新问题层出不穷的时代。因此，要想在日常工作和学习中有所创新，就离不开持之以恒的学习，否则就会闭目塞听，贻误事业，错过发展的良机。

4. 树立敢为人先、敢想敢干的氛围

创新是在现有基础上前进、突破，某种程度上又需要对现有发展思路、发展模式的传

承、修订、调整，甚至否定。创新是一项新鲜事物，难免会有这样那样的不完善，难免会出现这样那样的失误，甚至失败。只有敢想才能敢干，只有敢干才能突破，才能创造性地开展工作，才能实现跨越式的发展。因此，要勤于思考、勇于探索、敢于创新，把创新看作工作方法、工作水平，将创新作为自身必备的素质和能力，并建立一套能够激励创新的制度和办法，创造性地开展工作，从而不断推动理论创新和实践创新，以永攀高峰的精神创造一流的业绩，开创各项工作的新局面。同时，还要让那些善于创新、勇担风险、锐意进取的人得到尊重、支持，让那些不思进取、工作平庸、碌碌无为的人感到压力，从而形成敢为人先、勇于创新、推动发展的社会风气。

二、训练创新思维

思维就是承载知识的"系统"。只有不断更新自己的思考模式，才能真正运用知识完成能力升级。创新思维是以新颖独创的方法解决问题的思维过程，通过这种思维能突破常规思维的界限，以超常规甚至反常规的方法、视角思考问题，提出与众不同的解决方案，从而产生新颖、独到、有社会意义的思维成果。创新思维的本质在于将创新意识的感性愿望提升到理性探索上，实现创新活动由感性认识到理性思考的飞跃。创新性思维的重要诀窍在于多角度、多侧面、多方向地看待和处理事物、问题和过程。具体可从以下几个方面展开训练。

1. 发散性思维

发散性思维是对某一问题或事物的思考过程中，不拘泥于一点或一条线索，而是从一个事物的特征、背景或相关的线索发散开来，尽可能向多方向扩展，且从这种扩散的思考中求得常规的和非常规的多种设想的思维。

如果掌握了全盘思考和发散性思维，我们可以进一步接近事情的原貌。同时，发散性思维也是我们利用资源、整合团队时间和分工的手段。

拓展阅读

发散性思维的训练方式

人的发散性思维能力是可以通过锻炼而提高的，其要点是：

首先，遇事要大胆地敞开思路，不要仅仅考虑实际不实际，可行不可行；

其次，要努力提高多向思维的质量，单向发散只能是低水平的发散；

最后，坚持思维的独特性是提高多向思维质量的前提，重复自己脑子里传统的或定型的东西是不会发散出独特性思维的。只有尽可能多地为自己提出一些"假如……""假设……""假定……"等，才能从新的角度想自己或他人从未想到过的东西。

2. 逆向思维

任何事物都具有多方面属性。由于受过去经验的影响，人们容易看到熟悉的一面，而对另一面却视而不见。逆向是与正常比较而言的，正向是指常规的、常识的、公认的或习惯的想法与做法。循规蹈矩的思维和按传统方式解决问题虽然简单，但容易使思路僵化、刻板，摆脱不掉习惯的束缚，得到的往往是一些司空见惯的答案。

逆向思维则恰恰相反，是对传统、惯例、常识的反叛，是对常规的挑战。它能够克服思维定势，破除由经验和习惯造成的僵化的认识模式，往往能给人耳目一新的感觉。

逆向性思维在各种领域、各种活动中都有适用性，而形式又是多种多样的。例如，性质上对立两极的转换：软与硬、高与低等；结构、位置上的互换、颠倒：上与下、左与右等；过程上的逆转：气态变液态或液态变气态、电转为磁或磁转为电，等等。无论哪种方式，只要从一个方面想到与之对立的另一个方面，都是逆向思维批判性。

拓展阅读

可自我修复的手机屏

智能手机尺寸越来越大，用户使用手机的时间越来越长，随之而来的就是各种意外的发生，手机掉落或者磕碰到坚硬物质上，导致手机屏幕破碎。

为了解决这个问题，来自加州大学河滨分校化学系的科学家们研发出一种具有自我修复功能的新型材料。该材料可以应用于手机屏幕、人造肌肉及其他更多领域。这并不是一个全新的概念。早在2013年年底，LG公司推出的G Flex手机便在其背壳中使用了一种自我修复材料，该材料可在几分钟之内自动修复划痕及其他表面磨损，但因为不具备导电性，所以无法应用于手机屏幕。

这种新型材料的自我修复能力不仅限于划痕。新材料是一种可拉伸聚合物和离子盐，自我修复功能是因为特殊的离子与分子相互吸引而实现的。更神奇的是，当这种材料被分成两半后，可以在24小时自主修复和重新连接。若将切开的两端摆放在一起，则5分钟左右便会结合起来。

该新型材料生产容易，成本不高，因此应用在手机上不会提高手机售价。研究团队正在各种恶劣条件下测试这种材料，以确保它可以适应各种环境，相信能够自我修复的手机屏幕很快就会推向市场。

手机市场处于品类成熟期，创新是"内""外"结合。对外，厂商的创新针对细分人群需求不断定位精准的手机：拍照手机、音乐手机等；对内，厂商通过新技术、新材料来降低手机制造成本。这类新型材料的推出到市场接受需要经历一段跳跃式过程，一旦市场接受新材料，手机厂商降低成本的同时又多了一个卖点，而新型材料顺利进入市场实现商业化，又可以产生一个新的品类。

3. 水平思维

水平思维又称"横向思维"，是英国著名思维训练专家爱德华·德博诺于1967年在其所著的《水平思维的运用》中首先提出的。与传统的纵向思维完全不同，水平思维需要我们水平移动，尝试不同的认知、概念与切入点，探索多种可能性和方法，而不是追求单一的方式。水平思维摆脱了垂直思维僵硬机械的思维模式，不受传统观念和常规的束缚，追求一种新的、带有突破性的或意料之外的新概念和新思想。

🌱 双创学堂

垂直思维与水平思维

垂直思维和水平思维是英国思维训练专家爱德华·德博诺博士所倡导的广告创意思考法，因此，此方法通常又被称作德博诺理论。水平思维法是针对垂直思维（逻辑思维）而言的。垂直思维是以逻辑与数学为代表的传统思维模式，这种思维模式最根本的特点是：根据前提一步步地推导，既不能逾越，也不允许出现步骤上的错误，它当然有合理之处，如归纳与演绎等，都是非常重要的思维方法。但如果一个人只会运用垂直思维这一种方法，他就不可能有创造性。区别于垂直思维与水平思维的不是过多地考虑事物的确定性，而是考虑它多种选择的可能性；关心的不是如何完善旧观点，而是如何提出新观点；不是一味地追求正确性，而是追求丰富性。

（1）创造性的停顿。通过短暂的停顿，思考几十秒，再继续先前的事情，思考"这里有另外的可能性吗""那是唯一的解决方法吗"，或者仅仅是想"我要留心/注意哪件事"。这个停顿的时间不宜太久，也不一定要绞尽脑汁只为找到一个新想法。这样停顿的目的是通过中断快速的流程来打开新的思维方向。

（2）创造性的质疑。创造性质疑是假设某件事情之所以用某个方式来解决，是出于一些存在于过去、但不一定就适用于现在的理由。在所有的情况下，都可能存在更好的做事方法。创造性质疑并不是一种攻击、批评，而是一种对唯一性的挑战，常常质疑的是"为什么要做这件事""为什么这件事要这样做""做这件事有其他方法吗"。

创造性质疑既可以直接用于对事物本身的思考，也可以用于对传统思考方式的思考。我们还可以对任何时刻正在进行的思考过程本身提出挑战："我们为什么非得用这样的方式来看待问题呢？"我们可以对形成我们思考的各种因素提出挑战：主导性概念、假设、边界、基本因素、要避免的因素和两极选择。通过挑战，我们直接地考察这些因素，看看它们是否真的是必要的。

双创学堂

创造性质疑的方式

方式1：阻塞

如果我们阻塞了当前的路线、道路或做事方法，我们就要被迫找出一条可选路径。

例如，我们会问自己"如果我们不能再这样做了，我们应该怎么做？"

方式2：逃离

如果我们能避开某个主导思想或满足某些限制条件，那我们就可以自由考虑其他可能性。这不是有意寻找替换方案，而是有意避开现有方案。

例如，我们可能思考"如果我们不必让顾客满意，我们可以做什么？"

方式3：放弃

有时候，我们质疑现有的做事方法后，发现完全不需要这样做，此时可以就此放弃，或者在别处做一个微调即可。

例如，在产品设计工作中，对于本公司已上线的功能和设计方案，我们需要用批判性的质疑去判断现有方式的缺点，才能去思考更好的改进方案，推进新设计方案的实施，否则，为了改动而改动，只会浪费公司的开发资源。但是，对于一个新功能，我们可以用创造性的质疑去做，思考"为什么要做这件事""为什么要这样做""做这件事有没有其他的方法"。

（3）概念扇。概念扇是寻找问题解决方案的一个系统性的框架，它能帮助我们找出尽可能多的备选方案。这个框架通过将具体的问题概念化，采取逐步后退的方式，从水平方向上来寻找同一问题的不同解决方案。实际生活中，为了实现一个目标，我们往往首先想到的就是一个具体的"点子"，从这个"点子"出发，采取逐步后退或概念化的过程，将解决方案分解成多个层次，然后再横向移到别的方向上进一步逐层细化，这样就能找出所有的方法。

概念扇从高到低的三个层次是：① 方向，即更宽泛的概念或者途径；② 概念，即做事情的一般方法或方式；③ 主意，即将某一概念付诸实践的特定的具体方法。一个主意必须是具体的，必须具有直接付诸实践的可行性。在实践中，概念扇中的方向和主意之间有时候存在很多层次。方向总是最为宽泛的概念，而主意总是做某事的具体方法。在这两者之间存在的就是概念。概念与方向的区别是相对的：方向只是你能想到的最宽泛的概念。如果你还能想出更宽泛的概念，那么那个概念就成为方向。

概念扇的制作过程如下。

① 主意→概念。向上追溯（抽象化）："这个主意有什么帮助？"

② 概念→方向。向上追溯（抽象化）："这个概念有什么帮助？"

③ 概念→主意。向下追问（具体化）："怎样来实现这个概念？"

④ 方向→概念。向下追问（具体化）："怎样来实现这个方向？"

拓展阅读

为解决城市交通拥堵问题制造一个概念扇

这是一个日常问题，无论是谁看到这个问题都会有些想法。你可能会迅速想到一些方法，如在家办公、错开高峰期上班、减少外出、加宽道路或者一些指导性原则，如减轻交通压力、提高交通效率等。这些方法有主意，如在家办公，也有概念，如减少外出。

假如你的想法是下面三个。

（1）主意：在家办公（具体可行的方法）。

（2）概念：减少高峰期出现的概率（主意的直接目的或直接方法等同于概念）。

（3）方向：减少交通量（极宽泛的概念或者途径等同于方向）。

1．从主意出发

"在家办公"是一个主意，它直接的目的是什么呢（抽象）？答案是"减少外出需求"。那减少外出又有什么意义呢（继续抽象）？可以缓解交通压力。总结如下：

分支主意：在家办公→概念：减少外出需求→方向：缓解交通压力

2．从概念出发

"减少高峰期出现的概率"是一个概念，对它的抽象可以是"使现有的道路更加通畅"。而实现它的方法也不少，错开工作时间不失为一种方式。总结如下：

分支主意：错开工作时间→概念：减少高峰期出现的概率→方向：使现有的道路更加通畅

3．从方向出发

"减少交通量"是个大方向，如何实现它呢（具体化）？一个想法是"提高人均使用交通工具的密度"。具体怎么办？汽车共享、使用公共交通。总结如下：

分支主意：汽车共享、使用公共交通→ 概念：提高人均使用交通工具的密度→方向：减少交通量。

将这些主意、概念、方向填入概念扇，如图1-3所示。

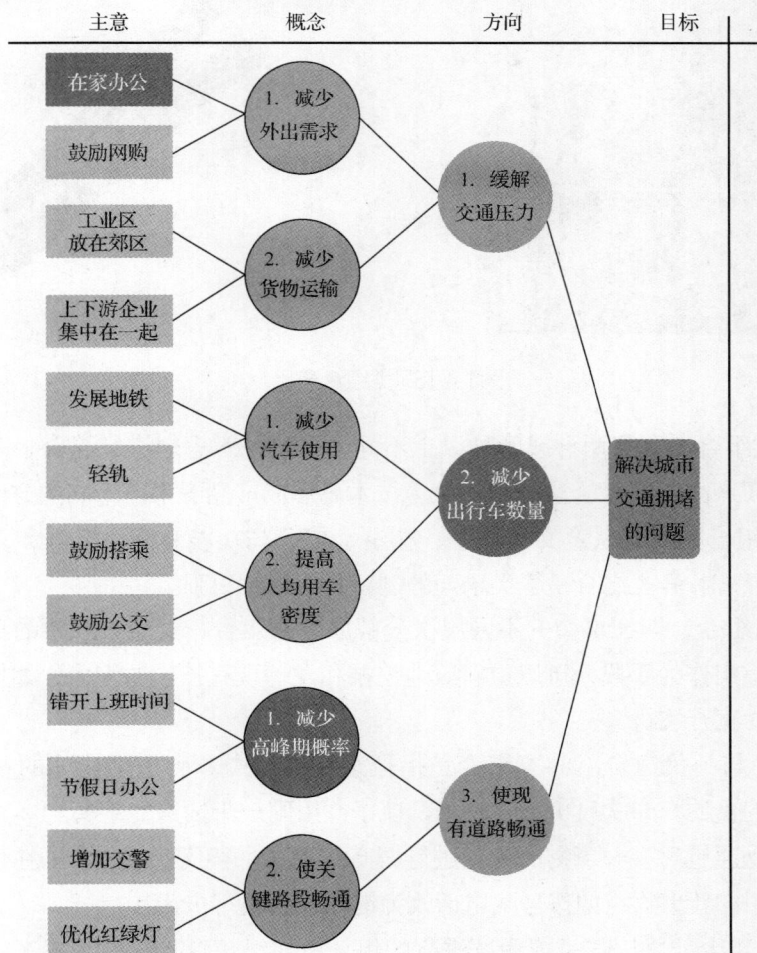

图1-3 | 概念扇

4. 组合思维

组合思维又称"连接思维"或"合向思维"，是指把多项貌似不相关的事物通过想象加以连接，从而使之变成彼此不可分割的新整体的一种思考方式。组合使两个看似不相干的事物进行连接，从而使"整体具有单个事物所不具备的新事物"，增加了新的功能。

（1）同类组合，即若干相同事物的组合。参与组合的对象在组合前后基本原理和结构一般没有根本的变化，往往具有组合的对称性或一致性的趋向，如双向拉锁、多层文具盒等，如图1-4所示。

图1-4｜同类组合产品

（2）异类组合，即将两种或两种以上不同领域的技术思想进行组合、两种或两种以上不同功能物质产品进行组合。组合对象（技术思想或产品）来自不同的方面，一般无主次关系。参与组合的对象从意义、原子、构造、成分与功能等任一方面和多方面互相渗透，整体变化显著。异类组合是异类求同的创新，创新性很强。

（3）重组组合，即在事物的不同层次分解原来的组合，然后按照新的目标重新安排的思维方式。重组作为手段，可以更有效地挖掘和发挥现有技术的潜力，如把飞机的螺旋桨装在顶部成为直升飞机。

（4）共享与补代组合。共享组合是指把某一事物中具有相同功能的要素组合到一起，达到共享的目的，如吹风机、卷发器、梳子共用同一带插销的手柄。

补代组合是通过对某一事物的要素进行摒弃、补充和替代，形成一种在性能上更为先进、新颖、实用的新事物，如拨号式电话改为键盘式、银行卡代替存折。

（5）概念组合就是以词类或命题进行的组合，如绿色食品、阳光拆迁、阳光录取、音乐餐厅和裴多菲俱乐部等。

（6）综合是指为了完成重大课题，在已有的学科、原理、知识、方法与技术不能解决时，创造出新的学科、新的原理、新的知识、新的方法和新的技术，并对其进行重新组织和安排的思维过程。

任务1.3　走向创业

一、创业者

关于"创业者"，学术界存在着多种定义方式，但经分析后不难发现，尽管学者们的研究视角、表述等方面并不完全一致，但关于创业者的

创业=当老板？

认识已经达成了如下一些共识：① 创业者与商机之间关系密切，是辨识、捕捉和利用商机的人；② 创业者需要承担一定的风险；③ 创业者在创业过程中处于核心地位，是创业活动的推动者和实践者。综合以上观点，可将创业者定义为"那些发现机会存在并就此展开创业活动的个人或者团队，在整个创业过程中，他（他们）处于核心地位、承担一定风险、起着关键的推动和领导作用。"

创业者是创业活动的实践者，在整个创业过程中起到核心作用。尤其是在创业初期，创业者内在的心理特质、知识和能力、背景和创业动机的状况，直接影响和决定了新业创业进程的每一步。需要注意的是，创业者不仅可以以个体形式存在，亦可以以团队形式存在。虽然迄今为止，人们尚不清楚创业成功必备的心理特质具体包括哪些，但绝大部分学者都赞同具有高成就需求、勇于冒险、具有创新精神的人较适合进行创业活动。

二、创业要素

创业要素是指那些开展创业活动必需的各种社会资源的总称。任何创业活动都是一系列创业要素组合的结果，创业者创业能力的高低取决于其能有效控制的创业要素的数量、质量、种类以及这些要素间的相互匹配程度。各种创业要素通过相互作用推动新企业的演化过程，任何创业要素性质的变化、不同要素间结构构型的变化，都会影响创业活动的绩效，并最终导致所创事业面临飞跃式成长或创业失败两种截然不同结果的出现。研究表明，创业成功是一系列创业要素科学组合的结果，创业者可以通过改善这些创业要素的组合来提高其创业成功的可能性。

美国著名的创业研究者Timmons认为，创业过程是一个高度动态的过程，其中商机、资源和创业团队是创业过程最重要的三大要素。如图1-5所示，创业过程依赖于这三大要素的匹配和均衡，它们的存在和成长决定了创业过程向什么方向发展。创业过程的起点是商机，而不是资金、战略、关系网路、工作团队和商业计划。商机的形式、大小和深度决定了资源与团队所需的形式、大小与深度。创始人和创业团队的作用是利用其创造力在模糊、不确定的环境中发现商机，并利用资本市场等外界理论组织资源，领导企业实现商机的价值。在这个过程中，资源与商机是"适应→差距→再适应"的动态过程。

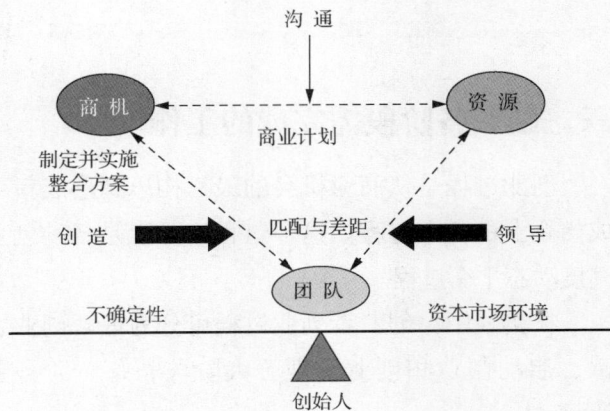

图1-5 | Timmons创业过程图

拓展阅读

抓住教育行业的创业机会

"作业盒子"成立于2014年7月，最早从作业工具切入K12公立学校教学场景，2015年正式面向公立学校师生推出了"作业盒子"系列产品，目前已经构建了从工具到数据再到内容的"教－研－学－辅"完整教育生态。

作业盒子创始人兼CEO刘夜表示，"教育"一直是引发社会普遍焦虑的高频话题，国家提倡减负、学校要保证效率效果、家长渴求优质教育资源，这些矛盾背后的根源是"优质教育资源供需之间的不平衡"。

"教育的终局是创造供给，而非搬运供给"，这是作业盒子此前提出想要推动解决的问题，即：借助AI等技术手段来大规模地创造教育供给，让每个老师都有他个人的AI助教，也让每个家庭拥有专属的AI老师，把相对重复、烦琐的知识"传递"工作交由更智慧的机器来完成，解放老师和家长，让他们更专注教育当中情感和精神的传达，让孩子的学习更高效，成长更科学——这也是教育的本质。在作业盒子构建的未来教育场景中，"机器将成为最好的'老师'，为尽可能多的群体提供优质的教育资源"。

根据作业盒子公布的最新数据，截至2018年4月，作业盒子累计注册学生用户已经超过2700万人，教师用户超过200万人，覆盖了全国31个省市自治区、400多座城市的70000所学校，日均采集学习行为数据超过1亿条，每天活跃用户超过370万人。在小学数学领域，作业盒子拥有全网最大规模、最全维度的学生学习数据库，构建了超过30维的学生数据肖像，这也是作业盒子的数据基础。

作业盒子由互联网连续创业者刘夜、百度前战略合作部总经理王克及英特尔前中国区教育行业负责人贾晓明联合创办。成立三年，作业盒子已经先后完成五轮融资，目前团队规模已经超过1000人。

三、创业各阶段需完成的工作

创业过程是从商业机会的最初构思到形成新事业，直至新事业成长为成熟企业的整个过程。这一过程实际上是各种创业要素在进行相互适应的高度动态平衡过程。

在实践中，创业者创业过程可分为理解创业、酝酿创业、产生创业灵感、启动创业和创业管理五大阶段，每一阶段包含多项工作，如图1-6所示。

如何规划我的创业过程？

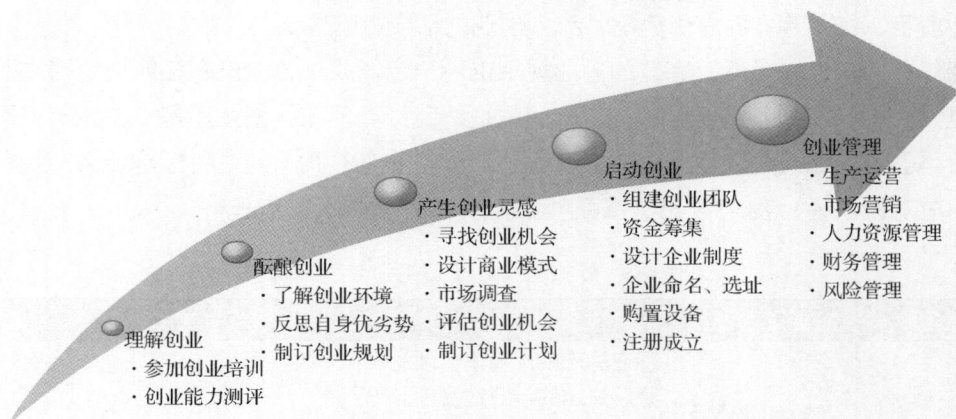

图1-6 | 创业的一般流程

（图中文字：）

理解创业
・参加创业培训
・创业能力测评

酝酿创业
・了解创业环境
・反思自身优劣势
・制订创业规划

产生创业灵感
・寻找创业机会
・设计商业模式
・市场调查
・评估创业机会
・制订创业计划

启动创业
・组建创业团队
・资金筹集
・设计企业制度
・企业命名、选址
・购置设备
・注册成立

创业管理
・生产运营
・市场营销
・人力资源管理
・财务管理
・风险管理

1. 理解创业阶段

该阶段的主要任务是弄清"什么是创业"及"我是否适合创业"的问题。创业者在此阶段主要是处于对创业的初步认知和能力积累阶段，尚无明确的创业意向。此时，创业者的主要工作包括参加各类创业培训来了解创业是什么。在此基础上，可通过各种创业能力测评来了解自身的开业胜任力、培训胜任力、信息需求、培训需求等信息，检验自我与创业者的差距。表1-2列出了理解创业阶段性工作检查。

表1-2　理解创业阶段性工作检查表

阶段名称	主要工作任务	所解决的问题	完成与否
理解创业	参加创业培训	创业是什么？ 创业就是开公司吗？ 创业一定要有发明吗？ 创业是有钱才能开始的吗？	☐ ☐ ☐ ☐
	创业测评	有创业者的潜质吗？ 有哪些素质是创业必需的基本素质？	☐ ☐

2. 酝酿创业阶段

该阶段的主要任务是经过前期对创业的了解开始主动了解创业环境，反思自我，并初步确定自己的创业规划。

了解创业环境主要是去了解相关的创业政策。近年来，我国先后出台了多项鼓励创业的优惠政策，在制订创业计划之前应先了解自身条件是否符合享受优惠政策。一般而言，这些政策通常包括创业奖励补贴政策、融资扶持政策、场地优惠政策和税费优惠政策。

创业者自身优势的反思是酝酿创业阶段的一项重要工作。创业者是创业活动的实践者，在整个创业过程中起到核心作用。尤其是在创业初期，创业者的优势是构成新创事业竞争力的主要来源。因此，此阶段的创业者应思考清楚：我在创业经验、创业技术、人际关系、项目、资金等方面有优势吗？我去创业的话会有哪些制约条件？

　　创业最忌盲目，虽然有完整的创业规划也不一定能成功，但没有任何规划则失败的可能性更大。制订规划时需要思考清楚的问题是，我打算现在就创业还是工作几年积累一定经验后再创业？如果这次创业失败了，我还继续创业吗？我的创业目标是什么？我有创业困难的应对计划吗？表1-3列出了酝酿创业阶段工作完成检查情况。

表1-3　酝酿创业阶段工作完成检查表

阶段名称	主要工作任务	需解决的问题	完成与否
酝酿创业阶段	了解创业环境	现在的宏观环境适合创业吗？	☐
		我感兴趣的行业适合创业吗？	☐
		现有的环境中有哪些因素是对我有利的？	☐
		现有的环境中有哪些因素对我创业不利？	☐
	反思自身优势	我在创业经验方面有优势吗？	☐
		我在创业技术方面有优势吗？	☐
		我在人际关系方面有优势吗？	☐
		我在项目方面有优势吗？	☐
		我在资金方面有优势吗？	☐
		我去创业的话会有哪些制约条件？	☐
	制订创业规划	我打算现在就创业还是工作几年积累经验后再创业？	☐
		如果这次创业失败了，我还继续创业吗？	☐
		我的创业目标是什么？	☐
		我有创业困难的应对计划吗？	☐
	识别创业机会	我可以从哪些来源找到创业机会？	☐
		拟销售产品的总体市场性质和特征是什么？	☐
		拟创业项目的核心商业模式是什么？	☐
		拟创业项目的竞争优势在哪里？	☐
		选中机会的收益规模、毛利率是否大于心理预期？	☐
		该创业机会的成长速度如何？	☐
		是否有能力组织起捕捉该商机所需的各种资源？	☐
		该机会有一定持久性，在我进入市场的时候机会窗口是否仍开启？	☐

3. 产生创业灵感阶段

　　该阶段是在创业者萌发了创业愿望后而自发去搜寻和筛选商机的过程。商机最初是以各种各样的创意形式存在的，面对众多看似有价值的创意，创业者要想取得成功，必须及时、准确地识别出其中真正具有商业价值的商机，进而才能启动该创业活动。此阶段，创业者的主要工作包括寻找创业机会、设计商业模式、开展市场调查、评估创业机会和制订创业计划（详见本书的后续内容）。

4. 启动创业阶段

　　此阶段是创业者围绕前期选定的某一特定项目聚集各种创业要素开展具体创业活动的

阶段。该阶段的典型任务包括组建创业团队、资金筹集、设计企业制度、企业命名、选址、购置设备、注册成立等（详见本书的后续内容），如表1-4所示。这些任务的完成标志着创业者所创新事业的正式诞生，可开展对外经营活动了。

表1-4　启动创业阶段工作完成进度检查表

阶段名称	主要工作任务	需解决的问题	完成与否
启动创业阶段	组建创业团队	团队成员如何构成？	☐
		各成员是否有与创业项目有关的教育和工作背景？	☐
		团队成员之间是否实现优势互补？	☐
		创业团队共同的目标是什么？	☐
		如何进行团队成员间的职权划分？	☐
		如何提升团队成员的协作性？	☐
		是否开展创业团队的调整融合？	☐
		是否制定团队的激励措施？	☐
	资金筹集	本创业项目需要的资金规模是多少？	☐
		本创业项目可从哪些渠道筹集资金？	☐
		本创业项目所需的资金采取什么方式筹集？	☐
		拟采用的筹资方式的资金成本要多少？	☐
		所筹资金的风险性有哪些？	☐
	设计企业制度	采取何种组织形式？	☐
		采取何种组织结构？	☐
		是否制定公司章程？	☐
		是否制定激励制度？	☐
		是否制定业务管理制度？	☐
	注册成立	企业名称是什么？	☐
		企业选址在哪里？	☐
		是否完成工商注册？	☐
		是否完成税务登记？	☐
		是否购置设备？	☐

5. 创业管理阶段

该阶段的工作包括生产运营、市场营销、人力资源管理、财务管理、风险管理等企业日常管理工作。创业初期，创业者需做好新企业在市场的定位，并能弹性应变以确保存活，但当新创事业发展成一个较具规模的企业时，专业化管理的作用将凸显出来。专业的人力资源管理、财务管理、市场营销管理等将使企业在规范中发展壮大。

需要注意的是，从理论上说，结构化的循序渐进的创业流程有助于创业者了解创业管理活动，有助于提升创业管理效率。然而，在实践中，创业环境是动态复杂的，创业者经常必须灵活应对创业过程中所遇到各类无法预知的风险事件。因此，创业一般流程中的这些活动并非必需条件，且没有严格固定的先后顺序，创业者可视实际情况而定。

任务1.4　修炼创业胜任力

一、胜任创业

创业胜任素质是指作为创业者胜任创业活动所必须具备的知识、技能、能力、特质或动机。虽然和进入组织成为"雇员"一样，创业也是个体职业选择的结果，但毫无疑问，从事创业是一个较为复杂的职业发展和决策过程。与一般的前往企业就业的个体相比，"创业者"在创业过程中要承担更大的责任和风险，也正因为如此，创业者的职业发展对其提出了具备更强素质和能力的要求。

创业胜任素质

虽然迄今为止学者们还未就创业胜任力的结构维度达成一致，但创新精神、成就欲望等素质是创业者胜任创业活动的基础已经得到了学者的普遍认同。创业者的创业胜任力需求具体包括创业外显胜任力和内隐胜任力两大类。具体而言，创业者需要的外显胜任力包括创业知识（如行业知识、经营管理知识、一般常识）和创业技能（如领导能力、战略决策能力、资源整合能力、创新能力、应变能力和交际沟通能力）；创业者需要具备的内隐胜任力包括创业价值观（如创业合作和团队精神、冒险精神、创业危机意识和竞争意识）、创业者的自我形象（如坚韧性、独立敢为性、自信心和乐观精神）、创业品质（如诚实守信、责任感、守法意识、敬业精神和务实创新精神）和创业动机（创业欲望、创业成就感和创业期望）。创业能力的构成如图1-7所示。

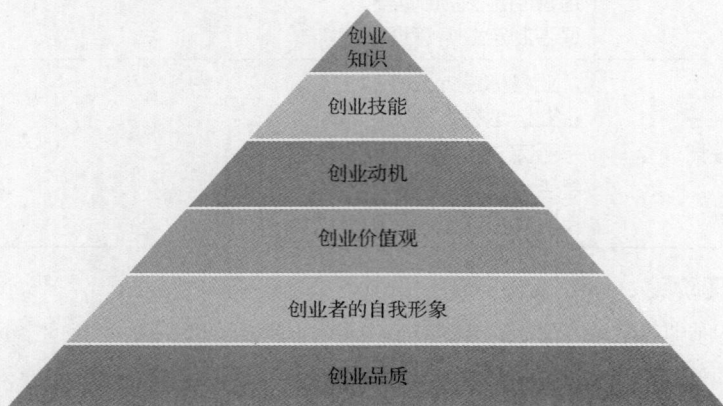

图1-7｜创业能力的构成

1．创业知识

创业知识是创业者胜任创业活动应具备的与创业活动相关的各种经营、技术、组织管理等认识和经验的总和。创业者知识水平的高低对新企业经营活动具有重大的影响，良好的知识储备是胜任创业活动的前提。

根据知识与所创事业关联性的大小，可将创业知识分为三大类：第一类为基础性知识，即人们生产、生活中都必须具备的常识性知识；第二类为一般性经营知识，即开展任何生产经营活动都必须掌握的共性知识，如法律、税收、管理等知识；第三类为创业项目专业知识，即与所创事业直接相关的知识，如与特定产业相关的知识、技术、经验等多种知识。

需要注意的是，知识的获取和积累一方面是通过学校教育，另一方面是靠实践锻炼和经验。经验作为一种特殊的知识，对于创业者具有重要意义。对于一名创业者而言，类似企业的从业经验使其能够获得该行业的特有技术秘诀，从而能够熟练地选择最佳经营方式，最大限度地规避风险，这些对于创业企业和创业者的成长都有重要的意义。

2. 创业能力

创业能力是指创业者在创业活动过程中运用已有知识解决问题的本领，即创业者在创业过程中表现出的机会识别、组织协调、风险应对、人际关系与创新等多个方面的才能。

（1）机会识别能力

任何创业活动都始于商机的发现，不能发现商机，创业也就无从谈起。创业者对市场需求的预测能力、对目标市场的熟悉程度和对市场变化的警觉性，对其能否迅速掌握商机，启动创业活动并顺利将产品推向市场具有重要影响。

（2）组织协调能力

组织协调能力即根据组织目标，对资源进行调配、控制、激励和协调群体活动使之相互融合的能力。创业者是研究、开发、生产与销售等各个环节的协调者、组织者和领导者。组织协调能力是对一个创业者的基本要求。

（3）风险应对能力

创业过程，风险与机会并存，新企业时刻都面临着市场变化和各种风险，这就要求创业者必须具有一定的胆识和能力从容应对，及时制订相应的风险对策，并能够利用其中可能的机会。

（4）人际关系能力

困难和挫折在创业过程中不可避免，创业者的人际关系能力直接关系其能否及时协调、解决新企业内外部的矛盾、获取资源持有者的支持，进而使新企业内外实现高效协作。在各种传播媒体日益发达、社会关系日益紧密的今天，创业者的人际关系能力越来越重要。具有良好的人际关系能力，善于与不同的机构和不同的人员打交道，能够帮助新企业顺利排除各种障碍，打通关节。

（5）创新能力

创新能力是创业者对现有产品和技术的继续改进创新的能力以及对相应技术市场发展方向的把握程度。新企业提高竞争力的关键在于发挥创业者的创新能力。只有不断地用新的思想、新的产品、新的技术、新的制度和新的工作方法来替代原来的做法，才能使企业在竞争中立于不败之地。

创业能力是一种能够顺利实现创业目标的特殊能力，它直接关系到创业实践的成败。从创业能力的形势来看，它不是通过遗传得到的，也不是靠单纯的专业学习获得的，而是在后头的学习培养和社会实践双重作用下逐步养成的。在具体养成的过程中需注意以下几点：① 创新能力是创业能力的核心；② 机会识别能力是创业能力的支柱；③ 组织协调能力是创业能力的基础；④ 人际关系能力是创业能力的保证；⑤ 专业知识技能是创业能力的关键。

3. 自我形象

心理学认为，自我形象是指个体根据他人对自己的反应，来了解自己的一切，加深对自己的认识。自我形象主要体现于三个方面：一是关于被他人看到自己的姿态的自我觉察；二是关于他人对自己所做的评价与判断的自我想象；三是关于对自己怀有的某种感情——自尊或自卑。

创业者的自我形象决定了其能否具备高效完成某些特定任务的信念，对其创业绩效有显著的正面导向作用。拥有积极的自我形象能够增强创业者的创业警觉性，使其拥有对行业、变化、环境等更为复杂的图式，思维更加活跃，因而更加容易识别创业机会与把握创业机会，从而提升创业绩效。从对已有的创业成功人士的研究结果来看，成功创业者普遍将自我形象选择为"具有主动性、灵活变通、坚韧、适中的冒险性、独立、自控性强与自信"等。

拓展阅读

理性地树立创业目标

创业的目的应该包括事业选择、家庭幸福、个人成长和社会责任等多个方面，不能因为创业就忽略家庭，忘记自己的社会责任，这些都是不可取的。把自己创业的目标和自己事业的目标、人生的追求结合起来，创业才会更加有意义，动力才会更大。

4. 创业意识

创业意识是指在创业过程中，对创业者起推动作用的个性心理倾向。它源于对现实条件和就业状况的客观分析，是对成功的渴求和对现状的不满而激发起的强烈的事业心和使命感，以及由此产生的更高的人生价值追求。创业意识由创业需要、创业动机、创业兴趣和创业理想等要素构成，是驱动人们启动创业活动的个性因素。

在创业实践过程中，创业意识具体体现为创业者的商机意识、转化意识、战略意识和风险意识等。

（1）商机意识

成功的创业者通常具备敏锐的商机意识。创业者的商机意识即创业者对商机的敏锐度，是否有意识地研判未来市场形势的走向。发现创业机会不是一件容易的事情，对于创业者来说，发现创业机会的能力也是成功创业者必备的素质之一。创业者在日常生活中需有意识地加强实践，培养和提高这种能力。

双创学堂

如何培养自己的商机意识

① 养成市场调研的习惯。发现创业机会的关键点是深入市场进行调研，了解市场供求状况、变化趋势，考察顾客需求是否得到满足，注意观察竞争对手的长处与不足等。

② 多听、多看、多想。每个人的知识、经验、思维及对市场的了解不可能做到面面俱到，多看、多听、多想能广泛获取信息，及时从别人的知识、经验与想法中汲取有益的东西，从而增强发现机会的可能性和概率。

③ 有意识地培养独特性思维，克服从众心理。机会往往是被少数人抓住的。要克服从众心理和传统的习惯思维模式，敢于相信自己，有独立见解，不人云亦云，不为别人的评头论足、闲言碎语所左右，才能发现和抓住被别人忽视或遗忘的机会。

（2）转化意识

创业者的转化意识即整合各种资源将商机转化为现实生产力的意识。在机会来临时及时把握住，把商机转化成实际存在的收入和公司的持续运作，最终实现自己的创业梦想。转化意识就是能活学活用已有的知识、人际关系、资源等已经具备的条件，将其灵活地转化为创业活动所需的智力资本、人际关系资本等各种资本。

（3）战略意识

创业战略是基于产生创业意识之后的，创业者在对当前拥有的资源、面临的内外形势综合判定之后，对远景的布置及大体行动总纲的确定。从一定程度上而言，创业战略直接决定创业者以后的成长空间。创业战略一旦制订，在创业过程中就应时刻保持战略高度，不以朝夕得失论成败。

双创学堂

创业战略的内容

创业战略并不是指某一时间段的行动准则，以及一个具体的行动方法。它有一个全局的布置，在较长的时间范围内，让创业者利用众多的现有资源，通过合理的战术手法，达到创业者的战略目的。

创业战略本身没有好坏之分，关键要适合自己。创业初期要给自己制订一个合理的创业计划，解决如何进入市场、如何卖出产品等基本问题。创业中期需要制订整合市场、产品、人力方面的创业策略，转换创业初期的战略。

（4）风险意识

对于任何创业者来说，创业风险意识都具有重要意义。首先，创业风险是所有经营风险之中最早到来的风险，并且是其他经营风险的根源，若其发生，将可能直接导致新企业的过早夭折。其次，由于企业处于成立的初期，事务繁多，也就造成了创业风险具有相当的隐蔽性，创业者不易觉察或无暇顾及。更为重要的是，由于主观认识的有限性和客观条件的动态易变性，导致了任何新企业都无法完全规避创业风险。由此可见，创业者要想取得良好的创业绩效，首先必须具备风险意识和规避风险的能力，采取有效措施控制创业风险的发生。

5. 创业精神

创业精神是指在创业者的主观世界中，那些具有开创性的思想、观念、个性、意志、作风和品质等。创业精神包括三个重要的主题：一是对机会的追求。创业精神是追求环境的趋势和变化，而且往往是尚未被人们注意的趋势和变化。二是创新。创业精神包含变革、革新、转换和引入新方法——即新产品、新服务和新方式。三是增长。创业者追求增长，他们不满足于停留在小规模或现有的规模上，而是希望他的企业能够尽可能地增长，员工能够拼命工作。因为他们在不断寻找新趋势和新机会，不断地创新，不断地推出新产品和新的经营方式。

一般来说，目前大家普遍接受的是可从"创新、自治、风险承担、超前行动和积极参与竞争"五个维度来衡量创业精神的强度。大多数人将"诚实谦逊、积极正派、热情负责、克制忍耐、勤俭敏锐、公道大度、坚韧自信、团结互助……"归为创业精神的成功要素。

自我检查

我是否适合创业？	
我已经具备了： □自我管理能力强 □充满自信 □看人准 □懂得管理 □富有想象力	有人曾经说我： □缺少职业意识 □自以为是 □只会说"是" □喜欢偷懒 □片面或傲慢

我是否适合创业？	
☐ 良好的口才 ☐ 有毅力 ☐ 充满奉献精神 ☐ 乐观向上 ☐ 善于推销自己的观点 ☐ 具备独立处理突发事件的能力 ☐ 掌握追求利润的方法	☐ 僵化死板 ☐ 感情用事 ☐ 多嘴多舌 ☐ 固执己见 ☐ 虚伪的人
提示： ① 全部勾选：恭喜你！你已经具备成为一个创业者的潜质，勇敢思考一下从哪里动手吧！ ② 缺2～3项：初具创业者雏形，还不错哦！假以时日，补足缺选的几项，你会是一个合格的创业者。 ③ 缺4项及以上：亲！也许就业对你而言是更好的选择哦。	提示： 选任何一个：亲！要注意改正哦，这些不仅会成为你创业路上的绊脚石，也会造成你职场人际关系紧张哦。

二、在校期间创业胜任力的修炼

在校期间创业胜任力的修炼方式如图1-8所示。

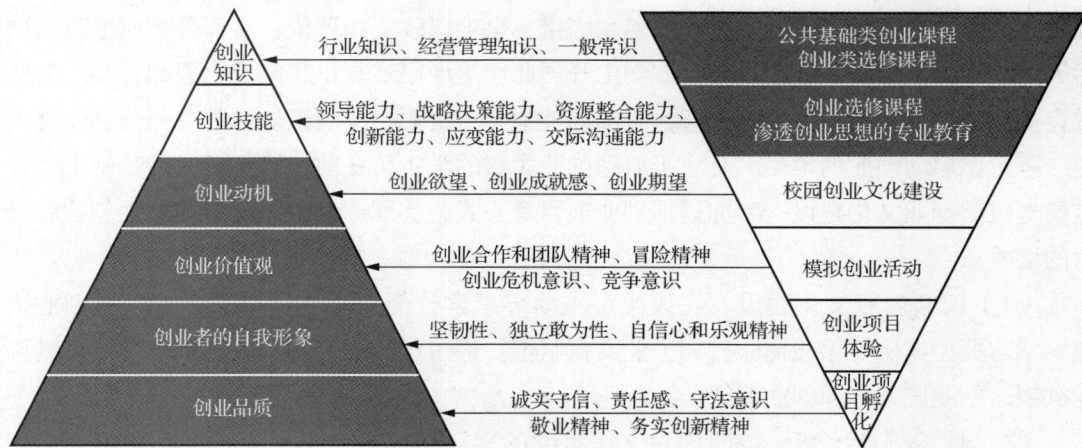

图1-8 | 在校期间创业胜任力修炼方式

1. 外显性创业胜任力的养成方式设计

根据图1-8中所提及的创业胜任模型中外显性素质和内隐性素质的特点分析可知，外显性的创业知识和创业技能是创业者开展创业活动的基础素质要求，属于容易被测量和观察且可以通过有针对性的培训得到加强的素质类型。多层次、有效互补的创业课程体系可以帮助大家深入理解和掌握创业知识和创业，进而能够促使其外显性创业胜任力的形成。鉴于此，积极参与多层次的培训课程十分必要，且能取得较好的培训效果。在校生可通过学习公共基础类创业课程、创业选修课程和在专业学习课程中有意识地捕捉创业可能性等方式，实现逐级聚焦式的外显性创业胜任力的培养。

（1）公共基础类创业课程。根据教育部关于创新创业教育课程"面向全体大学生，纳入教学主渠道"的要求，学院应面向全体学生开设一门创业必修课程——"创新创业"。该课程可充分发挥课堂主渠道的作用，实现创业一般知识的普及教育。

（2）创业选修课程。针对创业过程可能涉及的创业机会识别与项目选择、筹集资源、项目营销推广与风险控制等经营管理知识需求，在校生可选择性地学习"市场营销""财务管理""经济法""企业管理""TRIZ理论"等选修课程。这些课程主要针对那些对某一方面经营管理知识尤其感兴趣的学生，重在兴趣偏好的培养及专项创业技能的训练。

（3）渗透创业思想学习专业课程。将创业思想渗透到专业课程学习中，不仅有利于创业胜任力的培养，而且有利于进一步强化自身专业知识的学习。此外，在校生还可通过创新思维训练、专业兴趣小组和特长生工作室等第二课堂平台的方式，参与这些基于专业学习的创业技能训练。

2. 内隐性创业胜任力的养成方式设计

创业知识和创业技能仅仅是高校创业者的技术准备，创业者真正启动创业并产生良好的创业绩效，更加依赖于其深层次的内隐性创业胜任力的高低。相对于外显性创业胜任力而言，内隐性创业胜任力不容易被观察和测量，也难以改变和评价，这部分素质很难通过后天的培训得以形成，盲目地对全体学生开展此类培训很难真正起作用。因此，高校创业教育体系中应逐步减少关注的人群，有选择性地集中资源、逐级聚焦培养少部分真正感兴趣、有意愿启动创业的学生。有志于启动创业实践的学生可在前述修炼方式的基础上，通过参与校园创业文化建设、参加模拟创业项目等方式，实现逐级聚焦式的内隐性创业胜任力的培养。

（1）校园创业文化建设。在校生可主动寻求学校创业服务机构的服务、听创业讲座、学习典型案例等手段体验校园创业文化氛围。通过氛围的浸润，潜移默化地激发其创业欲望、创业成就感和创业期望。

（2）模拟创业比赛。校园创业文化氛围的熏陶面向所有学生，帮助其积累创业经验。对于已经萌发创业欲望、但又缺乏某些创业要素的学生，可通过创业计划大赛、创业经营沙盘演练、创业模拟软件等形式进行模拟创业对抗训练，使其更加直观地了解创业实战的策略与知识，体验创业过程、积累经验。这类模拟创业活动一般以团队形式展开模拟对抗和竞争，可以有针对性地培养创业胜任力中的"创业合作和团队精神""冒险精神""创业危机意识"和"竞争意识"。此外，此类比赛的进行要求学生运用大量的从不同课程中学到的知识，使学生从被动填鸭式的接受知识转变为主动查找、补充不足的知识。

（3）项目体验。虽然模拟创业活动在锻炼和培养学生内隐性创业素质上具有重要的作用，但由于是在虚拟环境下展开的理论对抗，学生无须为决策付出实际的代价，也无须经历创业过程中的人际交往、创业经营等过程，从而无法完全体验真实创业过程的艰辛，无法积累真实的实践经验。对于少部分有将创业意图转向真实创业活动的同学，可在校园内开展如淘宝开店、校内跳蚤市场、面向校内开设打印社、奶茶店、快递发货点等相对门槛低、投资小、简单易操作的创业体验活动。这些小型真实创业项目的运作，不仅可以帮助学生检验创业项目的可行性，更能磨炼学生的意志，使其树立"坚韧性""独立敢为性""自信心"和"乐观精神"的自我形象。

（4）创业项目孵化。面向校外市场展开更大范围的创业活动是学生实现所学知识、技能与创业活动零距离对接的主要纽带，同时也是全面培养学生"守法意识""敬业精神"等创业品质的有效途径。通过建立创业项目孵化基地的方式，采用真实项目运营、整合校内外资源实施分层次、差别化辅导的模式，学校为在校生的创业项目提供资源集聚、技术支持、创业辅导等过程性支持。

综合案例

奥斯本"6M"产品创新法

世界创造学之父——奥斯本曾经提出过一个"6M"创新法则，它阐述了产品创新的六个途径，通过这六个途径，可以帮助用户有效地进行产品创新，从而快速将自己拖出同质化竞争这个红海。

创新途径1：可以改变吗？——能改变功能、形状、颜色、气味吗？是否还有其他改变的可能性？

改变是产品创新的第一要素，很多市场上常见的产品，只要稍作改变，就可以让消费者眼前一亮。

现在越来越多的消费者在选购电器时，不再只关注电器的功能和价格，而更加注重产品的个性化和艺术感，这代表消费者审美能力和生活品位的提升。为了满足消费者这一需求，很多厂家都在做这方面的尝试。

（1）LG空调找来了韩国著名画家河相林，创作了"盛唐纹"图案，把它绘制在空调面板上，让LG空调体现出了高贵的艺术品位，迎合了很多高端消费者的心理需求，在同类商品中脱颖而出。改变，这一招的巧妙运用，把原本同质化的商品做出了差异化，从而使得产品大卖。

（2）眼下，市场上还出现了一种专门为儿童设计的卡通冰箱，这些冰箱有的设计成小狗，有的设计成小兔子，通过童趣化的卖点、别出心裁的设计和精准的人群定位，一上市就征服了很多有孩子的家长。

这两个案例告诉我们：当你的产品跟竞争对手相似时，你可以考虑在外观、功能、颜色、气味等方面做出改变，这能够让你迅速做出差异化，以最直观的方式快速占领消费者的心智。

创新途径2：可以增加吗？——能否增加尺寸、使用时间、强度或新的功能？

通过增加来进行产品创新的例子在市场操作中可谓比比皆是，也屡屡被证明是可行的。

牙膏这个市场，在国内经过几十年的发展，可以说已经是非常饱和的市场了，几乎每一种叫得出名字的牙膏都有自己的市场定位，比如高露洁主打防蛀、黑人主打洁白牙齿、舒适达主打牙齿抗敏感、云南白药主打治疗牙龈出血等。那么，作为后来者，狮王牙膏要怎么做呢？

狮王的做法是：定位到吸烟人群，给牙膏增加一个"去烟渍"的功能。该产品宣传"含有PEG去渍配方，能够专业分解和去除焦油和尼古丁残留在牙齿表面所产生的烟渍"，可以"去除烟渍，清新口气"。产品上市以后，果然受到了大量烟民的青睐。就这样，狮王通过给牙膏增加"去烟渍"这一功能，在牙膏这个竞争激烈的品类中活了下来。

用增加法来进行产品创新时，有一点需要注意，那就是增加要有节制。不能为了增加功能而分散消费者原本的注意力，弱化了产品的核心卖点。

另外，不要一下子给一款产品增加太多的新功能，也不要一下子把产品尺寸增加得太大。也就是说，用增加法来创新时要有节制，要把握好适度原则，否则过犹不及。

创新途径3：可以减少吗？——能省去、减轻、减薄、减短或减少吗？

在做减法这一点上，不得不提到苹果公司的产品，无论是笔记本电脑还是手机，都遵循一个原则——少即是多。

我们来看苹果公司的官网apple.com。有人批评它，说它缺乏装饰，看起来就像个没有经过美化的产品目录。但正是因为它的简洁大方，才受到消费者的喜爱。乔布斯认为，苹果公司官网是为用户提供产品信息的平台，他希望网站有趣、有吸引力，但绝不允许它朝着前卫的方向发展。

乔布斯不让在网页上放很多高科技动画，他觉得如果企业不以最基本的产品，而以华而不实的东西来吸引用户，那是懒惰的表现。乔布斯极力主张：苹果公司的官网就应该避免轻浮，这样才可以让消费者尽快地找到自己想要的产品。

与此相反，我们来看一个谷歌产品失败的案例。谷歌之前推出过一款叫作iGoogle的工具，刚出来的时候很受欢迎。在这款工具里，用户可以把自己需要的功能全部添加到一个页面上，包括自己的邮箱、天气预报、记事本、计算器等。在这个页面上，用户可以只登录一次就做很多操作，功能非常综合，当时国内的百度、网易等公司都纷纷效仿，但后来这些工具逐渐销声匿迹。为什么呢？

其实原因很简单：用户不习惯这样用系统，用户只希望在一个平台上满足自己的一个核心需求。例如，你去饭店就是吃饭的，去电影院就是看电影的，上百度就是为了搜索，上淘宝就是为了买东西，从来没有一个平台能满足用户的所有需求。

消费者有一个习惯：一样东西，不管它有多么差，只要是花钱买的，就不愿意把它白白地扔掉，经济学上把这种现象称为"沉没成本误区"。实际上，从企业经营者的角度来看，这种沉没成本是你永远都不可能收回来的。所以，我们在做减法的时候，不应该总想"为什么要去掉它"，而应该问自己"为什么要保留它"。

创新途径4：可以替代吗？——能用其他材料、零部件、能源或色彩来替代吗？

替代法一般是随着新技术、新材料、新能源的出现而采用的一种产品创新方法。例如，当数字解码技术出现时，录放机就被VCD替代了，后来随着解码技术的成熟，VCD又被DVD替代了。

在很多行业中，用复合材料来替代原材料，就是未来的一个发展趋势。复合材料不仅重量轻，而且强度高，比如奥迪前不久推出了一款碳纤维自行车Ebike，整车重量只有不到10公斤，不仅轻便，而且因为整体成型无焊点，所以强度和耐久度都比较高。

替代法创新经常依赖新技术、新材料的出现，这就要求我们对自己所在行业保持灵敏的商业嗅觉，平时要每天甚至时刻关注行业内的最新动态。在接收到新行业信息后，立刻思考能否为己所用？这种新技术的出现，会对我的产品和项目产生什么样的影响？

当年索尼的盛田昭夫就是因为十分关注自己行业的最新信息，才能在美国贝尔实验室刚刚发明晶体管以后，第一时间飞到美国，买下了晶体管技术，随后创造了索尼划时代的产品——晶体管收音机，从而一举奠定了索尼在20世纪电子行业中的霸主地位。

创新途径5：可以颠倒吗？——上下、左右、正反、里外或前后能颠倒吗？或者目标和手段能颠倒吗？

颠倒是一种逆向思维的产品创新方法，对于习惯用正向思考问题的人来说，在正向思考走不通的情况下，试一下逆向思维，它可能会让你找到一条独特的产品创新之路。

（1）拍集体照时，总会赶上有人闭眼。后来，有位摄影师换了一个思路，他让全部人先闭上眼，然后他喊"一、二、三！"一起睁眼，照片冲洗出来一看，一个闭眼的也没有。

（2）圆珠笔发明的经典案例。圆珠笔被发明之后，一直存在漏油的问题，经常会弄脏衣服，原因是：笔珠写了两万字之后就会坏掉。于是，许多厂商为此投入大量经费进行研究，有的甚至用宝石来做笔珠，但是成本高昂，无法推广。后来一个人想：既然圆珠笔是在写到两万字开始漏油的，那就少装一点油，让它在写到一万五千字左右就把油用光，这个问题就解决了。

以上两个案例告诉我们，产品创新不能循规蹈矩，有时候在正方向上走不通，就要从反方向上试试，有时候用打破常规的思维方式，往往会让你取得意想不到的效果。

创新途径6：可以重新组合吗？——能重新组合零部件、材料、方案吗？能叠加、复合、化合、混合或综合吗？

重新组合这种产品创新方法，就是让你去跨界、去混搭、去重构一件产品。有一句话说：很多时候，创新就是老元素的新组合。

（1）无印良品像风扇一样的CD机。这款CD机，如同方形换气扇一样挂在墙上，开关就是下方的电线。这款产品就是把风扇和CD播放机重新组合到了一起，想要听音乐，你只需要轻轻地拉一下它下方的电线，音乐就仿佛风一样，向你迎面吹来。

（2）船牌液态皂。在国内市场上，日化一直是一个竞争最惨烈的品类，而且这种竞争很多都是同质化的竞争。当时的船牌透明皂就面临着这一问题，当时透明皂产品饱和，利润微薄，企业如果想经营下去，就必须开发新产品。

在市场上，消费者经常使用的洗涤产品主要有三种：洗衣液、透明皂和洗衣粉。当时，洗衣液还属于新产品，价格比较贵，不能经常使用；透明皂只能用于手洗，不能用于机洗；而洗衣粉可以用来机洗，但很多人觉得洗衣粉洗出来的衣服没有透明皂洗出来的健康，对皮肤不好。经过调研，厂家决定推出一个新品类——液态皂，由于这种产品结合了其他几种产品的优点，所以产品一上市，就立刻引发了一轮消费者的抢购热潮。

液态皂其实就是洗衣粉和透明皂的一种重新组合，它既有透明皂健康的优点，又有洗衣粉便宜的优点，把这两个产品的优点组合到一起，就成了液态皂。这个案例告诉我们，在一个同质化竞争的市场，你可以通过产品的重新组合来进行产品创新，从而找到市场的空隙。

综上所述，奥斯本"6M"创新法代表了产品创新的六种思路，将这六种思路恰当地运用好，可以让你的产品创意永不枯竭，并使你开发新产品的成功率大增，这对于塑造企业的核心竞争力具有不可估量的意义。

复习思考题

一、名词解释
创新、创业、创业者、创业胜任力、创业必备要素

二、选择题
1. 下列关于创新的描述正确的是（　　　　）。

　　A. 创新是指科学技术上的发明创造

    B. 创新是指把已发明的科学技术引入企业之中，形成一种新的生产能力的活动

    C. 发明是创新的一种形式

    D. 只有当一个发明投放市场并被消费者所接受，并且消费者认为其具有某种实际的、正面的、革新性的价值后，人们才会意识到这个发明是一种"创新性"的产品

2. 以下关于创新和创业关系描述不正确的是（　　　　）。

    A. 创业与创新密不可分

    B. 创业和创新的融合是一个动态整合、集成与优化的过程

    C. 创新精神、创业能力和市场意识始终是创业成功和企业持续成长的内在动力

    D. 创新比创业意义更重大

3. 以下属于产品创新的是（　　　　）。

    A. 通过改善或创造产品以进一步满足顾客的需求

    B. 对产品的加工过程进行技术创新

    C. 通过新的设想、新的技术手段改进服务方式以进一步满足顾客的需求

    D. 技术变革

4. 下列关于创业的概念描述正确的是（　　　　）。

    A. 创业活动应围绕兴趣展开

    B. 创业活动应围绕拥有的资源展开

    C. 创业活动应围绕机会展开

    D. 创业活动应围绕创业团队展开

5. 下列要素中属于创业活动核心要素的是（　　　　）。

    A. 商机　　　　　B. 创业者　　　　　C. 创业资源　　　　　D. 创业环境

6. 创业过程的起点为（　　　　）。

    A. 商机　　　　　B. 创业者　　　　　C. 创业资源　　　　　D. 创业环境

7. 创业者应具备的一般性经营知识包括（　　　　）。

    A. 生产、生活中都必须具备的常识性知识

    B. 各种经营、技术、组织管理等的经验

    C. 法律、税收、管理知识

    D. 与特定产业相关的知识、技术、经验等知识

8. 创业者应具备的创业项目专业知识包括（　　　　）。

    A. 生产、生活中都必须具备的常识性知识

    B. 各种经营、技术、组织管理等的经验

    C. 法律、税收、管理知识

    D. 与特定产业相关的知识、技术、经验等知识

9. 创业能力的核心是（　　　）。

    A. 创新能力

    B. 机会识别能力

    C. 组织协调能力

    D. 人际关系能力

10. 创业能力的基础是（　　　）。

    A. 创新能力

    B. 机会识别能力

    C. 组织协调能力

    D. 人际关系能力

三、判断题

1. 创新是富有创业精神的创业者运用现有的知识与机会结合并创造价值的活动。
（　　　）

2. 创业者必须瞄准目标群体，根据他们的需求提供新的产品和服务，只有这样才能获得市场的认可，创业才有成功的可能。（　　　）

3. 人际关系能力是创业能力的保证。（　　　）

4. 成功创业者普遍将自我形象选择为"具有主动性、灵活变通、坚韧、适中的冒险性、独立、自控性强、自信"等。（　　　）

5. 创业者的转化意识是指创业者要有意识地整合各种资源，将商机转化为现实的生产力。（　　　）

6. 创业过程由创业机会激活并受其驱动，创业机会是创业过程的核心。（　　　）

7. 资源的存量需求越高，对于创业者而言越有利。（　　　）

8. 创业过程是一个高度动态的过程，其中创业环境、资源和创业团队是创业过程最重要的三大要素。（　　　）

9. 理解创业阶段的主要任务是创业者经过前期对创业的了解开始主动去了解创业环境、反思自我，并初步确定自己的创业规划。（　　　）

10. 创业知识和创业技能可通过积极参与多层次的培训课程取得较好的培训效果。
（　　　）

四、技能训练

1. 选一个你认为创业最成功的人士，调查一下他的创业历程，与同学分享一下你认为他的创业过程中有哪些地方值得借鉴。

2. 撰写一篇800字的《我的创业狂想曲》。

3. 以小组为单位，调查当前本地区的创业环境。

项目2

筛选创业机会

问　题　　怎样找对创业门路？

学习项目　　筛选创业机会

细分任务

任务2.1 了解创业机会	任务2.2 分析创业机会的来源	任务2.3 评估创业机会

支撑知识

创业机会、创业机会的特征、创业机会的类型	技术变革、政策法规调整、社会和人口结构变革、产业和市场结构的变化、解决问题、重大事件、个性	市场吸引力评估、资源需求评估、获利能力评估

项目2 | 知识（技能）框架图

知识目标

- 掌握创业机会的含义和特征
- 了解创业机会的来源与类型
- 了解创业机会的评价方法
- 掌握创业机会的评估准则

技能目标

- 能主动搜寻创业机会，开展创业准备

任务2.1 了解创业机会

一、创业机会

机会是指通过创造性地组织资源、传递更高价值，以满足市场需要的可能性。创业机会是指那些具有较强吸引力的、较为持久的、有利于创业的商业机会，创业者据此可以为客户提供有价值的产品或服务，同时使创业者自身获益。

从本质上来说，创业过程是由创业机会激活并受其驱动的，创业机会是创业过程的核心。可以说，虽然不是每一项创业机会最后都能发展成为一个新企业，但每一个创业活动都始于创业者对于机会的捕捉和及时把握。好的创业机会是创业成功的一半。

拓展阅读

防沉迷手机壳

日本Momo公司发明了一款手机壳名为Otomos（见图2-1）。它被固定在手机上，只有通过一个特制的螺丝才能卸掉，可以帮家长阻止孩子过分沉迷于手机。该公司CEO指出：

图2-1 | Otomos防沉迷手机壳

他们做了大量的定量和定性调研，并对比了市面上已有的手机防沉迷工具，最终将防沉迷的方式从手机软件转移到手机壳硬件。不得不说，解决方案的改变，有可能从根本上遏制手机瘾。

这款手机壳是以解决孩子沉迷手机的问题切入智能硬件行业的，手机壳中集成了传感器，通过App可以拓展防孩子走失、监控孩子位置等服务，这也是目前智能硬件主流的运营模式，就看哪家公司能让用户心甘情愿地先使用上智能硬件。防沉迷手机壳是一个很好的切入点。

二、创业机会的特征

（1）普遍性。凡是有市场、有经营的地方，客观上就存在着创业机会。创业机会普遍存在于各种经营活动过程之中。

拓展阅读

夹缝求生的拼多多

如果一个创业者已经拿到网易创始人丁磊的天使投资，以后融资应该相对容易一些。但是假如这个人同时得到丁磊和淘宝创始人孙彤宇的支持，资本市场会如何对待他？黄峥就是这样一个创业者，他主导创立的自营社交电商拼好货得到了四位"大佬"的支持，15分钟就拿到高榕的投资，IDG也同样出手。几个月后，他的游戏团队创立了平台社交电商拼多多。腾讯、新天域等紧随其后。2016年9月，两家公司宣布合并，品牌对外以拼多多为主，拼好货成为其子频道。据说，合并后的新公司估值已经达到10亿美元，用户超过1亿，月成交额超过10亿元。

拼多多在阿里巴巴、京东、唯品会等巨头夹缝中获得生存空间，并且一年时间就成为独角兽，这样的电商公司已经不多见。

（2）偶然性。对一家企业来说，创业机会的发现和捕捉带有很大的不确定性，任何创业机会的产生都有"意外"因素。

拓展阅读

从偶然中诞生的ofo小黄车

ofo小黄车缔造了"无桩单车共享"模式，用户只需在微信公众号或App扫一扫车上的二维码或直接输入对应的车牌号，即可获得解锁密码，解锁骑行，随取随用，随时随地。从2015年6月启动以来，ofo小黄车已连接了1000万辆共享单车，累计向全球20个国家（及地区），超过250座城市、为超过2亿用户提供了超过40亿次的出行服务。

小黄车的诞生有一定的偶然性，五个创始人都是北京大学的学生，五个人相识于北大骑行社，他们就想：能不能把自行车做成共享模式？正好赶上毕业季，学校有很多毕业生不要的自行车，他们就想着让学生把自行车共享出来加入这个联盟，这样每个人都能骑大家共享的单车。于是，ofo小黄三就此诞生了。

（3）消逝性。创业机会存在于一定的时空范围之内，随着产生创业机会的客观条件的变化，创业机会就会相应地消逝和流失。

三、创业机会的类型

1. 根据创业机会的市场特征划分

（1）现有市场机会和潜在市场机会

在创业机会中，有些是明显没有被满足的市场需求，这种未被满足的需求称为现有市场机会；而另外一种隐藏在现有某种需求后面的未被满足的市场需求，称为潜在市场机会。对于现有市场机会，企业容易寻找和识别，发现的难度系数较低，这是其最大的优点。这一最大优点也恰恰是它的最大缺点。由于市场机会明显，容易被寻找和识别，因此，抓住这一市场机会的经营者也多，一旦市场达到饱和，这个市场机会也就不能为创业者带来效益了。

潜在市场机会对企业来说不容易发现，寻找和识别的难度系数大，这是它的最大缺点。但正是由于难度大，不易识别，企业如果找到并抓住这种市场机会，机会效益也比较高。

拓展阅读

网络外卖的出现

随着现代社会生活与工作节奏越来越快，传统的"买、洗、摘、炒"的饮食方式已经很难被人们接受了，由此催生出了外卖行业的蓬勃发展。足不出户即可享受美食，成为现代人尤其是年轻人的首选。

传统的外卖以电话外卖为主，顾客通过餐馆印制的外卖菜单上的信息和电话进行订餐。这对于生活节奏越来越快的现代人，尤其是工作压力越来越大的白领阶层来说，确实是方便了不少。

随着互联网时代的到来，人们对网络的依赖程度大大提高，由此催生出了大量的"宅男宅女"，而这些"宅男宅女"以及离不开网络的白领阶层，就成为网络外卖的忠实消费者。

（2）行业市场机会与边缘市场机会

出现在某个行业内的市场机会称为行业市场机会；对于在不同行业之间的交叉与结合所产生的市场机会称为边缘市场机会。

　　由于创业者拥有的技术和资源不同，因此，很多创业者能利用自身拥有的技术和资源发现市场机会，寻找和识别行业市场机会的难度系数较低，很多创业者都把行业市场机会作为重点寻找目标。

　　相对于行业市场机会，边缘市场机会需要多个行业背景，对创业者的要求比较高，选择该类型创业机会的创业难度较大。但交叉多个行业的边缘市场存在消费者需求，一般容易被创业者忽视，具有巨大的市场发展空间。

拓展阅读

"互联网+"是什么时代

　　"互联网+"是什么时代？手机的应用是最好的证明。几乎所有事情我们都可以在手机上处理，从最贴近生活的外卖订餐，到水电煤气缴费，到出行旅游购票，从吃的、穿的、用的，到各种交通、医院、租房、办事，很多事情我们都可以直接通过手机操作，几乎每一个平台都有自己的网站、客户端甚至微信公众号，这都已经是再平常不过的内容了。去医院可以用手机预约挂号、预约体检、查询；看电影、吃美食可以直接通过手机App搜索周边电影院、餐馆，里面的价格、地址、位置、评价等都一目了然……如此例子还有很多。

　　"互联网+"的加号就代表着"互联网+"时代的多样性，不管是"+金融""+农业""+特产""+管理""+电商""+政务服务"……这就是"互联网+"时代。

　　（3）目前市场机会与未来市场机会

　　目前市场发展中出现的市场机会称为目前市场机会；从环境变化的角度来看，市场上未来的某一时期出现的大量需求和消费倾向，会成为未来的市场机会，这类机会就称为未来市场机会。

　　目前市场机会和未来市场机会的区别在于时间的先后顺序和可能转变的客观条件是否具备。随着时间的推移，未来市场机会是否能转变成为目前市场机会主要取决于环境的发展变化。对于创业者来说，应该重点抓住目前市场机会，关注市场环境的变化趋势，把握未来市场机会。

拓展阅读

低碳环保产品是当今经济社会发展的必然趋势

　　低碳经济是指在可持续发展理念的指导下，通过技术创新、制度创新、产业转型、新能源开发等多种手段，尽可能地减少煤炭、石油等高碳能源消耗，减少温室气体排放，达到经济社会发展与生态环境保护双赢的经济发展形态。低碳经济是以低消耗、低污染、低排放为基础的经济模式，是人类社会继农业文明、工业文明之后的又一次重大进步。

随着"低碳"话语的出现，现在"低碳社会""低碳城市""低碳超市""低碳校园""低碳交通""低碳环保""低碳网络""低碳社区"——各行各业蜂拥而上，统统冠以"低碳"二字，使"低碳"成了一种时尚。

（4）全面市场机会与局部市场机会

从范围来看，市场有全面的、大范围的市场和局部的、小范围的市场之分，因而，市场上出现的机会也就有全面市场机会和局部市场机会之分。全面市场机会是在大范围市场出现的机会，如国际市场、全国市场；局部市场机会则是在一个局部的市场出现的机会，如某个特定市场。

全面市场机会对所有创业者来说具有普遍意义，因为它意味着环境变化的一种普遍趋势。局部市场机会则对在该地区从事创业活动的创业者来说有特殊意义，它意味着该地区市场环境变化有别于其他市场的特殊发展趋势。

2. 根据创业机会的来源划分

（1）问题型机会

问题型机会指的是由现实中存在的未被解决的问题所产生的一类机会。对于消费者"苦恼的事"和"困扰的事"，如果能提供解决的办法，实际上就是找到了创业机会。例如，双职工家庭没有时间照顾孩子，于是有了家庭托儿所，没有时间买菜，就产生了送菜公司。这些都是从"问题"中寻找机会的，属于问题型机会。

拓展阅读

智能快递柜诞生　可代替客户收取快递

快递员到了家门口，但家里没人，怎么办？不但自己着急，快递小哥着急，甚至连帮忙收快递的邻居、门卫也要跟着着急。网购越来越流行，习惯了网购的年轻人几乎都遇到了同样的问题。智能快递柜因此诞生了，在家中没人时，它可以代替市民收取快递。

智能快递柜可以代替市民收取快递，让取件人多了一种选择，还可提高快递公司的一次投递成功率。智能快递柜的存物、取物操作十分简便：需要存快递时，快递员先刷卡进入系统，之后扫描快递单上的条形码，输入收件人手机号，存包裹的操作就完成了。在存入包裹的同时，智能快递柜会给收件人发出一条短信，内容包括取件通知和取件密码。收件人收到短信后，输入手机号和密码即可自行取件。收件人还可以下载智能快递柜的App，快递员存入包裹时，App上会自动生成一个二维码，直接扫码就可以取件。

（2）趋势型机会

趋势型机会就是在变化中看到未来的发展方向，预测到将来的潜力和机会；创业的机会大都产生于不断变化的市场环境，环境变化了，市场需求、市场结构必然发生变化。著名管理大师彼得·德鲁克将创业者定义为"那些能寻找变化，并积极反应，把它当作机会充分利用起来的人"。这种变化主要来自于国家政策的变化、产业结构的变动、消费结构升级、城市化加速、人们思想观念的变化、人口结构的变化、居民收入水平提高、全球化趋势等诸方面。例如，居民收入水平提高，私人轿车的拥有量将不断增加，这就会派生出汽车销售、修理、配件、清洁、装潢、二手车交易和陪驾等诸多创业机会。

（3）组合型机会

组合型机会就是将现有的两项以上的技术、产品、服务等因素组合起来，以实现新的用途和价值而获得的创业机会。

拓展阅读

支付新模式——手机支付

手机支付也称为移动支付（Mobile Payment），是指允许移动用户使用其移动终端（通常指手机）对所消费的商品或服务进行账务支付的一种服务方式。继银行卡类支付、网络支付后，手机支付俨然成为新宠。

手机支付的基本原理是将用户手机SIM卡与用户本人的银行卡账号建立一种一一对应的关系，用户通过发送短信的方式，在系统短信指令的引导下完成交易支付请求，操作简单，可以随时随地进行交易。用户还可以通过WAP和客户端两种方式进行支付，无须任何绑定，仅需要输入银行卡号和密码即可，银联结算。

手机支付这项个性化增值服务，可以实现众多支付功能，此项服务强调了移动缴费和消费。当我们在自动售货机前为找不到硬币而着急时，手机支付可以很容易地解决这个问题。当客户身处外地，或通信运营商的营业厅下班以后，为了缴话费四处寻找手机充值卡而耗费精力时，手机支付将真正让手机成为随身携带的电子钱包。

手机支付通过手机对银行卡账户进行支付操作，包括手机话费查询和缴纳、银行卡余额查询、银行卡账户信息变动通知、公用事业费缴纳、彩票投注等，同时还可实现航空订票、电子折扣券、礼品券等增值服务。

综合创业机会是根据市场价值（即机会的潜在市场价值，代表着创业机会的潜在价值是否已经较为明确）和创业者的价值创造能力（即代表着创业者是否能够有效开发并利用这一创业机会，包括通常的人力资本、财务能力及各种必要的有形资产等），可将创业机会分为"梦想"型创业机会、尚待解决问题型创业机会、技术转移型创业机会和市场形成型创业机会（见图2-2）。

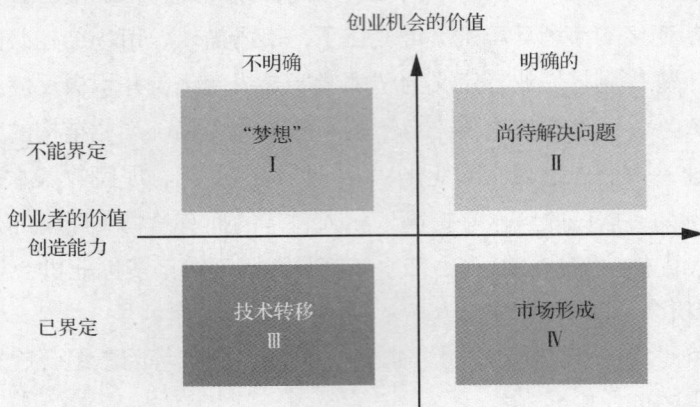

图2-2 | 创业机会的综合分类

（1）"梦想"型创业机会：指那些创业机会的价值并不确定，创业者是否拥有实现这一价值的能力也不确定的创业机会。这一类型的创业机会，创业风险较高，创业者应该谨慎选择。

（2）尚待解决问题型创业机会：机会的价值已经较为明确，但实现这种价值的能力尚未确定，有些创业机会已经出现或者消费者已经存在一定的需求，但是解决该问题的方法和途径并不明确。对于这一类型的创业机会，创业者可充分利用各类资源，积极寻找并确定创造价值的途径和方法。

（3）技术转移型创业机会：机会的价值尚未明确，而创造价值的能力已经较为确定，创业者或者技术开发者的主要工作是为手头的技术寻找一个合适的应用点，也就是如何将现有技术转化为经济效益和社会效益。

（4）市场形成型创业机会：机会的价值和创造价值的能力都已确定。这一类型的创业机会属于成熟型创业机会，创业者可充分利用该创业机会实施创业，创业的风险较小，成功的可能性较大。由于创业机会的价值和创业者创造价值的能力都已经明确，因此在利用该创业机会进行创业的过程中会出现大量的同类竞争者，创业竞争较激烈。

拓展阅读

快速充电技术

电池依然是困扰智能手机用户的主要问题，而一些公司想出了一种简单的方法来解决这个问题——快速无线充电。Petalite Flux是一个得到很高关注度的众筹项目，它是一块移动电池组，仅需15分钟便能完成充电。

Flux使用的是电动汽车的充电技术，其内置的2600mA·h电池在15分钟的时间里就能充满电，耗时基本上是普通手机电池的1/6。

令人激动的是，智能手机制造商将该技术整合到自己的产品当中。不少厂商都表现出了这方面的兴趣，如三星和苹果。

任务2.2　分析创业机会的来源

1. 技术变革

新技术的出现改变了企业间的竞争模式，使创办新企业的机会大大提高。互联网技术的发展带来了电子商务创业机会。

如何发现创业机会？

拓展阅读

互联网改变了我们的生活

不管互联网最初出现的意图是什么，经过这么长时间的发展，互联网早已不再是当初出现时的意图。互联网在工作、生活与学习中的用处越来越大，互联网的用户越来越多，这改变了我们的各种习惯。

改变购物习惯：上街购物是一件再正常不过的事了。现在，人们还是喜欢逛街，只是这些街的名字叫"淘宝""天猫""京东"……而且随时随地可以逛街，计算机上可以逛，手机上也可以逛。货比三家，比图片、比服务、比价格；付款也像刷银行卡一样方便。

改变联系习惯："QQ我""微信我"成为沟通时的常用语。依托互联网进行的沟通方式是打破时间和空间限制的。改变的不仅是通信方式，还有费用支出。从此，更低的费用不再是梦。

改变娱乐方式：到电影院看电影、到KTV唱歌、到棋社找人下棋，以往的娱乐活动搬上了网络，就变成随时随地在计算机上看电影，随时随地在家里唱歌，随时随地在家里玩网络游戏，随时随地在家里玩网络篮球，随时随地在家里和网友下棋。一切都变成随时随地可以进行，只要有网络，只要有设备，随时可以嗨起来。

改变我们的其他习惯：以前，重要新闻靠报纸；现在，重要新闻靠网络；

以前，买车票靠排队；现在，买车票靠网络；

放眼未来，还会有什么样的改变，我们不得而知。但毫无疑问，互联网确实改变了我们的生活，也将改变我们更多。

2. 政策法规调整

政府政策的某些变化，就可能给创业者带来新的创业机会。例如，环境保护政策的出台，会将那些污染严重、严重破坏环境的产品赶出市场，这些产品的离开将为环保型产品带来创业机会。

3. 社会和人口结构变革

社会和人口结构变化改变了人们对产品和服务的需求。由于创业者通过销售顾客需要的产品和服务来盈利，因而需求的变化就产生了生产新事物的机会。例如，双职工家庭由于在家做饭的时间减少，引发了餐馆、快捷食品、净菜、小饭桌、食品外送服务等创业机会。

拓展阅读

"二孩"政策放开会带来哪些商机

随着我国推行"全面二孩"政策，多家证券机构预测，"全面二孩"政策实施后，预计每年将新增新生儿100万～200万人，2018年新生儿有望超2000万人。其所蕴含的消费红利大约在每年1200亿～1600亿元。婴儿奶粉、纸尿裤、玩具等婴童产品的市场将会最先受益。

除了婴童产业外，一些中国药企纷纷宣布进军儿童药市场。较早投身于儿童专用中成药生产的药企王老吉药业之前曾宣布，2016年将全面进军儿童药市场，在安全、有效、质量可控的前提下开发新的儿童药品种。据王老吉药业负责人介绍，目前市面上的儿童用药品种少、规格少、剂型少，儿童安全用药面临着严峻考验。

"二孩"放开还将给人们的吃穿住行等社会经济领域带来前所未有的变革，人口变量所能激发的经济和社会活力将难以用数字估量。

4. 产业和市场结构的变化

产业和市场结构的变化改变了行业中的竞争状态，形成了创业机会。例如，小米手机利用智能手机市场结构的变化机遇开展创业。

5. 解决问题

每个问题都是一个被精巧掩饰的机会，现实中仍有许多问题需要解决，评论和讨论这些问题，可启发商业创意，如弗雷德·史密斯创办联邦快递。

拓展阅读

多功能防盗安全锤、救生锤、逃生锤研制成功

2009年成都公交车燃烧造成了一起25人死亡、76人受伤，轰动全国的特大伤亡事故。事故背后的原因之一是安全锤反复被盗，导致乘客没有工具及时敲碎玻璃逃生，最终酿成惨祸。

为了彻底解决安全锤被盗的问题，国内某公司研制成功了多功能防盗安全锤、救生锤、逃生锤，此项发明在不妨碍使用的情况下，不仅彻底解决了安全锤被盗的问题，而且还可以根据需要增加LED应急灯照明、红色LED灯闪烁声光报警、割刀等功能，为广大群众在紧急情况下提供了一份安全保障的同时，彻底解决了公交公司的管理难题。

6. 重大事件

重大活动（奥运会）、重大自然灾害（地震、"非典"）、重大社会事件、重大经济事件等均会带来对某些产品的大量需求，进而为创业者带来创业机会。

拓展阅读

2018年平昌奥运会，赞助商们都在干什么

2018年平昌冬奥会的开幕，标志着体育大年的帷幕正式掀起。其实，早在2018年平昌冬奥会前夕，各大赛事赞助商就已经开始摩拳擦掌，以激活平昌赞助之旅。我们不妨来看看他们都在做些什么。

（1）阿里巴巴。于2017年1月与国际奥委会达成期限直至2028年的长约，成为"云服务"及"电子商务平台服务"的官方合作伙伴，以及奥林匹克频道的创始合作伙伴。2018年2月初，阿里巴巴发布了名为《相信小的伟大》的奥运会宣传片，通过还原肯尼亚业余冰球队和澳大利亚皮划艇运动员皮尔斯的故事，讲述了以小见大的价值观。

（2）英特尔。在2017年6月宣布成为奥运顶级赞助商，英特尔将为粉丝提供虚拟现实的观赛体验，还将用无人机拍摄比赛。英特尔推出了一条题为"你准备好了吗？"（Are you ready?）的广告，展现了不同国家的人们戴上VR头盔观赛的场景。

（3）宝洁。自2010年起担任奥运会顶级赞助商。在平昌奥运会上，宝洁继续了"谢谢你，妈妈"（Thank you, Mom）的奥运营销活动。为此，它推出了6条广告宣传片，展现了几位奥运选手的奋斗故事。

7. 个性驱使

创业者先前经验、创造性、认知因素（第六感）或社会网络等个人因素驱使的创业。

任务2.3 评估创业机会

创业机会选择的基本原则是必须具有吸引力、持久性和适时性，而且这个机会所涉及的产品或服务必须能够为它的购买者或最终使用者创造一定的价值。

"创业机会具有时限、稍纵即逝"与"创业需要承担各种风险"是创业者都必须平衡的两大矛盾。据不完全统计，创业企业的失败率高达70%以上。盲目开始创业，可能面临极大的失败风险。因此，正确评价和把握创业机会，对于创业者来说十分重要。

对于创业机会的评价，建议可从创业机会的市场吸引力、资源需求和获利能力三个方面展开评价。

一、创业机会的市场吸引力评估

该评估主要侧重于评价创业机会所在的行业，市场是否具有进入的可能和诱人的前景。建议可进一步细化为对市场规模、市场结构和商机持续时间三个方面的评估。

如何评估创业机会？

1. 市场规模评估

市场规模大小与成长速度是影响创业成败的重要因素。一般而言，市场规模大者或正在成长中的市场，通常也会是一个充满商机的市场。

拓展阅读

O2O的市场评估模型

O2O是Online to Offline和Offline to Online的缩写，是利用互联网使线下商品或服务与线上相结合，线上生成订单，线下完成商品或服务的交付。

O2O市场评估模型的统计指标包括三个维度：环境因素、应用水平、发展潜力（见图2-3），这三个维度始终存在于O2O发展的全生命周期。O2O的环境因素主要反映一个区域支撑O2O发展的经济、社会、技术基础设施的发展水平，特别反映一个区域O2O产业发展的潜力，如互联网的使用、电子支付方式的使用、快递服务的效率和O2O的安全诚信水平等。O2O的应用水平主要反映O2O消费的规模、应用广度和应用深度等，如O2O用户规模、O2O用户覆盖面、O2O业务覆盖面与O2O应用使用程度等。O2O发展潜力主要从潜在消费角度评估一个区域的O2O产业发展潜力和市场机会，如O2O消费能力与O2O消费意愿。

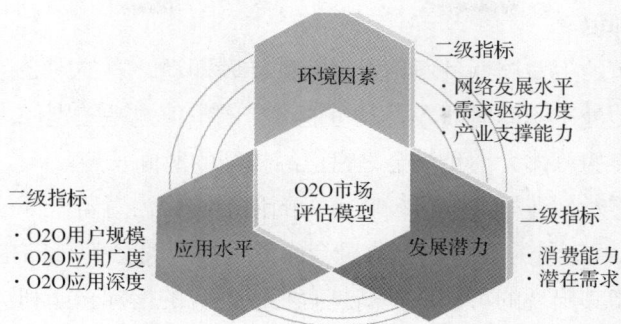

图2-3 | O2O市场评估模型

——摘自CNNIC第35次中国互联网络发展状况统计调查报告

2. 市场结构评估

由市场结构分析可以得知新企业未来在市场中的地位，以及可能遭遇竞争对手反击的程度。一般可从行业进入障碍，供货商、顾客、经销商的谈判力量，替代性竞争产品的威胁及市场内部竞争的激烈程度等进行分析。

拓展阅读

迈克尔·波特的五力竞争模型

哈佛大学教授迈克尔·波特是当今全球战略管理的权威，也是商界公认的"竞争战略之父"，在全球管理思想家50强排行榜中，波特教授位居第一。在其经典著作《竞争战略》一书中，波特提出了行业结构分析模型——五力模型（见图2-4）。波特认为，企业的盈利能力主要由产品竞争者现有企业间的竞争、供方的议价能力、买方的议价能力、替代品的威胁、新进入者的威胁这五大竞争力量决定，不同企业面临的竞争强度不同，潜在的获利能力不同。波特认为，企业战略设计的核心在于选择正确的行业，以及在行业中占据有力的竞争位置。

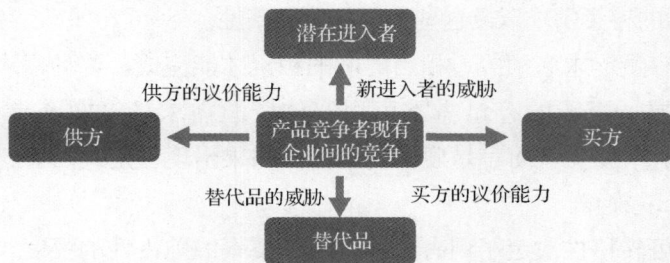

图2-4 | 五力模型

3. 商机持续时间

不同的机会具有的生命周期各不相同，有的转瞬即逝，有的则会持续相当长的时间。即使对于同一商机，处于不同时间段，其可能带来的价值也是差别巨大的。商机持续时间主要体现于机会之窗的总体大小和机会之窗已经打开的时间长度。

具体而言，可将对创业机会的市场吸引力的评估细化为对若干评价指标的评估，如表2-1所示。根据其作用趋向的不同，创业机会的评价指标可分为正向指标和逆向指标两种类型。正向指标是指其出现的可能性越高越有利于创业的指标，如利润额等；逆向指标则是要求可能性越低反而越有利于创业的指标，如市场内部竞争的激烈程度。

表2-1　创业机会的市场吸引力评价指标体系

	评价指标	评价标准
市场规模	有明确的顾客群，且规模大或年增长率不低于30%	正向
	顾客愿意付费接受产品或服务	正向
	顾客愿意重复购买，保证带来持续收入	正向
	具有较高的产品附加值	正向
	市场成熟度	逆向
市场结构	进入障碍的大小	逆向
	供货商的议价能力	逆向
	顾客对价格的影响能力	逆向
	经销商的议价能力	逆向
	替代品的竞争威胁程度	逆向
	市场内部竞争的激烈程度	逆向
商机持续时间	商机预计持续时长	正向
	商机已出现时长	逆向

二、评估创业机会的资源需求

创业机会的资源需求主要体现于创业者要想利用该商机需要投入的资金、土地、知识、劳动力等资源的存量需求以及这些资源的可转移性。

（1）资源的存量需求必须经过相当时间的积累才能完成，这种需求越高，对于创业者而言越难以把握。资源的存量需求可用实体资源需求量等四个指标来表征（见表2-2）。这些指标对于创业者而言是硬性的指标，如果出现否定式回答，即认为该创业机会无法把握，应予以放弃。

（2）资源的可转移性决定了现有厂商对生产要素的独占性的强度，进而制约了创业者能否整合到该生产要素来捕捉创业机会。资源的可转移性可用资本市场成熟度等三个指标来表征，这些指标均为正向指标，如表2-2所示。

表2-2　创业机会的资源需求评价指标体系

	评价指标	评价标准
资源的存量需求	该创业项目是否有创业者无法获取的实体资源	若出现否的回答，即认为该创业机会不可取
	该创业项目是否有创业者无法获取的人力资源	
	该创业项目投资总额是否在创业者筹资能力范围之内	
	该创业项目是否存在无法取得的专利、专有技术	
资源的可转移性	资本市场成熟度	正向
	行业中介服务体系完善度	正向
	行业相关法律法规健全程度	正向

三、评估创业机会的获利能力

创业机会的获利能力评估主要是对该创业机会能带来的经济回报情况的评价。建议可采用毛利率、税后净利率、现金流、销售额增长率、投资回报率和投资回收期等指标来衡量，如表2-3所示。

表2-3　创业机会的获利能力评价指标体系

评价指标	评价标准
毛利率	>20%
税后净利率	>5%
现金流	每年销售额中不低于20%为现金
销售额增长率	>15%
投资回投率	>15%
投资回收期	＜2年

双创学堂

获利能力评估指标

毛利率：毛利率是毛利润与销售收入的百分比，其中毛利润也叫毛利，是销售收入减去销售成本后的净额。毛利率=（销售收入－销售成本）/销售收入×100%。毛利率反映的是利润在销售收入中的占比情况，比例越高，说明盈利能力越强。

税后净利率：税后净利率也叫销售净利率，是净利润与销售收入的百分比，其中净利润是税前利润减去应缴所得税的净额。税后净利率=（税前利润－应缴所得税）/销售收入×100%。税后净利率反映企业的获利能力，税后净利率越高，说明生产成本越低，获利能力越强。

现金流：现金流也叫现金流量，是指企业在一定会计期间按照现金收付实现制，通过一定经济活动（包括经营活动、投资活动、筹资活动和非经常性项目）而产生的现金流入、现金流出及其总量情况的总称，即企业一定时期的现金和现金等价物的流入和流出的数量。

销售增长率：销售增长率是评价企业成长状况和发展能力的重要指标。其计算公式为：销售增长率=本年销售增长额/上年销售总额×100%=（本年销售额−上年销售额）/上年销售总额×100%。销售增长率是衡量企业经营状况和市场占有能力、预测企业经营业务拓展趋势的重要指标，也是企业扩张增量资本和存量资本的重要前提。该指标越大，表明其增长速度越快，企业市场前景越好。

投资回报率：投资回报率是指通过投资而应返回的价值，即企业从一项投资活动中得到的经济回报。投资回报率 = 年利润或年均利润/投资总额×100%

投资回报期：投资回报期是指用投资方案所产生的净收益补偿初始投资所需要的时间，其单位通常用"年"表示。投资回收期指标所衡量的是收回初始投资的速度快慢。

综合案例

"叩门装"要款式更要理念

谭中意出生于1985年，原籍湖南，2006年毕业于中国人民大学信息学院，2007年任职NEC软件工程师，2008年6月底辞职创业，筹备服装电子商务项目，同年10月，中意斯正装网诞生并开始运营。

大学生求职市场有非常大的创业空间，而面试时穿的正装是其中的空白区。

由大学生转变成职场人，产生了技能培训、面试指导、就业推荐等诸多创业空间，却很少有人注意到一个基本需求：为了给面试官一个良好的印象，很多大学生都需要一套正装。而商场里的正装动辄成千上万元的价格，常常让大学生望衣兴叹。同时，这些通常是为30~40岁的商务人士设计的正装，由于体形的差异和尺寸不够多样，年轻的大学生很难从中选到满意的款式。

很多创业者的想法都源于自己在生活中的某种不满足，谭中意也不例外。2006年毕业时，买套面试正装很困难：商场的正装太贵，学生代理备货少，很难买到合身的。看到高校毕业生对正装的巨大需求，他找到了创业的着眼点。

考虑到大学生的上网习惯及网店成本的节约性，谭中意首先想到了电子商务：网上销售，量体裁衣。他将办公地点设在租金低的五环外，学生在网上下单后，团队成员就会到学生宿舍量尺寸。

当然，货源最重要，几个月的时间里，谭中意跑遍了广州、温州等服装工业聚集区，终于找到了一个厂家，老板认同电子商务，与谭中意建立了合作。

坚持的过程很艰难。最困难时，公司现金和几个人身上的现金加起来不到100元。痛定思痛，谭中意开始思考业务模式存在的问题：员工上门不能带很多款式和面料，定制也很难规模化。于是公司改变了策略：以提供成衣为主，定制为辅。

为了让绝大多数人能买到合体的西服，谭中意收集学生体形的数据，开发出和市场上不同的尺码。"市场上的西服消费群体主要是中年人，腰围和胸围差别很小。这种型号的西服学生穿着肩宽合适，身上就会晃荡。"根据大学生的体形规律，谭中意事先做好了很多尺码，市场上的西服一般是10个尺码，他们就做20个尺码，这样一般人都能选到适合自己的尺码。对于特殊体形，如体重100kg以上或身高1.5米以下的男生，再提供定制服务。他还把办公场所搬到了中国人民大学学生创业园，并在学校附近开设实体店，方便学生试穿。

另一个挑战是来自传统渠道的压力。公司成立之初，谭中意就提出了口号：同品质正装售价仅为专卖店的5折。供货商自然有意见，因为影响了原有的商场渠道销售，于是谭中意注册了自己的商标，并设计了布标、防尘袋、包装等，与原有渠道以示区分。现在他已和多家加工厂建立了稳定的合作关系，批量订单也上升到5000件以上。

复习思考题

一、名词解释

机会、创业机会、全面市场机会、潜在市场机会

二、课堂讨论题

1. 社会人口结构的变化带来了众多的创业机会，如"宅男宅女"这类人群的出现带来了懒人用品、上门服务、网上娱乐、网络购物等创业机会。请思考一下，针对下列人群可有哪些创业机会？

（1）独生子女人群

（2）丁克家庭

（3）空巢老人

2. 科技的发展带来了新的生产力及新的产品，请大家在课堂中谈谈你听说过或者见过的通过科技革新创造出来的新产品。

三、选择题

1. 创业机会是创业过程的（　　　）。

A. 开端　　　　　　B. 过程　　　　　　C. 核心　　　　　　D. 终结

2. 由于中国老年人口的增加，养老院有着巨大的前景，这是属于由（　　）带来的创业机会。

A. 社会和人口结构变革　　　　　　B. 技术变革

C. 解决问题　　　　　　　　　　　D. 个性驱使

3. 将现有的两项以上的技术、产品、服务等因素组合起来，以实现新的用途和价值而获得的创业机会，属于（　　）。

A. 问题型机会　　　　B. 趋势型机会　　　　C. 组合型机会

4. （　　）主要侧重于评价利用商机需要投入的资金、土地、知识、劳动力等资源的存量需求。

A. 创业机会的获利能力评估

B. 创业机会的市场吸引力评估

C. 创业机会的资源需求力评估

5. 创业机会的（　　）主要体现于创业者要想利用该商机需要投入的资金、土地、知识、劳动力等资源的存量需求及这些资源的可转移性。

A. 吸引力　　　　　　　　　　　　B. 持久力

C. 资源需求　　　　　　　　　　　D. 获利能力

四、技能训练

互联网已经给我们的生活带来了巨大的变化，请根据在校学生的特点，想一想，如何运用互联网在校园内开展创业活动？

项目3

设计商业模式

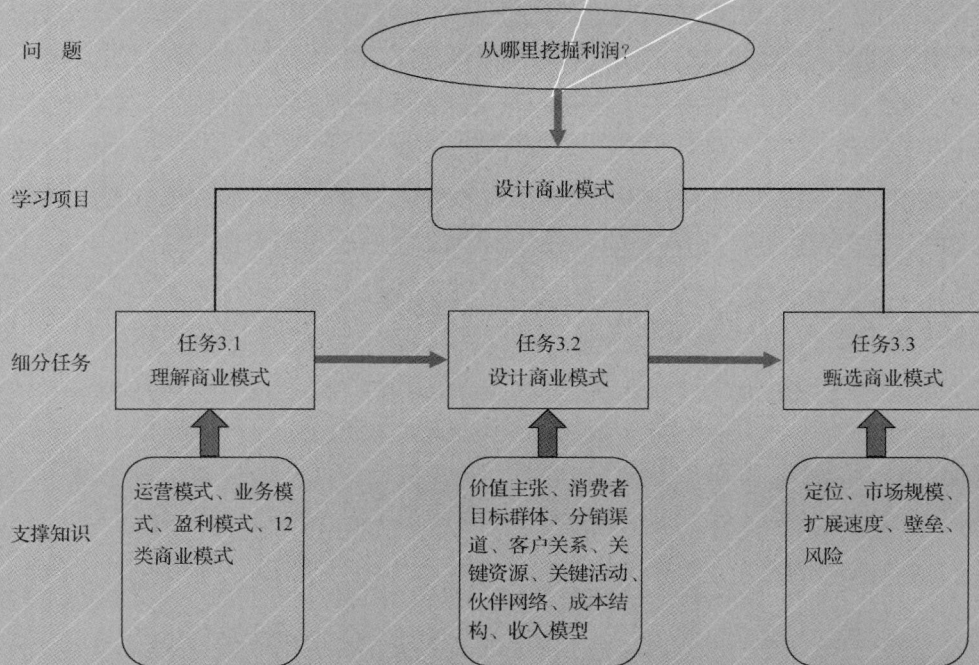

问 题	从哪里挖掘利润？
学习项目	设计商业模式
细分任务	任务3.1 理解商业模式 → 任务3.2 设计商业模式 → 任务3.3 甄选商业模式
支撑知识	运营模式、业务模式、盈利模式、12类商业模式	价值主张、消费者目标群体、分销渠道、客户关系、关键资源、关键活动、伙伴网络、成本结构、收入模型	定位、市场规模、扩展速度、壁垒、风险

项目3｜知识（技能）框架图

知识目标

- 了解商业模式的概念
- 了解商业模式的构成
- 了解优秀商业模式的判别

技能目标

- 掌握模式设计要点
- 能根据相关设计原则设计创业项目的商业模式
- 能根据好的商业模式特征选择恰当的商业模式

任务3.1　理解商业模式

一、商业模式的概念

尽管商业模式这个概念第一次出现在20世纪50年代，但直到20世纪90年代才开始被广泛使用和传播。目前，这一概念已经成为创业者和风险投资者经常提及的一个名词。

商业模式是指企业根据自己的战略性资源，结合市场状况与合作伙伴的利益要求而设计的一种商业运行方式。它是一个把能使企业运行的内外各要素整合起来，形成一个完整的、高效率的、具有独特核心竞争力的运行系统，通过最优实现形式满足客户需求、实现客户价值，同时使系统达成持续盈利目标的整体解决方案。

商机虽然是创业活动的核心和起源，但创业者要想把握住创业机会，必须要将其加以丰富化和逻辑化，使之最终成为切实可行的商业模式。创业者必须要通过商业模式的设计，来实现对创业项目商业化过程中的有关"创业项目如何为客户提供价值，如何运作及如何盈利"等关键问题做出切实的回答。一个可行的、有投资价值的商业模式是创业者需要在商业计划书中强调的首要内容之一。事实上，没有商业模式，创业就只是一个梦想。

商业模式是一个非常宽泛的概念，通常所说的跟商业模式有关的说法很多，包括运营模式、盈利模式、B2B模式、B2C模式、"鼠标加水泥"模式、广告收益模式等。概括而言，如图3-1所示，一个创业项目的商业模式应由运营模式、业务模式和盈利模式三大内容构成。

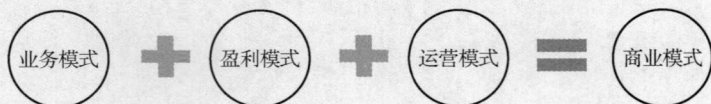

业务模式 ＋ 盈利模式 ＋ 运营模式 ＝ 商业模式

图3-1｜商业模式的构成

（1）运营模式是指新创企业如何整合其内部或外部可获得的资源，以达到"经营高效、成本节约、风险控制"的手段和方式。运营模式是与产品生产和服务创造密切相关的各项管理工作的总称。创业项目的运营模式设计中，应对新创企业如何实现对生产和提供公司主要的产品和服务的经营过程进行计划、组织、实施和控制实现做出解释。

（2）业务模式是指新创企业创造客户价值或满足客户需求的手段和方式。业务模式主要用于回答新创企业为客户提供什么样的价值和利益，包括品牌、产品等。

（3）盈利模式则指新创企业利润获取的手段和方式。简而言之，盈利就是企业通过什么途径或方式来赚钱，如饮料公司通过卖饮料来赚钱；快递公司通过送快递来赚钱；网络公司通过点击率来赚钱；通信公司通过收话费赚钱等。

拓展阅读

"饵与钩"模式

20世纪早期出现的"饵与钩"模式也称为"剃刀与刀片"模式或"搭售"模式。

在该商业模式里，基本产品的出售价格极低，通常处于亏损状态；而与之相关的消耗品或服务的价格则十分昂贵。例如，剃须刀（饵）和刀片（钩）、手机（饵）和通话时间（钩）、打印机（饵）和墨盒（钩）、相机（饵）和照片（钩）等。这种商业模式还有一个很有趣的变形：软件开发者免费提供其文本阅读器的下载，但对其文本编辑器的定价却高达几百美元。

二、商业模式的类型

由于商业模式涉及众多不同类型、不同行业的企业，因此商业模式很难进行统一的分类。总体而言，企业的经营需要两大要素来支撑——"产品"和"技术"。首先，根据其向顾客提供价值内容的不同，企业向市场提供的商品从形式上可以分为产品和服务两大类，而这两大类又可以进一步细分为一般性产品、知识性产品、体验性产品、一般性服务、知识性服务、体验性服务六个小类。企业的技术基础分为两种：一是专有性技术基础，即企业拥有竞争对手所无法模仿的异质性技术优势；二是共有性技术基础，即企业并不具有竞争对手所无法模仿的异质性技术优势，其所拥有的全部技术都是竞争对手所能掌握的。

根据"提供价值内容"和"技术基础需求"这两个维度的差异，可将现有企业采用的商业模式分类为以下12类。

（1）以专有性技术为基础的一般性产品提供商

此类商业模式的特征就是为目标顾客提供的价值内容是一般性产品，同时，作为商业模式载体的企业拥有竞争对手所无法模仿的异质性技术优势。其典型案例是可口可乐公司。可口可乐公司在过去很长一段时间里，一直以其独特的配方而与竞争对手保持着明显的技术优势，后来虽然随着百事可乐等其他饮料公司的发展，这种优势不再明显，但这种优势的确为可口可乐公司竞争优势的建立起到过巨大作用。

（2）以共有性技术为基础的一般性产品提供商

此类商业模式的特征就是为目标顾客提供的价值内容是一般性产品，但是，作为商业模式载体的企业却并不具有竞争对手所无法模仿的异质性技术优势。其典型案例是通用汽车公司。20世纪20年代初，福特汽车公司以批量生产、高可靠性和低成本的T型车成为汽车工业毫无争议的领袖。与福特公司相比，通用汽车公司几乎无任何技术优势。然而20世纪20年代中后期，消费者的需求发生了根本性的变化，不再偏好单一款式的T型车，而是追求不同风格和样式的车型。通用汽车公司及时抓住了这一机会，开发了价格、功能各异的系列车金字塔，如Chevrolet、Pontiac、Buick等，一举成功击破福特公司的领袖地位。

（3）以专有性技术为基础的知识性产品提供商

此类商业模式的特征就是为目标顾客提供的价值内容是知识性产品，同时，作为商业模式载体的企业拥有竞争对手无法比拟的技术优势。其典型案例是英特尔公司。英特尔公司通过平行地开发三代不同的微处理器，始终保持领先竞争对手6个月的技术优势，从而能够始终为顾客提供最新一代的微处理器。

（4）以共有性技术为基础的知识性产品提供商

此类商业模式的特征就是为目标顾客提供的价值内容是知识性产品，但是，作为商业模式载体的企业却并不具有竞争对手所无法模仿的异质性技术优势。其典型案例是戴尔公司。戴尔相比于其他计算机公司并没有技术上的优势，甚至还有劣势，但是却能够通过整合供应链，根据用户要求迅速对供货商提供的零件进行组装，并通过直销的方式、以低廉的价格提供给用户，从而获得成功。

拓展阅读

戴尔模式——世界上最好的商业模式之一

戴尔模式是过去二十多年来世界上最好的商业模式之一。迈克尔·戴尔作为当代典型的企业家备受商业媒体的关注，这个年轻的计算机奇才从大学辍学，通过创立自己的技术公司赚了大钱。

不过，迈克尔·戴尔真正有影响的见解并不在技术方面，而是在商业方面。早在20世纪80年代初，他就开始关注个人计算机生产企业的工作模式，并且发现了一条更好的路子。这种方法可以免除许多不必要的成本，让人们以更低的价格买到自己想要的计算机。这条更好的路子就是向客户直销，绕过了分销商这个中间环节。戴尔计算机公司从消费者那里直接拿到订单,接下来自己购买配件组装计算机。这就意味着戴尔计算机公司无须车间和设备生产配件,也无须在研发上投入资金。消费者得到了自己想要的计算机配置,戴尔公司也避免了中间商的涨价。

这真是一个奇妙的商业创意!戴尔本人通过为消费者消除中间环节获得了大量财富。他以很低的代价获得了技术,比其他个人计算机制造商获得了更为丰厚的利润。戴尔计算机公司的直销商业模式就是利用现有的价值链,并且除去了一个不必要的、成本昂贵的环节(在经济学术语中称为"非居间化"或"脱媒")。从消费者的角度看,这种新价值链更有意义。戴尔计算机公司的副总裁凯文•罗林斯曾经感叹道:"我们现在就像卖菜的农夫,搞不好东西就会烂在手里。"他的意思就是说,计算机技术的发展非常之快,如果公司不能迅速将计算机卖掉,产品就很容易变成一堆过时的机器,而过时的计算机就像已经开始腐烂变质的蔬菜、水果那样。这种关于库存和速度的认识,促使戴尔计算机公司在过去二十多年里表现不俗。因此,现在不论在什么行业,很多CEO都在讲,速度是他们优先考虑的问题之一。二十多年来,直销模式让戴尔计算机公司保持了一种令竞争对手疲于应付的速度,也让他们与客户之间建立了直接联系。这种联系又让他们及时掌握客户想要什么样的产品,何时需要这样的产品。

(5)以专有性技术为基础的体验性产品提供商

此类商业模式的特征就是为目标顾客提供的价值内容是体验性产品,同时,作为商业模式载体的企业拥有竞争对手无法比拟的技术优势。其典型案例是法拉利汽车公司。法拉利汽车公司利用卓越的赛车发动机技术,为消费者提供一种无与伦比的驾车体验,成为世界上最成功的赛车公司之一。

(6)以共有性技术为基础的体验性产品提供商

此类商业模式的特征就是为目标顾客提供的价值内容是体验性产品,但是,作为商业模式载体的企业却往往并不具有竞争对手所无法模仿的异质性技术优势。其典型案例是LVMH公司。LVMH公司是拥有LV、Loewe、Kenzo、Givenchy、Moet & Chandon、TAG Heuer、Christian Dior等50多个各具特色的著名品牌的全球第一大奢侈品集团。其中,LV品牌的主要产品是箱包等,而箱包等产品对于技术的要求并不高,并且LVMH公司也没有明显的技术优势,但是,LVMH公司通过对LV品牌注入深厚的文化底蕴,同时在品牌运作中将这种独特的文化底蕴发扬光大,从而获得了极大的成功。

(7)以专有性技术为基础的一般性服务提供商

此类商业模式的特征就是为目标顾客提供的价值内容是一般性服务,同时,作为商业模式载体的企业往往拥有竞争对手所无法模仿的异质性技术优势。其典型案例是沃尔玛公司。沃尔玛公司为顾客提供的是一般性的零售服务,其本质是通过提供平台服务,解决需求者和供给者之间的"需求—供给"摩擦问题。然而,相对于竞争对手,沃尔玛具有强大的技术优势。沃尔玛在1983年便发射了一颗商用卫星，实现了全球全方位的信息共享。供应商通过这套系统可以进入沃尔玛的计算机配销系统和数据中心，得到其供应的商品流通动态状况，或查阅沃尔玛产销计划。

（8）以共有性技术为基础的一般性服务提供商

此类商业模式的特征就是为目标顾客提供的价值内容是一般性服务，但是，作为商业模式载体的企业却往往并不具有竞争对手所无法模仿的异质性技术优势。其典型案例是国美。作为零售企业的国美并不拥有沃尔玛那种明显的技术优势，然而却通过平台经济和类金融运作模式取得了成功。

（9）以专有性技术为基础的知识性服务提供商

此类商业模式的特征就是为目标顾客提供的价值内容是知识性服务，同时，作为商业模式载体的企业往往具有竞争对手无法比拟的技术优势。其典型案例是谷歌公司。谷歌拥有包括PageRankTM技术和超文本匹配分析技术在内的几十项专利技术，而这些技术专利是谷歌区别于雅虎、百度等竞争对手并取得成功的关键。

（10）以共有性技术为基础的知识性服务提供商

此类商业模式的特征就是为目标顾客提供的价值内容是知识性服务，但是，作为商业模式载体的企业却往往并不具有竞争对手所无法模仿的异质性技术优势。其典型案例是腾讯公司。腾讯公司的QQ软件在技术上并不一定领先于网易泡泡、新浪UC等其他即时通信软件，而腾讯公司却通过网络效应建立了巨大的用户群，使得竞争对手无法与其竞争。

（11）以专有性技术为基础的体验性服务提供商

此类商业模式的特征就是为目标顾客提供的价值内容是体验性服务，同时，作为商业模式载体的企业往往具有竞争对手无法比拟的技术优势。其典型案例是那些拥有异常先进设备的电影院。它们通过为观众提供比竞争对手更为震撼的视觉、听觉体验，从而吸引顾客。

（12）以共有性技术为基础的体验性服务提供商

此类商业模式的特征就是为目标顾客提供的价值内容是体验性服务，但是，作为商业模式载体的企业却往往并不具有竞争对手所无法模仿的异质性技术优势。其典型案例是迪士尼公司。迪士尼主题公园于其他主题公园相比，没有明显的技术优势，然而却通过塑造唐老鸭、米老鼠等一些虚拟形象，同时在不同业务之间形成正反馈效应，从而获得成功。

拓展阅读

未来商业模式的发展趋势

（1）产业跨界融合。基于现代科学技术的发展和应用，未来社会产业跨界融合将会成为一种发展趋势，将会催生更多的新兴产业，如农业和旅游业的融合，产生像"观光农业"这样的新兴产业；金融和电子商务的融合，如阿里巴巴银行；线上线下的融合，如苏宁的云商模式。产业跨界深度融合的不断推进，将加快传统企业转型升级与新型工业化进程，设备、管理与信息化融合，促进信息化全面高度集成；云计算、云制造、物联网构建服务型制造；新型工业化、商业模式、管理模式全面创新；制造业全面调结构、促升级。

（2）颠覆式新技术应用。如3D技术的应用，将带来制造业的彻底革命，改变现有产业结构，冲击中国经济模式，对社会经济产生巨大影响。

（3）大数据技术应用。社交网络兴起，大量的UGC（User Generated Content，用户生成内容）、音频、文本、视频、图片等非结构化数据出现了。另外，物联网的数据量更大，加上移动互联网能更准确、更快地收集用户信息，如位置、生活信息等数据。谁掌握了数据，谁就能掌握消费者需求，实现精准营销。未来大数据将会如基础设施一样，有数据提供方、管理者、监管者，数据的交叉复用将大数据变成一大产业。

任务3.2　设计商业模式

一、商业模式的构成要素

商业模式是一种包含了一系列要素及其关系的概念性工具，描述了创业项目所能为客户提供的价值以及公司的内部结构、合作伙伴网络和关系资本等，用以实现（创造、推销和交付）这一价值并产生可持续盈利收入的要素。总体而言，商业模式由以下九大要素构成。

（1）价值主张：即创业项目力图通过其产品和服务所能向消费者提供的价值。

（2）消费者目标群体：即创业项目所瞄准的消费者群体。这些群体具有某些共性，从而使公司能够（针对这些共性）创造价值。

（3）分销渠道：即创业项目用来将产品（服务）传递给消费者的各种途径。

（4）客户关系：即创业项目同其消费者群体之间所建立的联系。

（5）关键资源：即执行本创业项目需要的资源。

（6）关键活动：即实施本创业项目需要开展的活动。

（7）伙伴网络：即创业项目同其他公司之间为有效地提供价值并实现其商业化而形成的合作关系网络，这也描述了公司的商业联盟范围。

（8）成本结构：即该创业项目所使用的工具和方法的货币描述。

（9）收入模型：即该创业项目通过各种收入流来创造财富的途径。

二、商业模式的设计过程

如图3-2所示，商业模式的设计总体上围绕对"提供什么样的产品（或服务）" "为谁提供产品（或服务）" "项目如何获得收益" "如何提供产品（或服务）"以及"提供这些产品（或服务）要付出的成本代价是多少？"五大问题的逐一回答来实现。

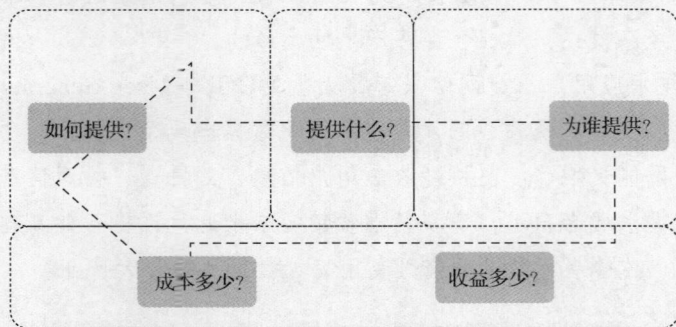

图3-2｜商业模式的设计流程

1. 决定"提供什么"

设计商业模式的第一步是思考本创业项目的产品（或服务）能向消费者提供的价值。创业者应根据自身的技术、资源情况，在商业模式设计之初即明确自己可提供的产品（或服务）。

在设计准备提供的产品（或服务）时，最关键的是考虑清楚三大问题。

（1）创业项目的产品（或服务）满足了顾客哪些方面的需要？

（2）产品（或服务）本身为客户创造了怎样的价值？

（3）顾客为什么愿意认可该价值而付费？

2. 设计"为谁提供"

根据可提供给消费者的价值，创业者应从整体市场中细分出愿意接纳本项目产品（或服务）提供价值的消费者，并详细设计如何顺利使他们意识到本项目可为他们带来价值。如图3-3所示，这一步需要依次完成"客户细分" "分销渠道设计"和"客户关系管理"三项内容的设计。

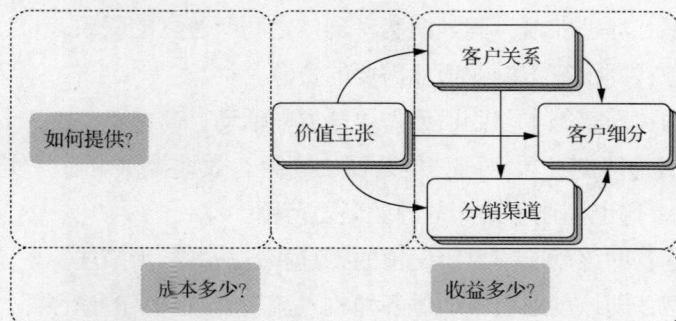

图3-3｜商业模式设计第二步：设计"为谁提供产品（或服务）"

（1）客户细分。创业者要在对消费者分类的基础上选定本创业项目瞄准的目标消费者群体。在此基础上，要进一步分析这些群体的共性，确定他们共同的价值主张，从而使公司能够（针对这些共性）创造价值。总之，定位最重要的目的就是找到细分市场，为这个市场提供满足顾客需要的、有价值的、独有的产品（或服务），让顾客愿意为此付费。

（2）分销渠道设计。根据顾客特性和产品特性，创业者要设计出如何将创业项目产品（或服务）送达到消费者手中的途径。这一步的设计阐述了创业项目如何制订详细的市场和分销策略，以开拓市场。

（3）客户关系。创业者应明确本创业项目如何主动与目标客户建立起某种联系。这种联系可能是单纯的交易关系，也可能是通信联系，也可能是为客户提供一种特殊的接触机会，还可能是为双方利益而形成的某种买卖合同或联盟关系。良好的客户关系具有多样性、差异性、持续性、竞争性、双赢性的特征。它不仅可以为交易提供方便，节约交易成本，也可以为企业深入理解客户的需求和交流双方信息提供机会。

3. 解答"项目如何获得收益"

如图3-4所示，基于之前对"分销渠道"的分析，设计公司创造各种收入流、获得回报的途径。此外，创业者在此步还应综合客户细分市场容量大小、消费者接受本创业项目价值主张所需的时间长短、消费者可能的接纳度及分销渠道销售效率的情况，预测本创业项目在未来一段时间内的收益情况。

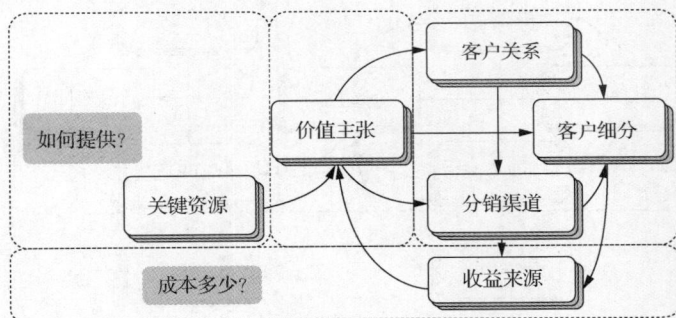

图3-4 | 商业模式设计第三步：设计"项目如何获得收益"

4. 设计"如何提供产品（或服务）"

图3-5所示的内容主要是解决如何有效地向目标顾客提供产品（或服务）。这一步需要依次完成"关键资源""关键活动"和"伙伴网络"三项内容的设计。

（1）关键资源。分析实施本创业项目所需的关键资源，如人力资源、材料资源、营销队伍等。这些关键资源付出的代价在整个项目运行费用中占的比例应不少于80%。

（2）关键活动。分析实施本创业项目需要开展的活动。

（3）伙伴网络。分析创业项目同其他公司之间为有效地提供价值并实现其商业化而形成的合作关系网络。创业者在设计商业模式时即应考虑清楚自己的供应商、分销商、制造商等合作伙伴选择的标准，以及是否能建立稳定的合作关系。

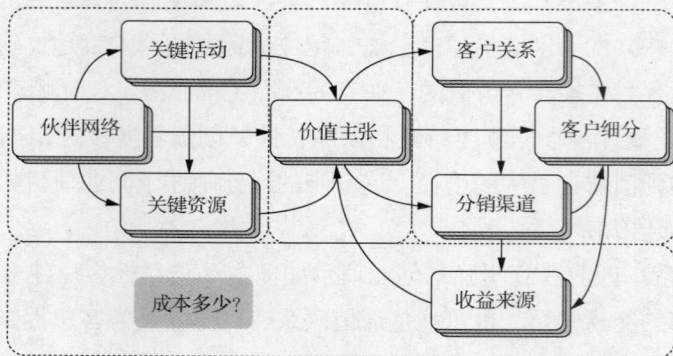

图3-5｜商业模式设计第四步：设计"如何提供产品（或服务）"

5. 计算"成本多少"

图3-6所示为开展创业活动所需的"关键资源""开展哪些活动"以及与"建设和维持伙伴网络的供销关系"，三者共同构成了创业项目的主要成本。在前述内容分析的基础上，创业者应计算这三大内容所需付出的各项费用（如人力、原料、土地、机器设备、信息、通信、技术、能源、资金、政商关系、管理素质等）及各自所占的比例。

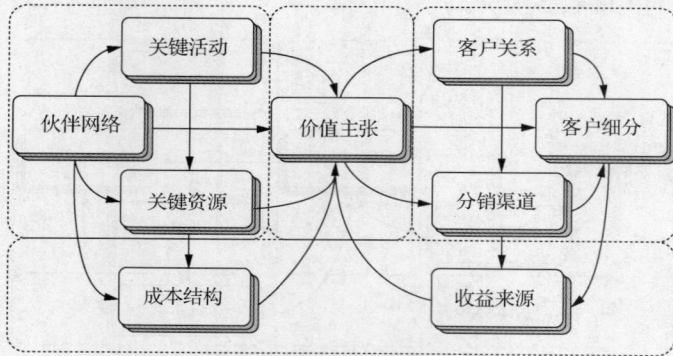

图3-6｜商业模式的构成要素

拓展阅读

某大学生掌上超市项目的商业模式设计

经过计划，创业团队确定要创建一家经营大学生所需产品的移动电子商务公司——风购街。项目以移动设备为载体，以集中化的人群为目标市场，构建和运营掌上超市。通过对在校大学生主要购买需求的调查，创业团队明确箱包配饰、小家电、美妆护发、文具用品、文化书籍、休闲娱乐、休闲零食、生活百货、二手和培训这十类商品为企业经营的主要产品。经销的产品选择从常州的淘常州网上进行采购，尽量减少中间环节，价格力争做到低于线下实体超市，并与线上同类企业对比有竞争力。风购街的商业模式设计如图3-7所示。

更主要的是，风购街还是一家集科教城二手商品的市场。科教城的大学生和白领可以把自己闲置的商品（例如自考书籍、专升本书籍等）拿到本公司的电子商务平台上进行二手商品销售，这样不仅使大学生和白领的闲置商品得到利用，也使其他顾客购买到物美价廉的商品。

同时，风购街还是一家帮助商家宣传产品的移动电商企业。公司将结合对数据库技术、网络通信技术的综合运用，建立高效的呼叫中心，与顾客建立个性化传播沟通体系。利用后台系统对会员注册关注信息，访客的搜索、点击习惯，客户的购物历史等重要数据进行积累，并在此基础上，利用移动终端持有人唯一、可定位的使用特色，综合运用微信、手机QQ等多种形式，帮助商家向客户个性化地发送最新的商品更新信息和网站动态，帮助目标客户有效地接收信息。

另外，风购街还提供培训信息。一些培训机构可以入驻该公司的网店进行宣传和招收学生。该公司会为入驻公司的培训机构进行广告宣传。

网站开设一个工作定制服务区。公司会在论坛服务区设置会员兼职工作定制，通过平台按时向他们发送工作信息。该平台的工作是不需要任何费用的，只需要会员定制，目的在于提高该平台的知名度和点击率。

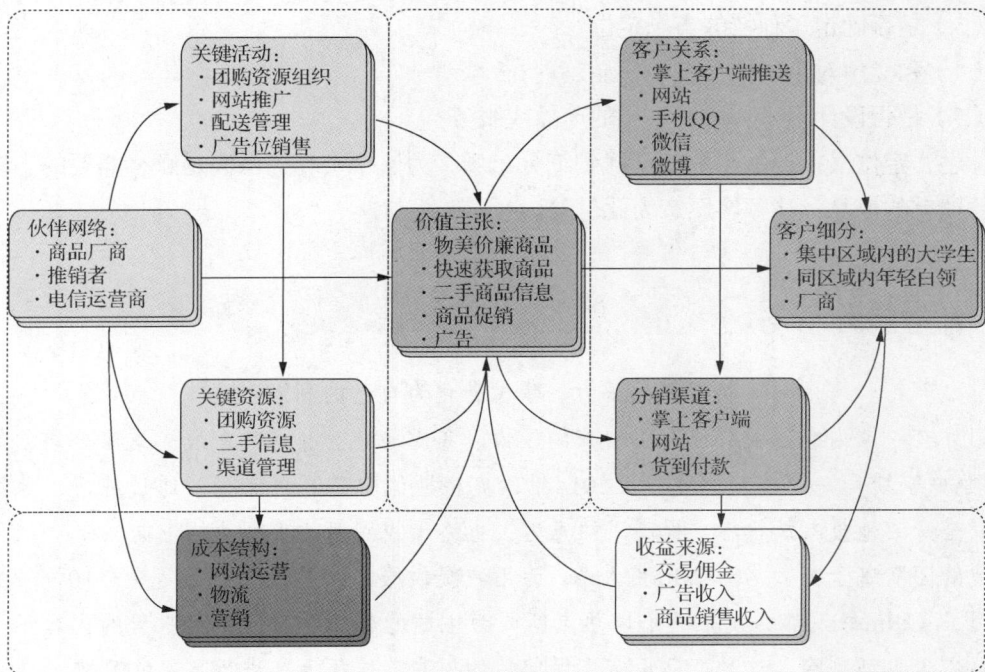

图3-7 | 风购街的商业模式设计

任务3.3　甄选商业模式

商业模式作为企业的立命之本，在创业项目启动之前，创业者就需要仔细研究、精心设计，并应随着市场环境的变化而不断调整。一个好的商业模式能够事半功倍地帮助创业者突破初生困境、取得快速成长。因此，选择、设计一个好的商业模式至关重要。总体上说，设计商业模式需要考虑的这五个方面，可以概括为定位要准、市场要大、扩展要快、壁垒要高、风险要低。

一、定位准确

找准定位是成功创业的开始。市场定位的关键是细分市场，并寻找到能够利用自身优势来满足该细分市场所需要的产品和服务。创业者进行市场定位就是要寻找到一个差异化的市场，为这个市场提供独有优势的产品。将目标客户群变得越窄，才能锁得越牢。

在进行目标定位时，创业者必须考虑五个最基本的问题。

（1）是否进行了差异化的市场分析？

（2）市场定位是否为目标市场和顾客创造了价值？

（3）是否确定了独特的市场定位？

（4）和竞争对手的产品有无明显差别？

（5）是否设计出了客户所需要的产品或服务？

总之，定位最重要的目的就是找到细分市场，为这个市场提供满足顾客需要的、有价值的、独有的产品，让顾客愿意为此付费。

拓展阅读

将用户的压力、焦虑转化为自己的利润

国外有一家内容创业公司，将用户的压力、焦虑转化为自己的利润。这家公司创始人阿克顿·史密斯是一个连续创业者。2014年，史密斯体验了冥想课程，通过练习，他第一次可以全身心地投入放松中，提高了注意力，也终于找到第三次创业的方向。

他的团队基于一款名为Calm的App，为用户提供服务，其核心产品是一个10分钟的冥想练习，Calm每天都会发布一个以热点新闻为主题的冥想练习，并且当天的内容不做保留，第二天自动删除。这种产品设定，促使他的用户养成每天都进行冥想的习惯。

App中的内容是部分限时免费与收费相结合的，包月的价格是12.99美元，包年的价格是60美元。在没有做大规模宣传的情况下，2016年吸引了700万人下载App，并实现了700万美元收入。除了主打产品冥想练习外，他们还推出了催眠故事、催眠音乐，史密斯的野心不局限于线上的内容制作，未来还要推出服装、主题酒店等。史密斯认为，冥想与慢跑、有氧运动一样，会成为新的潮流，他们也有机会创立一个品牌，成为"冥想界的耐克"！

史密斯把握住了现代人压力大、焦虑的特点，在用户细分领域推出了新的产品，并且在产品形式上进行了体验式创新，将原来可以反复练习的冥想课程变成每天只有一次，并且当天冥想练习的主题还和热点相关，这样大大增强了用户的参与感，同时也让用户产生使用习惯，提高用户黏性。免费内容+付费内容相结合，通过免费内容吸引潜在用户，通过高质量的付费内容引导免费用户转化为付费用户，同时基于用户减压的需求，提出了催眠内容，在产品线上也进行延伸。

二、市场规模诱人

不是随意找一个细分市场提供所需的产品和服务就算一个优秀的市场定位，关键在于要寻找一个快速的、大规模的、持续增长的市场，这是确定是否为优秀市场定位的一个关键标准。在判断市场规模时，创业者必须考虑四个最基本的问题。

（1）目标市场规模是否足够大？

（2）是否能满足目标客户重要的基本需求？

（3）是否能保证高速增长？

（4）如何保证持续性的增长？

确保所瞄准的目标市场是一个拥有高成长预期的大规模市场，而且更重要的是，公司要考虑清楚是否能确保该市场在未来持续高速增长。

三、收入扩展快

收入能否快速扩展是衡量商业模式能否迅速做大规模最关键的因素。任何一个公司的收入规模根本上都取决于客户数量及平均客户贡献额两个因素。因此，要想快速增长，就要设计能快速增加付费客户数量的各种策略，或提高平均客户贡献额。

创业者在设计收入扩展策略时，最需要考虑的是三个问题。

（1）获取新客户有什么方法及其难易程度如何？

双创学堂

如何评价获取新客户的难易程度

获取单一客户的难度——要考虑时间、获取成本、边际成本和容易程度四个方面，从理论上说，产品概念越简单，客户越容易获取。

（2）定价策略是否有利于快速扩展客户和利润最大化？

（3）客户是否会持续消费？

商业模式从本质上讲就是如何从客户身上挣钱。如果想挣钱最快，要么客户的扩展速度最快，要么客户平均贡献额最高，两者兼备当然最佳。但从商业实践的角度来看，真正起到关键作用的实际上是客户数量的扩展速度。因为如果不可大规模复制，那么即使从单一客户身上获得再高的收入也是枉然。

道理显而易见，能够大规模迅速扩展客户群的商业模式，其收入会持续高增长，要远超客户数量增长缓慢但客户平均贡献额很高的商业模式。因此，新客户增加速度是否快，客户能否快速大规模复制，是衡量商业模式能否迅速做大规模最关键的因素。

四、相对的壁垒

好的商业模式一定要和自身的优势紧密结合。最好有自己独有的优势，这就等于构筑了最好的竞争壁垒。关于进入壁垒，创业者要考虑五个方面的问题。

（1）进入该行业本身是否有壁垒？如法律、技术、专利、资质或者垄断资源，不能有太高的进入壁垒，否则执行起来就会有很大的困难。

（2）是否存在产业链的制约因素？如何解决？

（3）如何利用自身优势来构筑竞争壁垒？

（4）如何建立产业竞合关系？

（5）如何构筑价值链？

总之，自己进入时壁垒要低，进入后要能建立起高的壁垒，让竞争者难以进入。这是考虑壁垒因素的重点所在。很多企业之所以发展到一定阶段就出现问题，就是没有考虑后进者的壁垒，很容易被人赶超。

五、风险可控

商业模式评估的最后一个环节，就是要综合评估可能面临的各种风险。与创业机会如影随形的必然是各种风险，几乎所有重大的商业成功都是冒着很多不确定的高风险取得的。评估风险的目的并不是规避所有风险，而是要识别出所有可能的风险、制订相应的应对策略，使得风险都能够可控和被管理，以便更好利用风险、规划风险和管理风险来创造商业奇迹。

在评估风险时，需要考虑五个方面的问题。

（1）是否存在政策及法律风险？

（2）是否存在行业监管风险？

（3）是否存在行业竞争风险？

（4）是否有潜在的替代品威胁？

（5）是否已经存在价值链龙头？

一个好的商业模式需要同时满足以上五大条件。在实践中需要特别警惕的是，好的商业模式是逐渐形成的。一个优秀的商业模式需要在实践中不断尝试、不断修正甚至不断试错，才会变得日益完美。另一个需要警惕的是，没有任何一个商业模式能永远保持成为好的商业模式。一个当前已经十分完美成熟的商业模式，会随着产业环境和竞争态势发生变化而显得不再适应，因此需要不断地进行重新设计和再调整。

复习思考题

一、名称解释

商业模式、价值主张、消费者目标群体、分销渠道、客户关系、关键资源、关键活动、伙伴网络、成本结构、收入模型

二、选择题

1. 商业模式一种（　　　）。

    A. 商业运行方式　　　　　B. 经营方式

    C. 盈利模式　　　　　　　D. 业务模式

2. 商业模式整合的创业项目是（　　　）。

    A. 内部要素

    B. 外部要素

    C. 特有要素

    D. 内外部各种要素

3. 以下属于"目标顾客提供的价值内容是一般性产品，同时作为商业模式载体的企业拥有竞争对手所无法模仿的异质性技术优势"的一类商业模式是（　　　）。

    A. 以共有性技术为基础的一般性产品提供商

    B. 以专有性技术为基础的一般性产品提供商

    C. 以专有性技术为基础的知识性产品提供商

    D. 以专有性技术为基础的体验性产品提供商

4. 以下属于"目标顾客提供的价值内容是知识性产品，同时作为商业模式载体的企

业拥有竞争对手无法模仿的异质性技术优势”的一类商业模式是（　　）。

  A. 以共有性技术为基础的一般性产品提供商

  B. 以专有性技术为基础的一般性产品提供商

  C. 以专有性技术为基础的知识性产品提供商

  D. 以专有性技术为基础的体验性产品提供商

5. 沃尔玛公司属于以下（　　）商业模式的典型代表。

  A. 以共有性技术为基础的一般性产品提供商

  B. 以专有性技术为基础的一般性服务提供商

  C. 以专有性技术为基础的体验性产品提供商

  D. 以共有性技术为基础的体验性产品提供商

6. 商业模式设计要素中的“价值主张”是指（　　）。

  A. 创业项目力图通过其产品和服务所能向消费者提供的价值

  B. 创业项目通过各种收入流来创造财富的途径

  C. 实施本创业项目需要开展的活动

  D. 创业项目同其消费者群体之间所建立的联系

7. 商业模式设计要素中的“关键资源”是指（　　）。

  A. 财务资源

  B. 人力资源

  C. 实体资源

  D. 创业项目运行必需资源

8. 商业模式设计的第一步是（　　）。

  A. 确定市场定位

  B. 细分市场

  C. 确定提供的产品或服务

  D. 明确收益来源

9. “创业项目用来将产品（或服务）传递给消费者的各种途径”所指的商业模式要素是（　　）。

  A. 分销渠道   B. 客户关系

  C. 伙伴网络   D. 价值主张

10. 从商业实践的角度来看，真正起到关键作用的实际上是（　　）。

  A. 客户数量

  B. 客户数量扩展速度

  C. 平均客户贡献额

  D. 客户总贡献额

三、判断题

1. 商业模式是对商机的丰富化和逻辑化。 （   ）
2. 商业模式是通过最简便的方法满足客户需求、实现客户价值，同时使系统达成快速盈利目标的整体解决方案。 （   ）
3. 企业向市场提供的商品从形式上可以分为产品和服务两大类。 （   ）
4. 商业模式设计中，创业者需明确客户关系是指创业项目与客户之间单纯的交易关系。 （   ）
5. 定位最重要的目的就是找到细分市场，为这个市场提供满足顾客需要的、有价值的、独有的产品，让顾客愿意为此付费。 （   ）
6. 找到一个细分市场并提供所需的产品和服务即可成为一个好的商业模式。 （   ）
7. 收入是否快速扩展是衡量商业模式能否迅速做大规模最关键的因素。 （   ）
8. 评估风险的目的是有效规避所有风险。 （   ）

四、技能训练

1. 请为校园内开设的售卖电子产品的店铺设计商业模式。
2. 结合自己的专业，选择一项创业产品（或服务），为其设计完整的商业模式。

项目4
制订创业计划

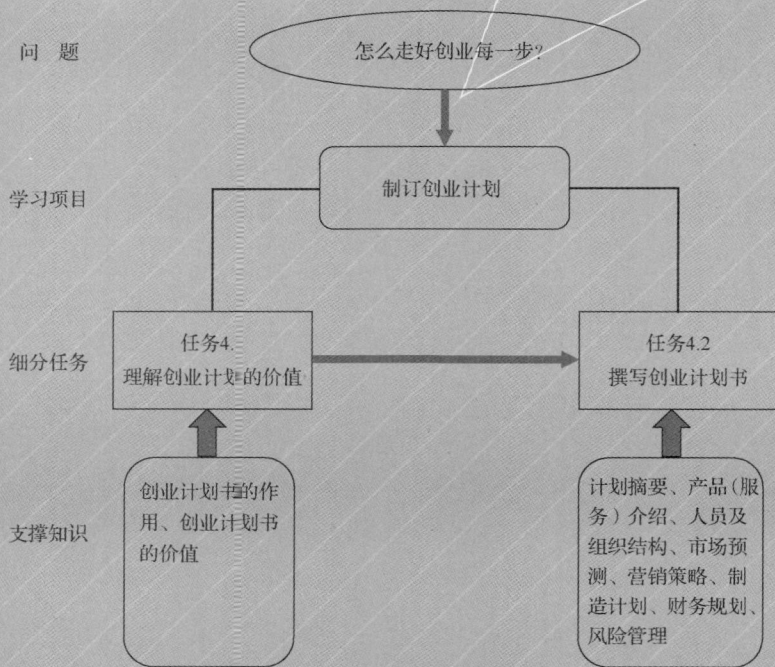

问 题	怎么走好创业每一步？

学习项目	制订创业计划

细分任务	任务4. 理解创业计划的价值 → 任务4.2 撰写创业计划书

支撑知识	创业计划书的作用、创业计划书的价值	计划摘要、产品（服务）介绍、人员及组织结构、市场预测、营销策略、制造计划、财务规划、风险管理

项目4 | 知识（技能）框架图

知识目标
- 了解创业计划书的作用
- 了解创业计划书的构成要素
- 掌握创业计划书的写作要点

技能目标
- 能制订切实可行的创业计划书

任务4.1　理解创业计划的价值

一、计划的作用

"计划、组织、协调、控制"是管理的几项基本职能。其中，计划是为了更加准确地达到最初的目的，对实施过程中的每个环节分步安排实施措施或实施内容。一项工作，首先要具有计划，才会有后续的组织和控制。没有计划的工作不叫管理工作。作为管理基本职能之首的"计划"作用尤为突出。

1. 指明方向，是提高效率的前提

通过一个个年度计划、季度计划、月计划、周计划，可以让相关人员明确各个时间段内要完成的目标任务。通过这些计划，可以明确组织要完成的生产、质量、管理、节资降耗等各项任务，以便创业者在创业过程中围绕这些任务开展工作。相关人员可以进一步将这些任务细化为自己的周计划、日计划，进而搞清楚自己的工作重点。工作一旦有了明确的目标和具体的步骤，就可以协调大家的行动，增强工作的主动性，减少盲目性，使工作有条不紊地进行。

2. 预测变化，消除不确定性

凡事预则立，不预则废。在当今社会，社会政策、经济政策、科学技术和人的观念都处于变化之中，组织要生存和发展，必须积极面对层出不穷的变化。计划工作承担着预测变化并设法消除这种变化对组织产生不良后果的任务。未来的不确定性要求计划根据已有的信息来分析各种可能发生的变化，以及这种变化与组织目标的关联度，制订出一旦这种变化发生所应采取的措施，以减少变化对组织经营的不良影响，阻止组织可能出现的混乱，并充分利用变化所带来的各种机遇。科学的预测工作可以把未来的风险降到最低限度。

3. 减少重复和浪费

计划工作是一项将组织的活动进行系统化的工作，它使整个组织的工作协调一致、相互配合，以发挥整体优势。计划工作确定了组织的目标和行动方案，使整个组织的活动有

序、和谐，可避免盲动和不协调带来的损失。计划工作还有助于创业者用最短的时间完成工作，减少迟滞和等待时间，有助于合理使用与控制资源。

4. 有利于有效进行控制

计划是对各项工作进度和质量的考核标准，对成员有较强的约束和督促作用。计划工作所确定的目标和指标体系是管理人员进行控制的基础。可以说，计划为管理活动提供控制标准，而计划的实现需要控制的保证。所以计划对工作既有指导作用，又有推动作用。

创业初期，创业者有千头万绪的事情要做，如不及时厘清工作重点，久而久之，事情越积越多，创业者就更加束手无策了。所以要做好我们的工作，要提高工作效率，必须要有一个合理的计划。

二、创业计划书的价值

创业计划书的制订能够帮助创业团队厘清思路，明确目标，避免创业活动过程中的种种盲目性，使各项工作有条不紊、循序渐进地开展下去。

创业计划书是一份全方位的商业计划书，用以描述与拟创办企业相关的内外部环境条件和要素特点，为业务的开展提供指示图，也是衡量业务进展情况的标准。通常，创业计划是结合了市场营销、财务、生产、人力资源等职能计划的综合。

创业计划书是一份有关创业项目的详细阐释，详细描述创业目标，为拥有、经营新创事业提供路线图、实现步骤、时间进度安排。一份优秀的创业计划书往往会使创业者达到事半功倍的效果。具体而言，创业计划书具有多重作用。

（1）作为创业团队本身整理思路、凝聚共识的基础。创业计划书是由创业者准备的书面计划，分析和描述了创办一个新企业时所需的各种因素。通过撰写计划书的过程，创业者可以对企业自身进行自我评估，对创业前景有更加清晰的认识，便于创业团队成员及时将自己的目标、行为与团队总体的创业目标和团队整体行动设定一致。

（2）是创业者叩响投资者大门的"敲门砖"。创业计划书通过对创业项目全方位的书面描述，向潜在投资人展示创业项目本身商机的价值及项目经济、技术等各方面的可行性。

（3）作为项目实施和评估的依据。较为详尽的创业计划书可作为创业者实施创业项目每一阶段核心任务的依据，同时可作为对照检查各阶段目标实现程度的重要依据。经常性对照创业计划能够帮助创业者及时评估创业项目的实施进度，保证循序渐进地实现各项目标，避免创业活动的严重偏离。

双创学堂

创业计划书在项目实施中的作用

（1）作为创业项目分配资源、设定目标优先级的依据。

（2）作为子计划的展开及执行的最高指导原则。

（3）作为未来检视执行成效及进行方向的依据。

任务4.2 撰写创业计划书

一、创业计划书的编制过程

第一阶段：初步提出商业计划的构想并进行细化。

第二阶段：市场调查。和行业内的企业和专业人士进行接触，了解整个行业的市场状况，如产品价格、销售渠道、客户分布及市场发展变化的趋势等因素。可以自行进行一些问卷调查，必要时也可以求助于市场调查公司。

第三阶段：竞争者调查。确定潜在竞争对手并分析本行业的竞争方向。

第四阶段：财务分析。通过财务分析量化本公司的收入目标和公司战略，要求详细而精确地考虑实现公司目标所需的资金。

第五阶段：商业计划的撰写与修改。根据所收集到的信息制订公司未来的发展战略，对相关的信息进行调整，完成整个创业计划书的写作。在计划书完成以后，仍然可以进一步论证计划的可行性，并根据信息的积累和市场的变化不断完善整个计划。

二、创业计划书的编写要求

（1）要重点突出、注重时效。每一份创业计划书都应有自己独特的个性，要突出每一个创业项目的独特优势及竞争力。另外，要注意创业计划书中所使用资料的时效，制订周期长的创业计划书时应及时更新有关资料和依据。

（2）产品服务描述要使用专业化语言。财务分析要形象直观，尽可能地采用图表描述；战略、市场分析、营销策略、创业团队介绍要使用管理学术语，尽可能做到规范化、科学化。

（3）要分工合作，统一定稿。创业计划书内容多、涉及面广，因此要求创业团队分工完成，但应由组长统一协调定稿，以免出现创业计划书零散、不连贯、文风相异等问题。

（4）要详略得当。创业计划书要详略得当、突出优势，机密部分略为简化，以防泄密。

（5）明确创业计划书的要点。创业计划书应该清楚、简洁，展示市场调查和市场容量，确定顾客的需求并引导顾客。创业计划书不应该过分乐观，拿出一些与产业标准相去甚远的数据；不应该仅面向产品，忽视竞争威胁，进入一个拥塞的市场。

三、创业计划书的主要内容

1. 计划摘要

计划摘要列在创业计划书的最前面，它是浓缩了的创业计划书的精华。计划摘要涵盖了计划的要点，以求一目了然，以便读者能在最短的时间内评审计划并做出判断。计划摘要一般要包括以下内容：公司介绍、主要产品和业务范围、市场概貌、营销策略、销售计划、生产管理计划、管理者及其组织、财务计划、资金需求状况等。

创业者可采用表4-1列出的内容检查创业计划书计划摘要部分内容的撰写是否符合要求。

表4-1　计划书计划摘要撰写检查表

模块名称	所解决的问题	回答与否
摘要	企业所处的行业，企业经营的性质和范围	☐
	企业主要产品的内容	☐
	企业的市场在哪里，谁是企业的顾客，他们有哪些需求	☐
	企业的合伙人、投资人是谁	☐
	企业的竞争对手是谁，竞争对手对企业的发展有何影响	☐

计划摘要应尽量简明、生动，切忌长篇大论，特别要详细说明企业的不同之处及企业获取成功的市场因素。

2. 产品（服务）介绍

在进行投资项目评估时，风险投资者最关心的问题之一就是企业的产品、技术或服务能否以及在多大程度上解决现实生活中的问题，或者企业的产品（服务）能否帮助顾客节约开支，增加收入。因此，产品介绍是创业计划书中必不可少的一项内容。通常，产品介绍应包括以下内容：产品的概念、性能及特性，主要产品介绍，产品的市场竞争力，产品的研究和开发过程，发展新产品的计划和成本分析，产品的市场前景预测，产品的品牌和专利。

在产品（服务）介绍部分，要对产品（服务）做出详细的说明。说明要准确，更要通俗易懂，即使不是专业人员的投资者也能看明白。一般而言，产品介绍都要附上产品原型、照片或其他介绍。创业者可采用表4-2列出的内容检查创业计划书产品介绍部分内容的撰写是否完整。

表4-2　产品介绍撰写检查表

模块名称	所解决的问题	回答与否
产品介绍	顾客能从本创业项目的产品中获得什么好处	☐
	本创业项目的产品与竞争对手的产品相比有哪些优缺点	☐

续表

模块名称	所解决的问题	回答与否
产品介绍	企业为自己的产品是否采取了如拥有哪些专利、许可证或与已申请专利的厂家达成协议等保护措施	☐
	为什么本创业项目的产品定价可以使企业产生足够的利润	☐
	为什么用户会大批量或重复性地购买本创业项目的产品	☐
	本创业项目对发展新产品是否制订出明确的计划	☐

3. 人员及组织结构

高素质的管理人员和良好的组织结构是管理好企业的重要保证，也直接影响风险投资者对管理队伍的评估。

新创企业的管理人员应该由互补型、富有团队精神的人员组成。这些人员必须要有明确的负责产品设计与开发、市场营销、生产作业管理、企业理财等方面的分工专长。在创业计划书中，必须对主要管理人员加以阐明，介绍他们所具有的能力、他们在本企业中的职务和责任、他们过去的详细经历及背景。此外，创业计划书这部分内容还应对公司结构做一简要介绍，包括公司的组织机构图，各部门的功能与责任，各部门的负责人及主要成员，公司的报酬体系，公司的股东名单（包括认股权、比例和特权等）。创业者可采用表4-3列出的内容检查创业计划书人员及组织结构部分内容的撰写是否完整。

表4-3　人员及组织结构撰写检查表

模块名称	所解决的问题	回答与否
人员及组织结构	主要管理能力和特长介绍	☐
	主要管理人员在新企业中的职务和责任	☐
	主要管理人员的详细经历及背景	☐
	新企业的组织机构图	☐
	新企业主要部门的功能与职责	☐
	新企业各部门的负责人及主要成员	☐
	新企业的报酬体系	☐
	新企业的股东名单（包括认股权、比例和特权）	☐

4. 市场预测

当企业要开发一种新产品或向新的市场扩展时，首先就要进行市场预测。如果预测的结果并不乐观，或者预测的可信度让人怀疑，那么投资者可能就会判断要承担过大的风险而认为创业项目不可接受。在创业计划书中，市场预测应包括以下内容：市场现状综述、竞争厂商概览、目标顾客和目标市场、本企业产品的市场地位、市场区格和特征等。创业者可采用表4-4列出的内容检查创业计划书市场预测部分内容的撰写是否完整。

表4-4　市场预测撰写检查表

模块名称	所解决的问题	回答与否
市场预测	市场是否存在对这种产品的需求	☐
	需求程度是否可以给企业带来所期望的利益	☐
	新的市场规模有多大	☐
	需求发展的未来趋向及其状态如何	☐
	影响需求都有哪些因素	☐
	市场中主要的竞争者有哪些？是否存在潜在盟友	☐
	是否存在有利于本企业产品的市场空档	☐
	本企业预计的市场占有率是多少	☐
	本企业进入市场会引起竞争者怎样的反应？这些反应对企业会有什么影响	☐

需要尤其注意的是，市场预测不是凭空想象出来的。对市场错误的认识是很多新创企业创业失败的最主要原因之一。新创企业对市场的预测应建立在严密、科学的市场调查基础上。新创企业所面对的市场本来就有更加变幻不定的、难以捉摸的特点，因此，新创企业应尽量扩大收集信息的范围，重视对环境的预测，并采用科学的预测手段和方法。

5. 营销策略

营销是企业经营中最富挑战性的环节。对创业企业来说，由于产品和企业的知名度低，很难进入稳定的销售渠道中去。与此同时，受新创期资金量的限制，创业项目不能无选择性地并用多渠道、多种营销手段。创业者必须制订出低成本高、效率的营销策略组合，以尽快将创业项目的产品（服务）推广开来。在创业计划书中，创业者可采用表4-5列出的内容检查创业计划书营销策略部分内容的撰写是否完整。

表4-5　营销策略撰写检查表

模块名称	所解决的问题	回答与否
营销策略	营销环境分析	☐
	营销渠道设计与管理方案	☐
	产品定位	☐
	营销推广方案	☐
	产品品牌策略	☐
	定价决策	☐
	客户服务	☐

6. 制造计划

创业计划书中的制造计划应包括以下内容：产品制造和技术设备现状，新产品投产计划，技术提升和设备更新的要求，质量控制和质量改进计划。在创业计划书中，创业者可采用表4-6列出的内容检查创业计划书制造计划部分内容的撰写是否完整。

表4-6　营销策略撰写检查表

模块名称	所解决的问题	回答与否
制造计划	生产制造所需的厂房、设备情况如何	☐
	怎样保证新产品在进入规模生产时的稳定性和可靠性	☐
	设备的引进和安装情况，谁是供应商	☐
	生产线的设计与产品组装是怎样的	☐
	供货者的前置期和资源的需求量	☐
	生产周期标准的制订及生产作业计划的编制	☐
	物料需求计划及其保证措施	☐
	质量控制的方法是怎样的	☐

7. 财务规划

创业计划书概括地提出了在筹资过程中创业者需要做的事情，而财务规划则是对创业计划书的支持和说明。创业者可采用表4-7列出的内容检查创业计划书财务部分内容的撰写是否完整。

表4-7　财务规划撰写检查表

模块名称	所解决的问题	回答与否
财务规划	创业计划书的条件假设	☐
	预计的资产负债表	☐
	预计的损益表	☐
	现金收支分析	
	（a）产品在每一个期间的发出量有多大	☐
	（b）什么时候开始产品线扩张	☐
	（c）每件产品的生产费用是多少	☐
	（d）每件产品的定价是多少	☐
	（e）使用什么分销渠道，所预期的成本和利润是多少	☐
	（f）需要雇用哪几种类型的人	☐
	（g）雇佣何时开始，工资预算是多少	☐
	资金的来源和使用情况	☐

需要注意的是，着眼于一项新技术或创新产品的创业企业不可能参考现有市场的数据、价格和营销方式。因此，它要自己预测所进入市场的成长速度和可能获得的纯利，并把它的设想、管理队伍和财务模型推销给投资者。而准备进入一个已有市场的新创企业则可以很容易地说明整个市场的规模和改进方式。新创企业可以在获得目标市场信息的基础上，对企业头一年的销售规模进行规划。

8. 风险管理

创业活动处于充满各种不确定性的复杂环境之中，加之创业者的能力与实力有限等局限性的存在，导致了绝大部分创业活动都具有偏离预期目标的可能性。因此，为尽可能降低风险发生的可能性，创业者在制订创业计划时即应对项目可能面临的风险有所预测，并预先制订应对措施。创业者可采用表4-8列出的内容检查创业计划书风险部分内容的撰写是否完整。

表4-8　风险管理撰写检查表

模块名称	所解决的问题	回答与否
风险管理	创业项目在市场、竞争和技术方面都有哪些基本的风险	☐
	各种风险发生的可能性大小	☐
	收益受风险发生影响波动的大小	☐
	各主要风险因素有怎样的应对方案	☐

复习思考题

一、名称解释

计划、创业计划、创业计划书

二、选择题

1. 以下属于为"工作指明方向"的一项管理职能是（　　）。

    A. 计划　　　　　　B. 组织　　　　　　C. 领导　　　　　　D. 控制

2. 计划与各项工作进度和质量的关系是（　　）。

    A. 计划是各项工作进度和质量的考核标准

    B. 计划是各项工作进度和质量的实施前提

    C. 计划是各项工作进度和质量的结果

    D. 计划是各项工作进度和质量的来源

3. 创业计划书是一份（　　）的商业计划书。

    A. 阶段性的　　　　B. 全程的　　　　　C. 局部的　　　　　D. 全面的

4. 以下关于创业计划书描述不正确的是（　　）。

    A. 每一份创业计划书都应有自己独特的个性

    B. 要突出每一个创业项目的独特优势及竞争力

    C. 创业计划书内容多、涉及面广，因此应由多人分工完成

    D. 创业计划书越专业越好，内容尽可能多

5. 创业计划书编制过程的首要步骤是（　　）。

    A. 商业计划构想细化　　　　　　　　B. 市场调查

    C. 竞争者调查　　　　　　　　　　　D. 财务分析

6. 创业计划书的摘要中特别要详细说明的是（　　）。

    A. 产品说明

    B. 自身企业的不同之处及企业获取成功的市场因素

    C. 创业团队说明

    D. 财务说明

7. 以下（　　　）可以在获得目标市场信息的基础上，对企业头一年的销售规模进行规划。

    A. 着眼于一项新技术或创新产品的创业企业

    B. 准备进入一个已有市场的新创企业

    C. 准备进入一个新兴市场的新创企业

    D. 准备进入一个新地区市场的新创企业

8. 为尽可能降低风险发生的可能性，创业者在制订创业计划书时应（　　　）。

    A. 对项目可能面临的风险有所预测，并预先制订应对措施

    B. 列出风险因素

    C. 制订风险对策

    D. 预估风险损失

三、判断题

1. 计划是为了更加准确地达到最初的目的，对实施过程中的每个环节分步安排实施措施或实施内容。　　　　　　　　　　　　　　　　（　　　）

2. 计划工作承担着预测变化并设法消除这种变化对组织产生不良后果的任务。（　　　）

3. 创业计划书摘要应尽量详细说明问题。　　　　　　　　　　　（　　　）

4. 在产品（服务）介绍部分，要对产品（服务）做出详细的说明，说明要准确，尽可能专业化。　　　　　　　　　　　　　　　　　　　（　　　）

5. 在创业计划书中，必须对主要管理人员加以阐明，介绍他们所具有的能力、他们在本企业中的职务和责任、他们过去的详细经历及背景。　　（　　　）

6. 创业计划书中市场预测的结果要乐观，但不能过分夸张。　　　（　　　）

7. 对创业企业来说，由于产品和企业的知名度低，很难进入稳定的销售渠道中去，因此迫切需要全方位的营销活动。　　　　　　　　　　　（　　　）

8. 创业计划书概括地提出了在筹资过程中创业者需要做的事情，而财务规划则是对创业计划书的支持和说明。　　　　　　　　　　　　　（　　　）

四、技能训练

    结合自己的专业选择一个创业项目，设计创业计划书并将相关内容填入本讲后所附的创业计划书模板。

_____ 创业计划书

公司名称: _____

【主联系人】

【职　　务】

【电话号码】

【传真号码】

【电子邮件】

【地　　址】

【邮政编码】

日期：_____

创业团队成员寄语

创业团队文化

目 录

1. 执行摘要

1.1 公司概况

公司名称	
公司类型	☐ 有限责任公司　　☐ 个体工商户　　☐ 个人独资企业　　☐ 合伙企业 ☐ 其他 _____（打√选择）
注册地址	
经营范围	
市场定位	

1.2 注册资金

1.3 产品/服务特征

1.4 商业模式（盈利模式）

1.5 市场机会

1.6 投资与财务 单位：元

投资额		投资收益率（第一年）		%	
预期净利润（税后利润）	第一年	第二年		第三年	
		年增长率	%	年增长率	%
备注					

2. 市场分析

2.1 市场定位与目标客户

目标市场和目标客户	
市场定位	

2.2 市场预测（市场占有率）

2.3 竞争分析

2.4　项目SWOT分析

优　势 （Strengths）	
劣　势 （Weaknesses）	
机　遇 (Opportunities)	
威　胁 （Threats）	

3.　营销策略

3.1　产品定价与销售收入预测

产品或服务	单位	成本单价(元)	最低批发单价(元)	零售单价(元)	平均销售单价(元)	同类产品市场零售单价(元)	月均销售数量	月均销售收入(元)
其他产品								
合计	—	—	—	—	—	—	—	

3.2　地点（渠道/选址）

经营地址	面积（m²）	租金（元/年）	选择该地址的主要原因
备注			
分销渠道	□ 面向最终消费者 □ 通过零售商 □ 通过批发商 （打√选择）		
选择 该销售方式的 原因			

续表

主要批发/零售商情况	

3.3 促销/宣传推广

推广方式	主要内容	金额（元/年）
广告宣传		
会展推广		
公关活动		
优惠活动		
人员推销		
网络推广		
促销/宣传推广费用占营业收入的比例	%	费用合计

4. 人员与组织结构

4.1 组织结构

4.2 管理团队

姓名	年龄	职务	最高学历及专业	主要工作经历	优势专长

姓名	年龄	职务	最高学历及专业	主要工作经历	优势专长

4.3 部门/岗位职责

部门/岗位	负责人	职责
总经理		
_____部		
_____部		
_____部		
_____部		

5. 财务分析报告

5.1 固定资产：生产经营所需设备、工具和办公家具

项目	原值（元）	月折旧（元）	说明（主要设备）	备注
工具和设备				
交通工具				
办公家具和设备				
店铺／厂房				
合 计				

5.2 原材料采购计划

产品或服务	单位	数量	原材料单价（元）	金额（元）	说明（主要原材料）

续表

产品或服务	单位	数量	原材料单价（元）	金额（元）	说明（主要原材料）
其他产品					
合计					注：本表数量和费用均为第一年的月均数

5.3 营业（成本）费用预测

项目		成本/费用（元）	备注
可变成本/费用（月）	原材料采购/进货		
	销售提成		
	流转税		
	可变成本/费用共计		
固定成本/费用（月）	场地租金		
	促销/宣传推广		
	人员工资		
	办公用品		
	水、电、交通费		
	折旧		
	其他费用		
	固定成本/费用共计		

5.4 资金需求

筹资渠道	资金提供方	金额（元）	占投资总额比例
自有资金			%
私人拆借			%
银行贷款			%
其他融资			%
总计	—		100%

5.5 盈亏平衡点（保本额）

项目	金额（元/年）	备注
销售收入		
流转税		
销售净收入		
变动成本		
毛利		
毛利率（%）		
固定成本		
盈亏平衡点（保本额）		

6. 风险分析与对策

风险类别	风险内容	应对措施
财务风险		
市场风险		
管理风险		
政策风险		

附录

附表1：经营第一年利润表

单位：元

项目	1月	2月	3月	4月	5月	6月	7月	8月	9月	10月	11月	12月	总计
平均售价													
销售数量													
月销售额													
平均售价													
销售数量													
月销售额													
平均售价													
销售数量													
月销售额													
平均售价													
销售数量													
月销售额													
平均售价													
销售数量													
月销售额													

项目		1月	2月	3月	4月	5月	6月	7月	8月	9月	10月	11月	12月	总计
其他产品	平均售价													
	销售数量													
	月销售额													
一、主营业务收入														
减：主营业务成本	原材料采购/进货													
	销售提成													
	促销/宣传推广													
流转税（按营收的5%计算）														
营业费用	场地租金													
	人员工资													
	办公用品													
	水、电、交通费													
	折旧（按5年）													
	其他费用													
二、营业利润														
减：所得税（25%）														
三、净利润														

附表2：第一年度的现金流量表

单位：元

项目		1月	2月	3月	4月	5月	6月	7月	8月	9月	10月	11月	12月	总计
月初现金														
现金流入	销售收入													
	应收款收入													
	股东投入现金													
	借贷收入													
	其他现金收入													
现金流入小计														
现金流出	原材料采购进货													
	销售提成													
	促销宣传推广													
	流转税													
	场地租金													
	人员工资													
	办公用品													
	水、电、交通费													
	固定资产购置													
	借贷还款支出													
	所得税													
	其他支出													

续表

项目	1月	2月	3月	4月	5月	6月	7月	8月	9月	10月	11月	12月	总计
现金流出小计													
净现金流量													
月底现金余额													
备注													

项目5
建设创业团队

问　题	谁做我的搭档?

学习项目	建设创业团队

细分任务	任务5.1 理解创业团队的价值	任务5.2 选择创业合伙人	任务5.3 打造高效核心团队
支撑知识	团队的意义、团队成员的构成、创业项目发起人、创业合伙人、核心团队、普通员工	合伙原因、合适人选、合伙方式、磨合	团队建设的流程、核心团队成员招募原则、团队凝聚力的打造方式

项目5｜知识（技能）框架图

知识目标

- 认识创业团队的价值
- 了解合伙人的选择
- 掌握团队凝聚力的打造

技能目标

- 能有意识地选择合伙人
- 能开展核心团队建设活动

任务5.1　理解创业团队的价值

一、创业团队的意义

现代管理越来越注重团队的观念。20世纪90年代以来，学者们纷纷建议以团队模式展开工作，实践也证明团队模式的绩效明显优于其他工作方式。以创业团队形式抱团存在的人力资源在创业过程中也具有重要的意义。美国的一项研究表明，83.3%的高成长企业是由团队建立的，团队创业型企业的成长性明显优于独自创业型企业。

创业团队是创业初期（包括企业成立前和成立早期），由少数才能互补、责任共担、愿为共同创业目标而奋斗的创业者组成的团队。创业团队的基本作用包括制订商业计划、募集关键人力资源、筹措创业资本、创办公司、构建商业平台等多方面工作。

一个好的创业团队对于新创企业的成功具有举足轻重的作用。创业团队的整体素质和实力直接决定了新创企业的发展潜力，进而决定了新创企业能否成功。可以说，创业团队的组建在整个创业过程中具有不可替代的作用。

（1）创业团队的组建有利于成功把握商机。创业团队能用比个人更为迅速、有效的方式来扩大组织的社会关系网络，具有更强的资源整合能力，能同时从多个融资渠道获取创业资金等资源，进而有利于及时准确地把握市场变化，成功捕捉和利用商机。

（2）创业团队的组建有利于促进多元化思考，碰撞出创意的火花。创业团队通常提倡合作、平等、民主的气氛。在这种氛围之下，面对同一问题，团队成员会竞相从不同的视角展开思索，从而能提出多元化的思考结论。这些结论在有效的沟通下展开互动，往往能碰撞出更有创意的、更高效的解决方案。

（3）创业团队的组建有利于进行科学决策，提高创业成功的可能性。创业团队是由具有不同背景和经历的多个成员组成的，每个成员都会给团队增加更多的信息、经验和能力。因此，创业团队所具有的决策能力就远远超过了任何个人所能拥有的，从而使得企业

能在更广的范围内应付多方面的挑战，并最终取得创业成功。

（4）创业团队的组建有利于分散风险和压力。共同创业有利于分散创业失败的风险，通过团队成员之间的技能互补可提高驾驭环境不确定性的能力，降低新创企业经营失败的风险。此外，在创业的过程中，创业者们经常会面临着孤独、紧张和其他来自各方面的压力，找到合适的合伙人将有助于减轻这些压力。

二、创业团队成员的构成

1. 创业团队的构成模式

创业团队的构成模式一般来讲主要有两种：一种方式为核心主导型创业团队，这种团队通常是有一个人首先有了创业意图，但考虑到自身能力与创业理想之间存在的差距，这个创业者便根据需要有目的地邀请其他人加入进来组成所需的团队，以其为核心共同创业，通常这个核心人物掌握着团队发展的关键技术或关键资源；另一种方式为群体型创业团队，这种团队的组建是多个团队成员同时形成创业意向，从而组合起来向共同目标努力，这种类型的创业团队并不以哪个成员为核心，团队成员之间原先就有共同兴趣、友谊或共同相处的经历。

2. 创业团队的人员构成与分工

企业团队的人员构成与分工如图5-1所示。

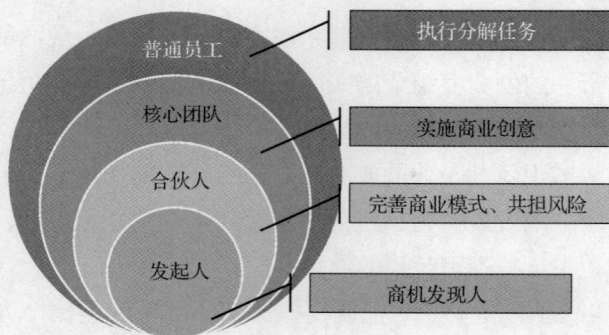

图5-1 | 创业团队的人员构成与分工

创业团队的成员从广义来说包括所有参与创业活动中的人员。根据加入团队的时间、承担风险责任程度的差异，创业团队可分为从核心到外延的四类成员。

（1）创业项目发起人。发起人是整个创业项目最初创意的来源，作为商机的发现人，他最早萌发了启动该创业项目的意愿。整个创业团队以他为核心，逐步加入其他人员进来。

（2）创业合伙人。创业项目的合伙人担负着完善发起人提出的商业模式，共担风险的职责。合伙人是受发起人感召，以拿资金、实物、技术、技术性劳务等形式出资，一起与项目发起人成为项目的投资人。合伙人参与合伙经营，依协议享受权利，承担义务，对创业项目的债务承担责任。

（3）核心团队。创业核心团队的成员是由参与经营的创业项目所有者（含创业项目发起人和合伙人）招募而来的，由技术、营销、财务等技能互补的人员构成。这个核心团队承担了将创业者确定下来的商业模式加以细化、使之成为具体的商业创意的职责。在很多情况下，构成这个核心团队的主要成员由创业项目所有者和各种技术骨干组成。

（4）普通员工。普通员工一般是创业项目发展过程中逐步进入创业团队的。他们进入团队的时间较晚，相对而言，与创业者的密切程度要逊于核心团队成员。他们的主要职责是执行核心团队提出商业创意细化分解出的各种具体任务。

任务5.2 选择创业合伙人

合伙人的挑选过程如图5-2所示。

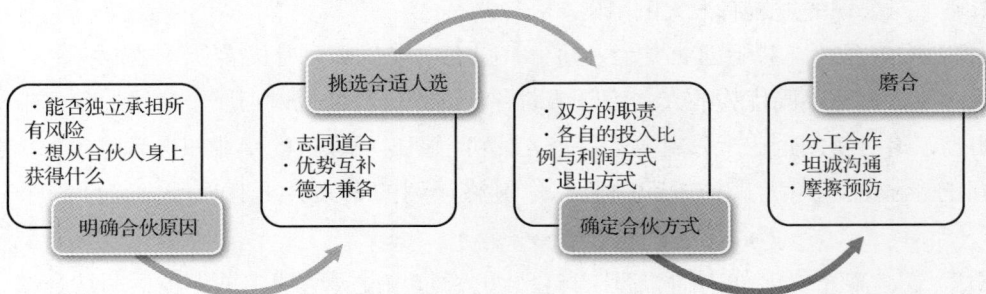

图5-2 | 合伙人的挑选过程

一、明确合伙原因

创业究竟是单干好还是合伙好，这个问题不能一概而论。独自创业的创业者虽然享有充分的自主决策权、不用担心不必要的意见和分歧，但同样也要独自承担经营风险、筹资困难的窘迫。合伙创业可以让多人一起承担风险。任何事情都有人一起分担责任和参与决策，大大降低了经营的盲目性和随意性，增强筹资能力。但随着企业的成长，也很可能会产生一些诸如企业发展规划、分配原则等方面的分歧。因此，要选择合伙人，创业项目发起人首先要明确自己找合伙人的原因。建议从以下几个方面考虑。

（1）风险承担能力。自己能否独自承担创业项目的风险，若不能，则考虑选择资金实力强的人来合伙，以提升创业项目整体的抗风险能力。

（2）创业项目复杂程度。创业项目复杂程度越高越需要周密的考虑，对创业者的要求也就越高，此时与恰当的人进行合伙十分必要。

（3）创业短板是否存在。若存在技术、资金、网络关系等关键资源短板，则应重点考虑持有此类资源的人选。

总体而言，创业者可根据自己准备经营的创业项目的规模等具体情况进行区分性选择。若是开设小店、小型加工作坊等资金投入量不大、经营模式简单的创业项目，独自创业较为合适；若是投资规模较大的创业项目，建议考虑寻找一个或多个适合的合作伙伴一起创业。

二、挑选合适人选

合适的合伙人选应具备如下基本条件。

（1）志同道合。合伙创业最重要的就是有共同的目标。只有存在共同的目标，创业者与合伙人才能够共同克服创业之路所遇到的挫折与困难；如果没有共同的目标，当遇到需要做出重大决策或者是遇到难题时，创业者与合伙人之间意见很难统一，无法做出最恰当的策略，对公司的发展有很大的阻碍。

（2）优势互补。对于创业发起人而言，只有争取优势互补的合伙人才能将每个人的价值最大化。拥有不同优势的人，可以帮助各合伙人更快地投入到属于自己的角色中，分工更明确，这对新创企业十分重要，每个人都可以把自己领域的专业知识运用起来。当你用不同的专业领域角度来分析问题时，你最终得到的答案会更有说服力，使整个公司更强。

（3）德才兼备。合伙人的"德"与企业的稳定与发展密切相关，包括团结合作、相互尊重等；"才"则涉及合伙人具备的专业知识、技术和能力。合伙人是否重信守约。重信守约是最宝贵的商业道德，也是合伙经营中的基本要求。如果在新创的合伙企业中混入了不具备基本商业道德的人，很可能会断送创业项目的前途。

双创学堂

寻找合伙人的渠道

寻找合伙人可从以下几个渠道依次进行：亲友圈寻找、亲友介绍、客户、同行、公开征集、委托猎头。

三、确定合伙方式

合伙创业初期，创业者就应与合伙人明确彼此之间的职责，使合作伙伴能够清晰地知道彼此的职责，合伙各方应就"双方的职责划分""各自的投入比例与利润分配方式"

"退出方式"等内容做出明确约定。概况而言，根据责权划分、投入与分配方式的差异，可将创业合伙的方式分为以下几种类型。

（1）完全均等模式，即所有合伙人在投资额、管理权限及收益分配方面完全均等。

（2）管理强化合伙模式，即发起人与合伙人投资额和收益额均相等，但日常的经营管理由发起人负责，合伙人不参与公司日常管理。

（3）完全差异化合伙模式，即每个合伙人在投资额、管理参与度及收益分配比例方面均按照事先约定的不等比例进行。

（4）第三方管理模式，即每位合伙人投资有多有少，最终收益的分配按各人实际投入的比例分配，新创企业的日常经营管理由聘请的职业经理人来负责。

四、磨合

确定了合伙关系后，创业合伙人之间在创业经营过程中还需要进行长期的沟通磨合。建议重点做好以下几项工作。

（1）明确分工：避免人人都是老板。

（2）利润公平分配：避免利润按人头分。

（3）重视坦诚沟通。

（4）书面契约，避免口头约定。从实践来看，大部分合伙创业失败、出现纠纷就是因为责任明确不详细，彼此推脱责任。因此，在合伙之初，最好能共同签署一份书面的契约书，以约定各方职责范围，以避免日后出现纠纷，彼此推脱责任。

拓展阅读

合伙人的重要性超过了商业模式和行业选择

1. 团队第一，产品第二

创业成功最重要的因素是什么？最重要的是团队，其次才是产品，有好的团队才有可能做出好产品。

面对一家刚起步的创业公司，有些面试候选人还会犹豫，这时候该怎么办？

也许，个人的力量远远比不上团队的说服力。小米举了这样的一个例子：面对候选人，雷军与创始人团队选择以"车轮战"的方式轮番上阵面谈。小米手机硬件结构工程负责人第一次面试，从中午1点开始，聊了4个小时后憋不住出来上了个洗手间，回来后雷军对他说："我把饭定好了，咱们继续聊聊。"一直聊到晚上11点多，他终于答应加盟小米。过后这位负责人自己半开玩笑地说："赶紧答应下来，不是那时多激动，而是体力不支了。"

2．创始人最重要的工作之一就是"找人"

要搭建一个精良的团队，首先要做的就是"找人"，而这一点在创业之初显得尤为重要。

小米成立第一年，创始人就将绝大多数的时间花在了"找人"上。

小米在搭建硬件团队上花费最多时间。因为最初几个创始人都来自互联网行业，不懂硬件也没有硬件方面足够的人脉。在第一次见到现在负责硬件的联合创始人周光平博士之前，小米方面已经和几个候选人谈了两个多月，进展缓慢，甚至有的人还找了"经纪人"来谈条件，不仅要高期权，而且要比现在的大公司还好的福利待遇。"找人"之路可谓困难重重，然而这是必须跨过的关卡。

3．合伙人制：各挡一面的合伙人

创业其实是个高危选择，不少今天很成功的企业，当初都经过九死一生。例如，阿里巴巴，马云1995年带领团队做中国黄页，失败！接着1997年做网上的中国商品交易市场，算是阿里巴巴的雏形，还是失败了！阿里巴巴今天的商业帝国，大家看到的淘宝、支付宝和天猫等产品，其实最有价值的是背后的团队，尤其是马云和他的18个联合创始人。

做老板的要负责把整个班子团队搭好，而合伙人则只需各管一块。如果没有什么事情的话，基本上都不知道彼此在做什么，也不会管彼此。这样一来，大家都是自己的事情自己说了算，这样就能保证整个决策过程迅速有效。

真格基金创始人徐小平在近期的演讲中着重强调了合伙人的重要性，他表示："合伙人的重要性超过了商业模式和行业选择，比你是否处于风口上更重要。"

4．用最好的人：一个靠谱的工程师顶100个

员工招聘上，要用最好的人。因为研发本身是很有创造性的，如果人不放松，或不够聪明，都很难做得好。你要找到最好的人，一个好的工程师不是顶10个，而是顶100个。所以，在核心工程师上面，一定要不惜血本地去找，千万不要想偷懒只用培养大学生的方法去做。

最好的人本身有很强的驱动力，你只要把他放到他喜欢的事情上，让他自己有玩的心态，他才能真正做出一些事情，打动他自己，才能打动别人。所以你今天看到的很多成功的工程师，他们都是在边玩边创新。

乔布斯有句话非常让人震撼："我过去常常认为一位出色的人才能顶两名平庸的员工，现在我认为能顶50名。我大约把四分之一的时间用于招募人才。"据说乔布斯一生大约参与过5000多人的招聘。组建由一流的设计师、工程师和管理人员组成的"A级小组"，一直是乔布斯最核心的工作。

5．寻找最合适的人：要有创业心态

在小米创办4年后，市场估值已经达到400亿美元，业界很多人把他们看作创业的明星公司。但在这种前提下，他们依然在"找人"上花费巨大的精力，原因在于他们要找的人才必须要最专业，也要最合适。

最合适是指这个人要有创业心态，对所做的事情要极度喜欢。员工有创业心态就会自我燃烧，就会有更高的主动性，这样就不需要设定一堆管理制度或KPI考核去约束。

而创业心态有时更通俗地说就是热爱。如何持续激发团队的热爱？首先，让员工成为粉丝；其次，"去KPI化"。没有KPI不意味着没有目标。小米的做法是：不把KPI压给员工，而是合伙人负责KPI。

虽然没有KPI，但小米的员工一天工作接近12个小时，而且这样的状态已经持续4年。网上有人问"如何看待小米6×12小时工作制"，一位小米员工回复说："坚决反对加班。但如果是创业就算了，创业意味着工作就是生活，何来加班？我每时每刻都在工作。"

任务5.3　打造高效核心团队

在创业的同时，一定要建立一个共同成长、共同发展的团队。感情上、利益上、追求上，在一段时间内，能够为了一个企业捆在一起共同发展的一群人。

一、团队建设流程

创业团队的组建是一个相当复杂的过程，不同类型的创业项目所需的团队不同，创建步骤也不完全相同。概括来讲，大致的建设流程如图5-3所示。

如何打造高效的核心团队？

明确创业目标 → 制订创业计划 → 招募合适的人员 → 职权划分 → 构建创业团队制度体系 → 团队调整融合

图5-3｜创业团队建设流程

1. 明确创业目标

每个团队都有自己的目标，正是为了完成这个共同的目标，具有不同背景、不同技能、不同知识的人们才组合起来形成团队。创业团队组建之后，首先就必须明确团队的目标。团队目标将告诉每个成员他的奋斗方向在哪里，团队的奋斗方向在哪里。总的来说，创业团队的目标就是通过完成创业阶段的技术、市场、规划、组织、管理等各项工作实现企业从无到有、从起步到成熟。总目标确定之后，为了推动团队最终实现创业目标，再将总目标加以分解，设定若干可行的、阶段性的子目标。

双创学堂

团队目标的制订原则

（1）远景目标是用来憧憬的，它的作用是给团队指明方向。真正能够驱动一家公司和团队成员的，永远是理念、信心、使命、愿景和由以上这些带来的热情。

（2）短期目标是用来激励的，它的作用是给团队加满油。

（3）了解清楚团队目前的情况是制订创业目标方向的基础，才能拟定出一个切合实际的、完善的、有效的目标。在设定目标之前，每一位团队成员还要清楚地了解自己的长处与短处所在。

（4）目标必须是明确、清晰的。让团体成员明确努力的方向，才能对他们产生巨大的激励作用，从而保证团队能始终朝着既定的目标前进。

（5）团队目标的制订不能一厢情愿地单凭领导的意志行事，否则团队成员的目标方向与团队的目标方向大相径庭。

（6）团队在确定目标初期就要有明确的职权划分，责任归属，并设立明确的奖惩办法。团队成员只有知道自己应该负责什么，承担什么，才能有序地开展工作。

2. 制订创业计划

在确定一个个阶段性子目标及总目标之后，紧接着就要研究如何实现这些目标，这就需要制订周密的创业计划。创业计划是在对创业目标进行具体分解的基础上，以团队为整体来考虑的计划。创业计划确定了不同的创业阶段需要完成的阶段性目标，通过逐步实现这些阶段性目标来最终实现创业目标。

3. 招募合适的人员

招募合适的人员也是创业团队组建最关键的一步。创业团队成员的招募主要应考虑两个方面。一是考虑互补性，考虑其能否与其他成员具有能力或技术上的互补性。这种能力互补既有助于强化团队成员间彼此的合作，又能保证整个团队的战斗力，更好地发挥团队的作用。一般而言，创业团队至少需要管理、技术和营销三个方面的人才。只有这三个方面的人才形成良好的沟通协作关系后，创业团队才可能实现稳定高效。二是考虑适度规模。适度的团队规模是保证团队高效运转的重要条件。团队成员太少无法实现团队的功能和优势，而过多又可能会产生交流的障碍，团队很可能会分裂成许多较小的团体，进而大大削弱团队的凝聚力。一般认为，创业团队的规模控制在2~12人最佳。

4. 职权划分

为了保证团队成员顺利执行创业计划、开展各项工作，必须预先在团队内部进行职权的划分。创业团队的职权划分就是根据执行创业计划的需要，具体确定每个团队成员所要担负的职责以及相应所享有的权限。团队成员间职权的划分必须明确，既要避免职权的重叠和交叉，同时也要避免无人承担造成工作上的疏漏。此外，由于还处于创业过程中，面临的创业环境又是动态复杂的，不断会出现新的问题，团队成员可能不断出现更换，因此创业团队成员的职权也应根据需要不断进行调整。

5. 构建创业团队制度体系

创业团队制度体系体现了创业团队对成员的控制和激励能力，主要包括团队的各种约束制度和各种激励制度。一方面，创业团队通过各种约束制度（主要包括纪律条例、组织条例、财务条例、保密条例等）指导其成员，避免做出不利于团队发展的行为，对其行为进行有效的约束、保证团队的稳定秩序；另一方面，创业团队要实现高效运作，要有有效的激励机制（主要包括利益分配方案、奖惩制度、考核标准、激励措施等），使团队成员能看到随着创业目标的实现，其自身利益将会得到怎样的改变，从而充分调动成员的积极性，最大限度地发挥团队成员的作用。要实现有效的激励，首先就必须把成员的收益模式界定清楚，尤其是关于股权、奖惩等与团队成员利益密切相关的事宜。需要注意的是，创业团队的制度体系应以规范化的书面形式确定下来，以免带来不必要的混乱。

6. 团队调整融合

完美组合的创业团队并非创业一开始就能建立起来的，很多时候是在企业创立一定时间以后随着企业的发展逐步形成的。随着团队的运作，团队组建时在人员匹配、制度设计、职权划分等方面的不合理之处会逐渐暴露出来，这时就需要对团队进行调整融合。由于问题的暴露需要一个过程，因此团队调整融合也应是一个动态持续的过程。在进行团队调整融合的过程中，最为重要的是要保证团队成员间经常进行有效的沟通与协调，以强化团队精神，提升团队士气。

拓展阅读

创业团队融合的三板斧

公司创立之初，员工之间都是陌生的，首先必须让团队内部的同事相互交流与结识。有人戏称团队融合有三板斧：吃饭、K歌、体育活动。在吃饭中，大家知道了各自的姓名与酒量，K歌中了解了对方的家乡，体育活动中了解了对方的爱好。别小看这些活动项目，经过几次之后，大家相互协作起来就没有隔阂，变得容易沟通交流，而不会因为陌生感导致不能相互理解。

以上是对创业团队组建工作的大致总结。需要注意的是，这一组建过程并不是一个完全严格的顺序过程，即创业团队有时并不是严格按照此顺序一步步地进行组建。事实上，很多创业团队的组建过程没有明确的步骤划分界限，如制度体系构建、团队调整融合可能是贯穿于企业发展的整个过程之中的。创业者在组建创业团队的时候，应在上述基本原则的指导下，根据实际情况灵活加以运用。

二、核心团队成员招募原则

虽然不同的创业项目需要不同的创业团队，但总的来看，创业团队的组建大体应遵循下列基本原则。

（1）目标明确合理原则。目标必须明确，这样才能使团队成员清楚地认识到共同的奋斗方向是什么，才能将其凝聚起来。与此同时，目标也必须是合理的、切实可行的，这样才能真正达到激励的目的。反之则可能导致团队成员失去奋斗的信心。

（2）互补原则。创业者之所以寻求团队合作，其目的就在于弥补创业目标与自身能力之间的差距。只有当团队成员相互之间在知识、技能、经验等方面实现互补时，才有可能通过相互协作发挥出"1+1＞2"的协同效应。反之，只有技术精湛的研发人员或只有能力高超的管理者是无法实现技能互补的，也就失去了组建团队的意义，即使组成了创业团队，也不可能很好地发挥作用，甚至可能限制了某些有才能的人的发挥，从而带来一些负面影响。

（3）精简高效原则。为了减少创业期的运作成本，最大比例地分享创业成果，创业团队人员构成应在保证企业能高效运作的前提下尽量精简。

（4）动态开放原则。创业过程是一个充满不确定性的过程，团队中可能因为能力、观念等多种原因不断有人在离开，同时也有人在要求加入。因此，在组建创业团队时，应注意保持团队的动态性和开放性，使真正完美匹配的人员能被吸纳到创业团队中来。

三、核心团队凝聚力的打造方式

团队凝聚力是指团队对成员的吸引力，成员对团队的向心力，以及团队成员之间的相互吸引。团队凝聚力不仅是维持团队存在的必要条件，而且对团队潜能的发挥有很重要的作用。一个团队如果失去了凝聚力，就不可能完成组织赋予的任务，本身也就失去了存在的条件。

1. 树立共同目标

共同目标能够为团队成员指引方向和提供动力，目标会使个体提高绩效水平，目标也使群体充满活力。当群体需要、个人需要、工作需要三者的利益一致时，能保证最佳业绩。从短期看，创业项目要有一个工作目标；从长期看，创业者要有一个使全体员工共同为之奋斗的发展规划与蓝图。无论是短期目标还是长期目标，创业者都必须做到与员工充分沟通，要让员工看到创业项目成功及个人成长的希望。

在树立团队目标时，一是要充分了解由什么样的人确定团队的目标。一般情况下，确定团队目标要由团队的领导者和团队的核心成员参加。二是团队的目标必须与团队的愿景相连接，两者的方向相一致。愿景是勾勒团队未来的一幅蓝图，具有挑战性，可以激励团队成员勇往直前的斗志。三是必须发展一套目标运行的程序。目标确定后不一定是准确的，还要根据工作中遇到的实际问题随时纠正和修正，向正确的方向引导。四是必须将目标进行有效分解。目标来源于愿景，愿景又来源于组织的大目标，而个人的目标来自于团队的目标，它对团队的目标起支持性的作用。五是必须把目标有效地传达给所有的团队成员及相关人员。

拓展阅读

如何在创业团队建立使命感

（1）找对人就成功了90%。

（2）使命感是激发出来的，不是灌输进去的。

（3）愿景目标要足够大，短期目标要比能力高一点。

（4）信任驱动而非KPI驱动。

（5）打破权威，分散决策。

（6）同甘共苦的经历。

（7）足够的物质回报。

（8）足够的上升空间。

（9）信息的充分透明。

（10）超越工作的伙伴关系。

2．分配团队成员角色

把个人偏好与团队角色要求适当匹配，使团队成员各尽其能。创业期，诸事繁杂，创业者应通过授权让团队成员分担责任，使团队成员更多地参与项目的决策过程，允许个人或小组以自己更灵活的方式开展工作。

首先，通过灵活的授权，显示领导对团队成员的信任，也给团队成员学习与成长的空间。这种信任可以奠定团队信任的基础，也是团队精神在领导与团队之间的体现。

其次，授权有利于充分发挥团队成员的积极性和创造性。每个人都有实现自我价值的愿望。富于挑战性的任务，使他们不断地拓展自己的知识技能，发掘他们的创造潜力。

最后，灵活授权有利于及时决策。一方面，创业团队成员在自己的授权范围内可根据内外部环境的变化及时决策；另一方面，通过灵活的授权，创业者也可逐渐将工作重点转向关键点控制、目标控制和过程监控，从而使其工作重心由内转向外，侧重于处理公司与外界之间的关系，从外部保障项目团队的运作。

3. 完善成员技能

只有一个懂得不断充实自我的学习型团队，才能在发展的社会创造出更多的"奇迹"。高效团队需要三种不同技能类型的成员：具有技术专长的人，具有发现、解决问题和决策技能的人和具有较强人际关系的人。创业者要让团队成员有培训发展的空间，鼓励各成员学习、努力创造培训机会，更重要的是要让员工在自己有兴趣的岗位上进行实践锻炼。

4. 建立奖惩机制

初创企业应建立一套适合自己的奖惩机制。这个制度不一定要严谨完美，可以考虑采用制度化管理和人性化管理相结合的原则，但一定要机制明晰、利益均沾。要使团队成员能够体会到随着创业项目的成长，自己能够按照贡献获得公平的报酬，这就要求创业者对创业团队的管理做到"奖惩分明，公开公正，将利益落到实处"及"分享荣誉，出现问题时不推卸责任"。

5. 培养相互信任精神

（1）创造多种形式，坦诚沟通。成员之间的沟通有利于对团队任务的理解和及时了解对方的进展情况，从而对自己的工作进行适当调整，以便更好地完成团队任务。在有效沟通的基础上，个体与团队才能维持相互信任，增强对团队的归属感。

（2）显示真正的关切，建立团队之间的互信。团队的凝聚力很大程度上取决于成员之间的联系度和和谐度。多组织各种团队活动一方面可以联络团队成员的感情，另一方面可以让大家了解彼此的性格特长，从而更有利于工作的配合。对于资金有限的新创企业来说，多采用为员工组织生日活动、定期组织爬山郊游类集体活动、积极帮助员工解决一些实际困难等感情留人方式，不失为提高此类团队凝聚力和向心力的更好办法。

复习思考题

一、名称解释

团队、创业团队、合伙人、核心团队、团队建设、团队凝聚力

二、选择题

1. 以下关于创业团队组建描述不正确的是（　　　　）。

    A. 有利于分担风险和压力

    B. 有利于促进多元化思考，碰撞出创意的火花

C. 有利于进行科学决策，提高创业成功的可能性

D. 能保证创业成功

2. "有一个人首先有了创业意图，但考虑到自身能力与创业理想之间存在的差距，这个创业者便根据需要有目的地邀请其他人加入进来组成所需的团队"属于创业团队组建模式中的（　　）。

A. 核心主导型　　　　　B. 个人型

C. 群体型主导型　　　　D. 群体型

3. "整个创业项目最初创意的来源"是创业团队中的（　　）。

A. 发起人　　　　　　　B. 合伙人

C. 核心团队成员　　　　D. 员工

4. "担负着完善发起人提出的商业模式，共担风险的职责"是创业团队中的（　　）。

A. 发起人　　　　　　　B. 合伙人

C. 核心团队成员　　　　D. 员工

5. 选择合伙人应首先做的工作是（　　）。

A. 挑选合适人选　　　　B. 确定合伙原因

C. 确定合伙方式　　　　D. 磨合

6. "发起人与合伙人投资额和收益额均相等，但日常的经营管理由发起人负责，合伙人不参与公司日常管理"属于合伙方式中的（　　）。

A. 完全均等模式　　　　B. 完全差异化合伙模式

C. 管理强化合伙模式　　D. 第三方管理模式

7. "新创企业的日常经营管理由聘请的职业经理人来负责"属于合伙方式中的（　　）。

A. 完全均等模式　　　　B. 完全差异化合伙模式

C. 管理强化合伙模式　　D. 第三方管理模式

8. 创业团队建设的首要步骤是（　　）。

A. 明确创业目标　　　　B. 制订建设计划

C. 招募合适人员　　　　D. 职权划分

9. 创业过程是一个充满了不确定性的过程，团队中可能因为能力、观念等多种原因不断有人在离开，同时也有人在要求加入。因此，在组建创业团队时需遵循的原则是（　　）。

A. 目标明确合理原则　　B. 互补原则

C. 动态开放原则　　　　D. 精简高效原则

10. （　　）为团队成员指引方向和提供动力，会使个体提高绩效水平，目标也使群

体充满活力。

A. 授权   B. 目标

C. 互补   D. 奖惩

三、判断题

1. 团队创业型企业的成长性明显优于独自创业型企业。 （　　）

2. 创业核心团队的成员是由参与经营的创业项目所有者（含创业项目发起人和合伙人）招募而来的，由技术、营销、财务等技能互补的人员构成。 （　　）

3. 创业项目复杂程度越高越需要周密的考虑，对创业者的要求也就越高，此时独自创业较好。 （　　）

4. 投资创业项目都应寻找一个或多个适合的合作伙伴一起创业。 （　　）

5. 对于创业发起人而言，争取越多的合伙人就越能实现将每个人的价值最大化。 （　　）

6. 合伙创业初期，创业者就应与合伙人明确彼此之间的职责，使合作伙伴能够清晰地知道彼此的职责。 （　　）

7. 创业团队至少需要管理、技术和营销三个方面的人才。 （　　）

8. 当群体需要、个人需要、工作需要三者利益一致时能保证最佳业绩。 （　　）

9. 在有效沟通的基础上，个体与团队才能维持相互信任，增强对团队的归属感。 （　　）

10. 团队凝聚力不仅是维持团队存在的必要条件，而且对团队潜能的发挥有很重要的作用。 （　　）

四、技能训练

了解在20世纪末的互联网创业浪潮中取得成功的创业者的创业团队，分析：

（1）他们曾经面临的机会是什么？

（2）他们为什么选择这样的团队组合？

（3）他们的团队是如何磨合的？

项目6
整合创业资源

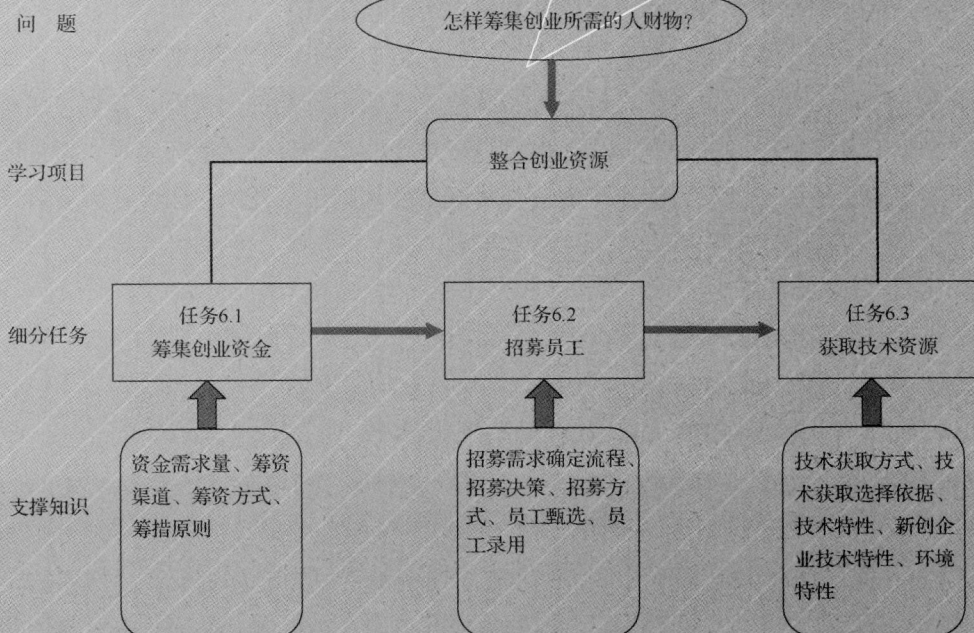

问　题	怎样筹集创业所需的人财物?
学习项目	整合创业资源
细分任务	任务6.1 筹集创业资金　　任务6.2 招募员工　　任务6.3 获取技术资源
支撑知识	资金需求量、筹资渠道、筹资方式、筹措原则　　招募需求确定流程、招募决策、招募方式、员工甄选、员工录用　　技术获取方式、技术获取选择依据、技术特性、新创企业技术特性、环境特性

项目6 | 知识（技能）框架图

知识目标

- 了解创业资金筹集的数量、渠道与方式
- 了解员工的招募、甄选与录用
- 认识技术资源的获取途径

技能目标

- 明确主要创业资源的筹集方式

任务6.1　筹集创业资金

一、预测创业资金需求量

任何创业活动都需要一定量的资金支持。然而从实践来看，大部分创业者都遇到过资金短缺的问题。能否快速、高效地筹集到资金成为决定创业成败的关键性因素。当商机出现时，创业者应全力筹集各种资源，尤其是资金。

需要注意的是，在进行融资之前，创业者不应草率地做出融资决策，而应量力而行。融资则意味着需要成本，这些融资成本既有资金的利息成本，还有可能是昂贵的融资费用和不确定的风险成本。因此，只有经过深入分析，确信利用筹集的资金所预期的总收益要大于融资的总成本时，才有必要考虑通过融资启动创业项目。

鉴于任何的筹资方式都需要付出成本，因此在筹集资金时，首先要确定本创业项目资金需求量的规模，再对比自身资金持有量，确定差额后再行筹资。否则，筹资过多不仅可能造成资金闲置浪费，增加融资成本，也可能导致企业负债过多，偿还困难，增加经营风险。而如果筹资不足，则又可能影响创业项目经营活动的正常开展。因此，创业者在进行筹资之初，即应明确本创业项目对资金的需求量。

1. 创业资金需求量

创业资金需求量的估算应考虑三部分资金的需求量，如图6-1所示。

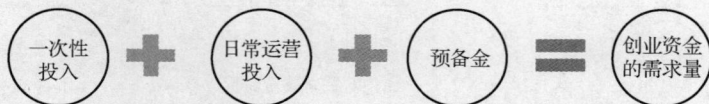

图6-1 | 创业资金需求量

（1）一次性投入：创业必需的固定设施、设备投资（如计算机设备、打印机设备、电话设备、办公桌椅等）、网站系统开发费用、开办费（含办理证明、证书、执照费用、初期公关费、人员培训费等）。

（2）日常运营投入：购买并存储商品的费用、营销费用、促销开支、人员薪酬福利、交通住宿、接待开支、设备维护、房屋租金、宽带费用、水电费用及其他日常的办公费用。需要注意的是，创业初期，新创企业要运转一段时间才能有销售收入，流动资金应至少保证3~6个月的使用量。

（3）预备金：用于涨价、损失、遗漏等各种意外支出的准备。

双创学堂

创业所需资源的种类

（1）人力资源：创业者及其团队的洞察力、知识、能力、经验及社会关系。选取人力资源的途径有打工、模拟公司运作、参加校园创业大赛或者挑战杯大赛、拜访最优秀的人、与优秀的人共事等。

（2）物质资源：企业运行所需的有形资产、工具和设备。

（3）技术资源：工艺、系统或实务转化方法。

（4）财务资源：创建和成长所需的资金。

（5）组织资源：规章制度、组织知识、组织关系和结构。

（6）市场资源：各种有利的经营许可权、关系资源（顾客、政府、社区、金融机构等）、杠杆资源（不属于企业所有，但可以通过定点生产、特许经营、加盟连锁、虚拟经营等方式为企业所用的资源）及其他可利用的市场资源。

2. 创业资金需求量的测算方法

第一步，将需要购买的物品分类，并将每一类具体列表。

第二步，测算每一类中每个物品的具体价格、每项工作的具体花费。

第三步，对上述步骤中的所有项目求和。

双创学堂

流动资金需求量预测

流动资金是企业维持日常运转所需支出的资金，也称运营资金，主要包括租金、购买并存储原材料和成品、促销、工资、保险和其他费用。

流动资金需求量预测时需要注意以下问题。

（1）必须意识到资金周转不灵时可能会导致破产。

（2）必须核准流动资金持续投入期，即在没取得销售收入前必须投入多长时间的流动资金。

（3）必须将流动资金需求量降至最低，依据必须、必要、合理、最低的原则，该支出的必须支出，不该支出的不要支出。

（4）必须保持一定量的流动资金储备，以备不时之需。

二、创业资金的筹集渠道

创业资金的筹资渠道是指取得创业资金的来源。目前，主要有以下几种筹资渠道。

1. 自有资金

自我筹集是大多数创业者实用的首选筹资渠道。处于创业初期的企业因为新和缺乏经营记录，往往只能依靠自身的力量，这不仅是因为自有资金筹集最为快捷方便，而且也是创业者吸引来自其他渠道成员投资到本项目的基础。作为创业项目的所有者，自己首先要对项目有资金的投入，以证明自己相信项目能够成功、愿意为之付出的决心。

2. 银行信贷资金

从目前的情况看，银行贷款有以下四种方式。

（1）抵押贷款，指借款人向银行提供一定的抵押物品作为保证的贷款方式。抵押物品通常包括有价证券、国债券、各种股票、房地产、货物的提单及其他各种证明物品所有权的单据。

（2）信用贷款，指银行仅凭对借款人资信的信任而发放的贷款，借款人无须向银行提供抵押物品。

（3）担保贷款，指由借款人或第三方依法提供担保而发放的，并在必要时由第三人承担连带还款责任的一种贷款。

（4）贴现贷款，指借款人以未到期的票据向银行申请贴现的贷款方式，信用关系简单。

双创学堂

创业贷款

创业贷款是指具有一定生产经营能力或已经从事生产经营的个人，因创业或再创业提出资金需求申请，经银行认可有效担保后而发放的一种专项贷款。

创业贷款主要是面向本地区的大学生及个人的一种激励型贷款，一般利率较低。

创业贷款主要有以下三种选择方式，创业者可视情况选择适合自己的创业贷款。

（1）创业贷款个人创业

符合条件的借款人根据个人的资源状况和偿还能力，最高可获得单笔50万元的贷款支持；对创业达一定规模或成为再就业的人员，还可提出更高额度的贷款申请。创业贷款的期限一般为1年，最长不超过3年。

（2）创业贷款商业抵押

银行对外办理的许多个人贷款只要抵押手续符合要求，银行就不会问贷款用途。抵押贷款金额一般不超过抵押物评估价的70%，贷款最高限额为30万元。如果创业需要购置沿街商业用房，可以用拟购房子作为抵押，向银行申请商用房贷款，贷款金额一般不超过拟购商业用房评估价值的60%，贷款期限不超过10年。

（3）创业贷款保证贷款

如果没有存单、国债，也没有保单，但妻子或父母有一份稳定的收入，也能成为绝好的信贷资源。这种贷款不用办理任何抵押和评估手续。

3. 政府扶持基金

在国家提倡"大众创业、万众创新"的号召下，各省市也相应出台了一些政策，包括政府扶持基金。科技含量高的产业或优势产业可以申请政府扶持基金。若创立的是科技型中小企业，可以申请地方政府的创新基金。

4. 非银行金融机构资金

非银行金融机构资金是指信托投资公司、保险公司、租赁公司、证券公司、企业集团所属的财务公司等为企业提供的信贷资金投放，典型的是融资担保公司资金、典当行资金等。此类资金来源灵活多样，但筹资成本相对较高。

5. 天使投资人的投资

天使投资是权益资本投资的一种形式，指具有一定净财富的个人或者机构对具有巨大发展潜力的初创企业进行早期的直接投资，属于一种自发而又分散的投资方式。天使投资人可以分为如下几种类型：富有的个体投资者、家族型投资者、天使投资联合体、合伙人投资者。从背景来划分，天使投资人可以分为管理型投资者、辅助型投资者和获利型投资者三类。

6. 融资租赁

对于刚刚创办的企业来说，进行生产需要投入固定资产创业资金，尤其是高科技企业，固定资产设备往往昂贵，创业者没有足够的资金购买固定资产，租赁几乎是最佳的选择。即使在资金充裕的条件下，出于优化财务结构方面考虑，也可能采用租赁方式。融资租赁是一种以融资为直接目的的信用方式，表面上看是借物，而实质上是借资，以租金的方式分期偿还。该融资方式具有以下优势：不占用创业企业的银行信用额度，创业者支付第一笔租金后即可使用设备，而不必在购买设备上大量投资，这样资金就可调往最急需用钱的地方。

采用租赁有以下好处：① 租赁可以减少税负，因为租金作为成本费用，可以降低企业的所得税；② 创办阶段，由于技术人才缺乏，采用租赁可以降低维修费用，设备出租者往往是该类设备方面的专家，且向客户提供维修服务，费用很可能比自己专门雇人要低；③ 初创企业抗风险能力差，且产品的更新换代加快，采用租赁方式可以减少产品设备更新方面的风险。

双创学堂

融资性租赁与经营性租赁的区别

租赁方式主要有两种，经营性租赁和融资性租赁。经营性租赁是传统的租赁方式，出租方具有出租物的所有权，承租方只有使用权，租赁期间支付租金，租赁期满后，租赁物归出租方，这种租赁期限较短。融资性租赁期限长，租赁到期满后，租赁物归承租方或支付一定费用后归承租方。二者具有以下显著的差别。

（1）租赁程序上的差别：融资性租赁是由承租方向出租方提出正式申请，由出租方融通资金引进承租方所需的设备，然后租给承租方使用；经营性租赁是承租方可随时向出租方提出租赁资产的要求。

（2）租赁期限上的差别：融资性租赁的租赁期一般为租赁资产寿命的一半以上；经营性租赁的租赁期短，不涉及长期而固定的义务。

（3）合同约束上的差别：融资性租赁合同稳定，在租赁期内承租方必须连续支付租金，非经双方同意，中途不得退租；经营性租赁合同灵活，在合理的现值条件范围内可以解除租赁合同。

（4）租赁期满资产处置上的差别：融资性租赁的租赁期满后，租赁资产的处置有转让、退租、续租三种方法可供选择；经营性租赁的租赁期满后，租赁资产一般要归还给出租方。

（5）租赁资产维修与保养上的差别：融资性租赁在租赁期内，出租方一般不提供维修和保养设备方面的服务；经营性租赁在租赁期内由出租方提供设备的保养维修、保险等服务。

7. 其他居民个人资金

对于大部分创业者来说，由于处在起步阶段，贷款能力有限，相当一部分资金需要依赖自有资本，通常会向亲朋好友，包括亲戚、朋友、同事、同学等借钱的方式。这也是一种最简便可行的方式。

在筹集资金的过程中，创业者必须注意以下几个问题。

首先，创业者要想筹资顺利，自己必须先拥有一定量的资金，这就要求创业者首先必须具备经济观念。创业者自己必须形成储蓄习惯，具备充分储蓄习惯的人，自然就具备了偿还能力（这也就是所谓的信用基础，只有具备了这样的信誉，别人才敢借钱给你）。

其次，无论亲戚朋友给予的资金有多少，创业者在经营事业时必须保证自己拥有主导权，即保持自己应该投入最大的股权，否则创业者在企业经营过程中就会由于过多地受到他人的制约而缺乏魄力。

拓展阅读

国家对大学生创业的扶持

（1）优惠政策

凡自主创业并正常经营6个月以上的高校毕业生可申请一次性创业补助3000元；高校毕业生在见习期间，生活补助标准原则上按所在地最低工资标准发放。以上两项政策，高校毕业生可任选一项，不可同时享受。

登记失业的高校毕业生自主创业，取得营业执照并正常经营6个月以上的，可向创业所在地劳动保障机构申请一次性创业补助，补助标准每人3000元。申请创业补助资金需本人持身份证及复印件、《就业失业登记证》及复印件、高校毕业证及复印件、营业执照及复印件、填写《高校毕业生创业补助申请表》，向街道劳动保障机构提出申请，经街道劳动保障机构核实、汇总，填写《高校毕业生创业补助审核认定表》《申请创业补助人员花名册》，经人事劳动保障部门审核、财政部门复核后，将资金支付给申请者本人。

（2）大学生创业资金申领程序

高校毕业生（含大学专科、大学本科、研究生）从事个体经营的，自批准经营日起，1年内免缴个体户登记注册费、个体户管理费、经济合同示范文本工本费等。

自主创业的大学生向银行申请开业贷款担保额度最高为7万元，并享受贷款贴息。

（3）注意事项

大学生创业需要注意以下几个问题：一是要有成熟的心理准备，这样更适合创业；二是不要迷信自有创意项目，或者自己持有的专利技术或成果，而是要进行充分的市场研究；三是不要想"一口吃个胖子"，要有一个平稳的创业心态；四是尽量不要单打独斗，最好合伙创业。

三、创业资金的筹集方式

创业资金的筹措方式主要是解决通过何种方式取得资金的问题。根据筹集资金性质的不同，可将创业资金的筹集方式分为投入方式和借入方式两类，两者的区别如表6-1所示。

表6-1　投入式与借入式筹资方式的比较

	投入式筹资	借入式筹资
投资者的角色	新加入的合伙人（或股东）	债主
本金偿还义务	无偿还义务	到期必须偿还
报酬	随经营情况而定，有利润可分红，无利润则无须支付	事先约定固定金额的利息
经营风险承担	承担	不承担
对企业的控制权	按投入时的约定享有	无
典型形式	吸收直接投资	抵押贷款、典当借款、商业信用

具体而言，对于尚处于创业初期的创业者而言，可采取的创业资金筹集方式如下。

（1）吸收周边人群的直接投资：创业者可联合志同道合的朋友或者家庭成员共同合伙投资，甚至找和自己理念一致的创作伙伴，由整个创业团队的人共同筹资，分担创业经济压力，以获得足够的创业资金，支持创业项目发展下去。

（2）小额担保贷款：为了支持劳动者自主创业，国家制定了宽松的小额担保贷款优惠政策，具体措施根据各地实际情况有所不同。

（3）抵押贷款：利用房产、交通运输工具、土地承包经营权、存单、有价债券或保单来办理抵押或质押贷款。贷款到期，借款者必须如数归还，否则银行有权处理抵押物品作为补偿。

（4）利用非银行金融机构借款：信托投资公司和典当行这类金融机构借款以方便、快捷而著称，资金来源灵活广泛。

（5）利用商业信用获得短期资金周转：创业者可通过向供应商赊购商品、向采购商预收货款，或开具商业承兑票据等形式获得短期的借贷资金。其中，赊购是购买商品时不付现金，先记账，以后一次或者分为几次还款。

四、创业资金的筹集原则

（1）筹集规模适当。对创业者而言，任何方式筹来的资金均需承担资金成本。过量筹集会导致成本过高，资金不足则可能导致创业项目无法顺利开展。因此，筹资前创业者首先应合理确定资金需求量，努力提高筹资效率。数量上，应以满足最低必要资金为筹集目标，一方面保证经营运行的启动资金；另一方面避免借款过多增加负担，也避免无节制开销造成浪费。

（2）筹集条件良好。筹资先要有较好的吸收资金来源的条件。良好的筹集资金条件主要包括经营者的经营方向符合社会需要及当地自然经济条件；经营管理水平较高；经营项目的经济效益较好；经营者的形象和信誉较高；具备偿还债务能力等内容。

（3）筹集及时：适时获取资金，保证资金投放需要。

（4）来源合理：合理安排资金来源结构，保持适当的偿债能力，实现分散筹资风险、降低筹资成本的目的。利率高低是选择筹资方式的主要标准，利息支出额的大小直接影响经营者的利润，经营者要衡量各种筹资方式，必须选择利率低于预期利润率的借款。对风险较大的产品，不可轻易选择利率高的借款。

（5）方法经济：正确计算资金成本，合理确定融资渠道和方式的组合。

拓展阅读

创业寻找资金的六大方案

一、风险投资：创业者的"维生素C"

在英语中，风险投资的简称是VC，与维生素C的简称VC如出一辙，而从作用上来看，两者也有相同之处，都能提供必需的"营养"。广义的风险投资泛指一切具有高风险、高潜在收益的投资；狭义的风险投资是指以高新技术为基础，生产与经营技术密集型产品的投资。

案例：重庆江北通用机械厂从1995年开始研制生产大型氟里昂机组新产品，其具有兼容功能，并可以用其他冷冻液代替。银行对新产品一般不予贷款，重庆风险投资公司提供了100万元贷款。两年后，江北通用机械厂新产品销售额达7000万元。

二、天使投资：创业者的"婴儿奶粉"

天使投资是一种非组织化的创业投资形式，其资金来源大多是民间资本，而非专业的风险投资商；天使投资的门槛较低，有时即便是一个创业构思，只要有发展潜力，就能获得资金，而风险投资商一般对这些尚未诞生或嗷嗷待哺的"婴儿"兴趣不大。

"天使"指的是企业家的第一批投资人，这些投资人在公司产品和业务成型之前就把资金投入进来。对刚起步的创业者来说，既吃不了银行贷款的"大米饭"，又沾不了风险投资"维生素"的光，这种情况下，只能靠天使投资的"婴儿奶粉"来吸收营养并茁壮成长。

案例：牛根生在伊利任职期间，因为订制包装制品时与谢秋旭成为好友，当牛根生自立门户之时，谢秋旭作为一个印刷商人，慷慨地掏出现金注入初创期的蒙牛，并将其中的大部分股权以"谢氏信托"的方式"无偿"赠予蒙牛的管理层、雇员及其他受益人，而不参与蒙牛的任何管理和发展安排。最终谢秋旭也收获不菲，380万元的投入如今已变成10亿元。

三、创新基金：创业者的"营养餐"

近年来，我国科技型中小企业的发展势头迅猛，已经成为国家经济发展新的重要增长点。同样，这些处于创业初期的企业在融资方面所面临的迫切要求和融资困难的矛盾，也成为政府致力解决的重要问题。鉴于此，中华人民共和国科学技术部、财政部联合建立并启动了以政府支持为主的科技型中小企业技术创新基金，以帮助中小企业走出融资困境。创新基金已经越来越多地成为科技型中小企业融资可口的"营养餐"。

案例：兰州大成自动化工程有限公司自运行一年来，主要进行产品开发，几乎没有收入，虽然技术的开发有了很大的进展，但资金的短缺越来越突出。当时正值科技型中小企业技术创新基金启动，企业得知后选择具有国际先进水平的"铁路车站全电子智能化控制系列模块的研究开发与转化"项目申报创新基金。为此，他们进一步加快了研发的进度，于1999年12月通过了原中华人民共和国铁道部的技术审查，取得了阶段性的成果。正因为企业有良好的技术基础，于2000年得到了创新基金100万元的资助，它不仅起到了雪中送炭的作用，而且起到了引导资金的作用。

四、中小企业担保贷款：创业者的"安神汤"

一方面，中小企业融资难，大量企业"嗷嗷待哺"；另一方面，银行资金缺乏出路，四处出击，却不愿意贷给中小企业。究其原因主要在于，银行认为为中小企业发放贷款，风险难以防范。然而，随着国家政策和有关部门的大力扶植及担保贷款数量的激增，中小企业担保贷款必将成为中小企业另一条有效的融资之路，为创业者"安神补脑"。

案例：上海一家高科技公司属国内一流的灯光景观建设企业，开发了数十项产品。在强大的科技研发能力支持下，该公司业务发展迅速，与之相伴而行的则是资金困境。企业资金回笼速度慢，又由于公司规模较小，缺乏与银行合作的信用记录，获得银行融资困难重重。

2005年底，该企业得到中国投资担保有限公司的提供保证担保的80万元流动资金贷款，由此，该公司在接下去的两年取得了快速发展，2007年6月至7月，该公司先后中标2008年北京奥运场馆照明工程合同。

五、政府基金：创业者的"免费皇粮"

近年来，政府充分意识到中小企业在国民经济中的重要地位，尤其是各省市地方政府，为了增强自己的竞争力，不断采取各种方式扶持科技含量高的产业或优势产业。为此，各级政府相继设立了一些政府基金予以支持。这对于拥有一技之长又有志于创业的诸多科技人员，特别是归国留学人员来说，是一个很好的吃"免费皇粮"的机会。

案例：2001年，在澳大利亚度过了14年留学和工作生涯的施正荣博士带着自己十多年的科研成果回到家乡无锡创业。当无锡市有关领导得知施正荣的名声和他的太阳能晶硅电池科研成果在国内还是空白时，立即拍板要扶持科学家做老板。在市经济贸易委员会的牵头下，无锡市政府联合当地几家大国企投资800万元，组建了无锡尚德太阳能电力有限公司（简称尚德公司）。有了政府资金的鼎力支持，尚德公司有了跨越式发展，仅三年时间销售额已经过亿元。

六、典当融资：创业者的"速泡面"

风险投资虽是天上掉馅饼的美事，但只是一小部分精英型创业者的"特权"；银行的大门虽然敞开，但有一定的门槛。"急事告贷，典当最快"，典当的主要作用就是救急。与作为主流融资渠道的银行贷款相比，典当融资虽只起着拾遗补缺、调余济需的作用，但由于能在短时间内为融资者争取到更多的资金，因而被形象地比喻为"速泡面"。

案例： 周先生是一位通信设备代理商，前段时间争取到了一款品牌新手机的代理权，可是问题在于要在三天内付清货款才能拿货，而他的资金投资在另一个商业项目上。周先生脑子转到了自己的那辆"宝马"车上，于是，他马上开车来到典当行。业务员了解情况后告诉他：当天就可以办理典当拿到资金。他立即着手办理，交纳相关证件、填表、把车开到指定仓库、签合同、领当金。不到半天，周先生就拿到了急需的50万元，一个月后来赎当，这笔当金帮他赚了近10万元。

任务6.2 招募员工

一、创业初期员工招募

创业初期员工招募工作的主要目的是宣传组织形象，扩大组织在劳动力市场中的影响力，尽量把组织所需的潜在员工吸引过来，同时，达到劳动力供需双方信息的充分交流与沟通，顺利达成交易的目的。

招募员工

1. 员工招募需求确定流程

如图6-2所示，在创业初期，招聘需求应遵循如下流程加以确定。

列明哪些工作核心团队无法完成 → 详细列明雇员所需技能和要求 → 决定每项工作所需人数 → 确定人员筛选标准

图6-2 | 创业初期员工招募需求确定流程

（1）把该做的工作列出来，明确哪些工作创业核心团队做不了，即识别出哪些工作（或岗位）空缺，需要招募雇员。

（2）详细列明雇员所需技能和要求。分析空缺岗位的性质、任务、职责、劳动条件和环境，以及职工承担本岗位任务应具备的资格条件。

（3）决定每项工作所需人数。考虑到这个阶段业务发展的实际需要及企业拥有的实际资源，在经济性原则的指导下，避免招募人数过少引起的工作效率低现象，以及人数过多时带来的重复劳动、推诿等职责不明的现象。

（4）确定人员筛选标准。标准可以包括筛选简历时的标准、电话约人标准、初试筛选标准等。对于创业初期的企业而言，在确定筛选人员标准时，可以将有无创业经历或想法等作为参考条件；尽量避免招募远程办公的员工，因为文化始终需要靠人来传播，必须保证每个人都在同一个地方工作。

2. 制订招募决策

招募决策是创业者针对企业的员工招聘所制订出的一套决策过程，包括招聘流程、各个岗位的要求、相关表格的制作和评审标准。此决策应在对如下问题进行调研的基础上展开。

（1）未来3~5年企业的发展趋势是什么？行业发展趋势是什么？

（2）企业的发展战略是什么？该战略需要什么样的技术和人才做支撑？

（3）为实现未来发展战略，企业需要什么样的人才结构和梯度配备？

（4）目前企业的员工结构及其状况是什么样的？他们与企业的人才、员工要求相比较还存在什么差距？是哪些方面的差距？差距有多大？

（5）本行业劳动力市场供求状况如何？本企业员工的流动状况如何？

（6）企业的晋升制度如何？是否看好并一贯实施内部晋升？

在对上述问题进行调研的基础上，创业者应明确制订出招募决策，该决策的主要内容应包括如下问题。

（1）哪些岗位需要招募人员？招募多少人？

（2）每个岗位的人员任职资格是什么？

（3）什么时候发布招募信息？采取何种招募渠道？

（4）如何进行人员测试？甄选的依据是什么？怎么甄选？

（5）录用决策的依据是什么？测试结果起什么作用？谁来判断是否合适？谁来决定是否录用？

（6）招募费用是多少？

（7）招募的截止日期是什么时候？

（8）新录用人员何时报到并开始工作？

基于对这些问题的分析，创业者再设计出详细的、适合本创业项目特点的招聘流程、招聘方式、各个岗位的要求、相关表格的制作和评审标准。

3. 选择招募方式

一些较成功的创业公司都在花比一般人想象中更长的时间用来找到合适的招聘方式与

渠道。创业公司可以采取下列招募方式。

（1）校招

尽管与大公司相比，创业公司没有优势，但是可以找大公司看不到的盲点。例如，给一些有不错潜质但是成绩并不那么突出的学生实习机会，并且给予足够的成长空间。百度刚创业的时候，校招是主力，百度副总裁李明远就是2004年以实习生身份加入百度的。

（2）员工推荐

在员工认为公司有希望、有机会的前提下，鼓励员工推荐自己的朋友、前同事，甚至是有能力的亲戚。对于一些创业公司而言，员工推荐是非常主要的人才渠道，甚至比招聘网站的质量还要高。

（3）影响力建设

影响力建设是一种很好的招募方式，例如，微博招聘好，那就先做微博的影响力。影响力怎么做？先要有分享精神及分享能力。

拓展阅读

内部员工推荐招聘模式

对于创业公司的创始人而言，在创业初期招聘到优秀员工至关重要，因为后招聘进来的员工主要来自早期招聘进来的优秀员工的关系网。

很多创业公司都会采用内部员工推荐的方式招聘新员工。传统的内部员工推荐招聘方式大致是这样的：公司的部分员工大概知道公司有什么空缺职位，也大概知道自己的关系网中可能适合这一职位的人选，然而他们只是在工作之余才会偶尔想想在自己的关系网中为公司物色合适的岗位人选，指望他们在这方面投入太多精力也是不可能的，毕竟每个员工都有自己的正事要干。这种员工推荐的招聘方式虽然也能够为公司招聘员工，但员工关系网中很多优秀的潜在招聘对象却很难从中浮现出来。

那么什么样的员工推荐招聘方式才能更好地帮助公司从员工的关系网中招聘到优秀的人才呢？答案是：积极主动的内部员工推荐招聘模式。

积极主动的内部员工推荐招聘方法的关键在于选择一位员工来专门负责内部员工推荐招聘工作，这位专员的主要工作内容有以下三项。

一是积极挖掘和汇总公司内部员工的关系网。

二是从员工那里了解员工关系网里的朋友的详细情况，如能否胜任公司空缺职位和现在是否想跳槽等。

三是与从员工关系网中筛选出来的潜在招聘对象沟通招聘事宜。

二、甄选员工

甄选是从职位申请者中选出组织需要的最合适的人员的过程，是招聘管理中技术性最强、难度最大的阶段。

1. 员工甄选的内容

一般而言，员工甄选可从以下三个方面进行。

（1）应聘者能做什么

首先应甄别清楚应聘者能力水平的高低。主要围绕三大问题展开甄别：① 申请人是否有能力做好这项工作？这些能力如何表现出来？② 申请人是否具有某些特殊技能？③ 申请人是否有潜力在公司内发展？

（2）应聘者愿做什么

主要目的在于判断应聘者的工作动机，进而预测将来其能否投入性地工作及在本组织工作的稳定性。主要围绕下列问题展开甄别：① 申请人对该项工作是否真的有兴趣？② 申请人为什么愿意来公司工作？③ 申请人是否能在公司长期干下去？④ 申请人过去的工作经历能否说明他的稳定性？⑤ 申请人是否能够一心一意地为公司工作？

（3）应聘者是否合适招募的岗位

主要用于判断应聘者能否胜任岗位需求，能否融入现有团队。主要围绕下列问题展开甄别：① 申请人的能力和知识是否适应将来的工作要求？② 申请人的个性特点是否适合该工作和工作环境？③ 申请人是否能适应公司的文化氛围？④ 申请人是否能被他的同事或下属接纳？

2. 员工甄选的注意事项

（1）人才定位要准确

每个企业（包括一流的大公司）对于人才的需求也绝不仅限于所谓一流人才。在招聘过程中要讲究人员的适岗性，不能使"人才"定位脱离企业的实际。人员能力达不到企业要求自然不必考虑，但是如果人才定位过高，形成"大材小用"的局面，在商场如战场的高强度竞争形势下，有可能会因为关键时刻人才的流失而贻误商机，降低企业的核心竞争力。

（2）发展潜力要与公司要求相适应

所谓的发展潜力和发展空间通常与人的适应力、学习力、悟性等有很大的关系，能够与企业发展保持同步增长的人才是企业首先应该考虑的对象。志向、抱负非常远大的人可能会因为企业暂时达不到其内心期望而很快远走高飞，所以超前或滞后于企业太多的人都不是企业理想的选择对象。

（3）建立"留用率"的概念

企业在对招聘工作进行总结时一般会涉及招聘效率这一项，其实效率很重要，但最重要的是留用率，没有留用率，一切过程效果都为零。但是人力资源从事者不必感到委屈，因为员工离职的责任并不单纯由人力资源部门承担。

（4）切记招聘是高成本工作

招聘成本不仅局限于招聘费用、招聘人员的人力成本，还有无形成本的付出，包括对新进人员的培训、新进人员工作效率低下造成的损失等。如果新进人员工作不久就离职，那更会造成双倍的经济损失，重则还有可能造成商业机密的泄露等一系列严重后果。所以招聘人员对待这项工作一定要慎之又慎。

（5）利用科学方法提高招聘的有效性

为了避免招聘成果付之东流，一定要提高招聘过程的科学性，如建立员工素质测评标准体系，采用胜任素质模型和结构化面试等科学方法，同时加强对面试官的培训，建立科学、合理的评分标准，从根本上提高招聘的成功率和准确率。

拓展阅读

员工离职责任的划分

员工离职的责任并不单纯由人力资源部门承担，可以做如下划分。

（1）新进员工试用期离职，招聘者负主要责任。

（2）员工3～6个月离职的，直接上司负主要责任。

（3）员工6～12个月离职的，部门经理与上司共同承担责任。

（4）员工工作满1年后离职的，老板及部门经理共同承担责任。

（5）员工工作满3年离职的，老板负主要责任。

三、录用员工

员工的录用工作不仅在于发放录用通知，更多的内容在于新人上岗引导、新员工培训和访查等，其核心目的是帮助新员工适应工作岗位，尽快熟悉和驾驭工作内容。一般而言，员工录用工作的流程由背景调查→体检→做出录用决策→通知应聘者→签订试用合同或聘用合同五大环节组成。

1. 背景调查

背景调查通常是用人单位通过第三方人员对应聘者的情况进行了解和验证。如果没有仔细地考核所选定求职者的背景材料，创业者通常不会放心地将工作交给应聘者，尤其是涉及企业切身利益的职位，对于背景资料的核实就越发重要。

这里的第三方人员主要指应聘者原来的雇主、同事及其他了解应聘者的人员，或者是能够验证应聘者提供资料准确性的机构和个人。背景调查的内容通常是调查应聘者的工作经历、学历、从业许可是否属实，信用状况是否良好，是否有犯罪记录等。

2. 体检

体检的目的在于如下三个方面：① 确定求职者是否符合空缺职位的身体要求，发现为求职者安排工作时应当考虑的体格局限因素；② 建立求职者健康记录，以服务于未来保险或雇员的赔偿要求；③ 通过确定健康状况，可以降低缺勤率和事故。

3. 做出录用决策

在做出录用决策前，创业者对应聘者需要进行两种比较：一是候选人之间的比较；二是候选人与招募标准之间的比较。

需要注意的是，当候选人素质差不多时，还应考虑如下问题。

（1）重在考虑候选人的核心技能和潜在工作能力。

（2）在候选人工作能力基本相同时，优先考虑其工作动机。

（3）不用超过任职资格条件过高的人。

（4）当对候选人缺乏足够信心时，不能将就。

（5）尽量减少做出录用决策的人，以免难以协调不同意见。

（6）如仍无法选定，可再做一次测试。

4. 通知应聘者

对于决定录用的人员，应及时采用书面或电话等形式通知应聘者欢迎其加入的信息，以防相关人员为其他企业所录用。

5. 签订试用合同或聘用合同

根据《劳动合同法》第八十二条规定，用人单位自用工之日起超过一个月不满一年未与劳动者订立书面劳动合同的，应当向劳动者每月支付两倍的工资。根据《劳动合同法》第十四条规定，用人单位自用工之日起满一年不与劳动者订立书面劳动合同的，视为用人单位与劳动者已订立无固定期劳动合同。因此，在做出录用员工的决定后，应尽快与之签订相关合同。

双创学堂

聘用合同的内容

（1）被聘任者的职责、权限、任务。

（2）被聘任者的经济收入、保险、福利待遇等。

（3）试用期、聘用期限。

（4）聘用合同变更的条件及违反合同时双方应承担的责任。

（5）双方认为需要规定的其他事项。

（6）做出遵守规章和保护公司秘密、知识产权的承诺，并签订连带责任保证书。

任务6.3　获取技术资源

一、技术资源的获取方式

在创业初期，创业技术是最关键的资源之一，它是决定所需创业资本的大小、创业产品的市场竞争力和获利能力的根本因素。创业项目主要可以采用如下五种获取技术资源的方式。

技术资源的获取途径

1. 吸引技术持有者加入创业团队

在此种创业技术资源获取方式之下，技术持有者以技术入股，成为创业团队成员。购买技术专利同时雇佣专利的原有持有人。技术的发明者是最熟悉该技术的人，将其雇佣成为创业项目的员工，能够节省培训费用，同时能更好地发挥技术的进一步开发和创新。创业者通过与技术持有人合伙的方式，充分体现了组建创业团队需能力互补的原则。此种方式的优点在于随着技术持有者的加入，创业项目能以最快的速度引入最关键的技术资源；但这种方式也存在一定的弊端，诸如创业项目受技术持有者是否愿意加盟的影响、创业者对创业项目控制权下降等。

2. 与科研院所合作，取得技术资源

做成功企业的核心是要有好的产品，而企业的产品必须做到专业化，这非常重要。要做到产品专一，在同一领域内做到最专，技术上要一直领先。一个企业（特别是中小企业）没有实力一直保持这样的技术优势，该如何突破这个发展瓶颈呢？企业可以整合企业之外的技术资源，尽可能地与科研院所、大专院校合作，因为那里有技术上的前沿人才，而且科研院所、大专院校的人才也很愿意把自己的技术资源转化为产品，实现技术成果的转化。

3. 购买他人的成熟技术

购买他人的成熟技术，并进行技术市场寿命分析。通过购买他人的成熟技术，创业项目可大大节约时间，在对技术进行市场寿命分析的基础上，可直接进入量产阶段，有利于创业者及时抓住商机。

4. 购买他人的前景型技术

购买他人的前景型技术，再通过后续的完善开发，使之达到商业化要求。前景型技术

相对于成熟技术而言，企业购买的成本较小。企业可以在购买后，根据自身的实际情况进行后续的研发，从而提升技术的应用价值，为企业带来效益。

5. 独立研发新技术

自行研发新技术能保证现有创业团队对技术的绝对占有权和团队对创业经营活动的控制权，但在这种方式下，创业者只能依靠自己拥有的创新资源，需要面临的是漫长的开发周期，而创业者需要为此承担较大的资金压力及巨大的开发风险，甚至于未知的市场风险。

拓展阅读

资源整合经典案例

蒙牛的快速发展就与资源整合密不可分。蒙牛集团的创立者牛根生当年创业时，也跟很多人一样，缺一少十，可是蒙牛却跑出了火箭一般的速度：他整合工厂，整合政府农村扶贫工程，整合农村信用社资金。没运输车，整合个体户投资买车；没宿舍，整合政府出地，银行出钱，员工分期贷款。这样，农民用信用贷款买牛，蒙牛用品牌担保农民生产出的牛奶包销，蒙牛一分钱没花，整个北方地区300万农民都在为蒙牛养牛。

任何企业家或个体能占用和支配的资源都是有限的。要实现自己的发展目标，需要利用自己能够占用和支配的资源与他人交换自己所需的资源，同时让对方也得到他想要的资源，这就是整合资源的重要法则。不明白这个道理，在整合过程中就会遇到障碍，甚至陷入山穷水尽的境地，难以实现自己的目标。

二、技术获取的选择依据

技术获取方式的选择应站在整个创业项目整体的角度，在分析初创企业内外部环境的基础上，综合从技术的特性方面及本创业团队的优势和能力角度加以选择。从实践来看，创业者可从技术特性、企业特性和环境特性来三个方面来加以考察。

1. 技术特性

（1）技术的生命周期。在技术生命周期初期，由于这个时候风险较大且投入较大，对于一般弱小的初创企业而言，无力承担高额的自主研发成本，因此采用合作研发是比较适宜的方法。在技术生命周期早期，由于新技术的市场前景存在着很大的不确定性，从而使得交易定价变得非常困难；但同时这个阶段也蕴含着大量潜在的机会，企业一旦把握住，就可以获得巨大的利益，因此在这个时期，有一定研发基础的初创企业更倾向于采用内部研发。在技术生命周期后期，意味着该技术已经相当成熟，此时企业再进行内部研发的意义不是很大，外部购买将是一种比较适宜的技术获取方式。在技术生命周期的最一开始，企业是倾向于采用内部研发的方式，而在中期则更倾向于合作研发，在后期外部技术购买将是企业的首选方式。概括而言，技术生命周期的阶段越靠后，企业越倾向于采用外部购买的技术获取方式。

（2）研发成本。一方面，高昂的技术研发成本就意味着企业要投入大量的资金，另一方面，高昂的研发成本也会给新创企业带来巨大的开发风险。因此，技术的研发成本越高，新创企业应越倾向于采用合作研发或外部购买的技术获取方式。

（3）技术的不确定性。技术的不确定性主要是指技术取得商业成功的可能性。不确定性越高，也就意味着技术的风险越大，新创企业应越倾向于采用合作研发或外部购买的技术获取方式。

2. 企业特性

（1）新企业的技术创新能力。本企业的技术储备越多，能使用的研发设施越好，研发人员素质越高，则它从外部获取技术的需求就会越少。特别是在一个全新的行业或技术领域里，技术创新资源越充足，越不需要从外部获取技术。企业的技术创新能力越强，新创企业越倾向于采用更多依靠自身研发力量的内部研发或合作研发的技术获取方式。

（2）企业对技术的需求迫切度。企业对新技术的需求越迫切，则时间就越为重要，内部研发和合作研发在时间上没有确定性，而外部购买则迅速方便。企业对新技术的需求迫切度越高，新创企业越倾向于采用外部购买的技术获取方式。

（3）社会关系网络。社会关系网络是获取资源的重要渠道。创业者（团队）的社会关系越广，则其获取外部资源的可能性就越大，从而对新企业成长所需的技术资源就越有保证，成长绩效越好。因此，企业的外部社会关系网络越丰富，新企业越可能倾向考虑合作研发或外部购买的技术获取方式。

3. 环境特性

（1）市场竞争强度。市场竞争强度是指企业所面临的外部环境敌意，以及企业因为资源有限在面对环境敌意时所可能面临的生存威胁。市场竞争越激烈，企业越重视其拥有的核心技术，并且希望其核心竞争力不被外界所拥有，此时，新企业应越倾向于内部研发的技术获取方式。

双创学堂

市场竞争激烈程度的衡量

市场竞争激烈程度可以通过目标市场的竞争者多寡、新的或改良产品的数量多少、价格竞争的激烈程度这三个指标来衡量。

（2）技术独占性。独占性是用对各种不同知识的保护程度来衡量的，如对专利、商业秘密、特殊的工艺及其他一些重要知识的保护力度。企业总是希望可以学习到其他企业的特有知识，而在独占性很强的情况下，知识的溢出相对就较少。要实现这个目标，就只有和其他的企业进行合作开发，在合作的过程中达到"获取合作伙伴的隐性知识"。政府对专利保护越严格，企业越倾向于用内部研发或合作研发的技术获取方式。

（3）政府相关政策。政府的相关政策支持某一技术获取方式，则会给用该技术获取方式获取技术的企业带来额外收益。创业者（团队）应主动搜集相关政策信息，尽量采用政府鼓励的技术获取方式。

拓展阅读

开放式创新

开放式创新思维最早建立在企业拥有广泛技术基础上，通过向发明技术的公司提供一笔费用就可以方便地使用新技术。1999年，宝洁公司通过Connect & Develop的项目，将研发工作延伸至企业外部。这也就意味着很多技术研发人员可以通过这种开放的活动参与技术创新，并获得客观的酬金。

在互联网技术的支持下，开放式创新现在已经"平台化"运作。国外比较著名的开放式创新平台有Open Innovation、Ninesigma、YourEncore等，国内主要是海尔开放创新平台HOPE、橡胶谷的众研网等。在这些平台上，技术创业者可以发布并展示自己的技术，更快地找到合适的需求方；企业可以发布技术需求项目，征集多个解决方案，从中选择最优者。

技术初创企业如果可以利用好这类平台，将会受益匪浅。例如，一位在国外家电行业从事13年研发工作的工程师，通过海尔开放创新平台知晓新空调研发的人才需求，经谈判成为海尔集团的技术供应商，并且以新注册公司的身份在海尔空调研发实验室里工作。技术创业者还可以在开放创新平台上将自己的核心技术展示出来，也可以为大企业研发新的相关技术等。

复习思考题

一、名词解释

创业资金、预备金、筹资方式、筹资原则、员工招募、员工甄选、录用员工、

技术资源

二、选择题

1. 创业资金需求量主要包括（　　　）。

    A. 一次性投入、预备金

    B. 一次性投入、日常运营投入、预备金

    C. 日常运营投入、预备金

    D. 一次性投入、日常经营投入

2. 在估算创业资金需求量中的流动资金需求量时，流动资金量应至少保证（　　　）的使用。

    A. 一个月　　　　　　　　　B. 三个月

    C. 三到六个月　　　　　　　D. 一年

3. 创业者在进行筹资之初即应首先明确（　　　）。

    A. 一次性投入　　　　　　　B. 日常运营投入

    C. 预备金　　　　　　　　　D. 创业资金需求量

4. 大多数创业者使用的首选筹资渠道是（　　　）。

    A. 自有资金　　　　　　　　B. 信贷资金

    C. 政府扶持资金　　　　　　D. 非银行金融机构资金

5. 银行仅凭对借款人资信的信任而发放的贷款，借款人无须向银行提供抵押物品的贷款方式是（　　　）。

    A. 抵押贷款　　　　　　　　B. 信用贷款

    C. 担保贷款　　　　　　　　D. 贴现贷款

6. 借款人向银行提供一定的抵押物品作为物品保证的贷款方式是（　　　）。

    A. 抵押贷款　　　　　　　　B. 典当借款

    C. 吸收直接投资　　　　　　D. 商业信用

7. （　　　）是权益资本投资的一种形式，指具有一定净财富的个人或者机构，对具有巨大发展潜力的初创企业进行早期的直接投资，属于一种自发而又分散的投资方式。

    A. 非银行金融机构资金　　　B. 融资租赁

    C. 天使投资人投资　　　　　D. 商业信用

8. "筹资前创业者首先应合理确定资金需求量，努力提高筹资效率"体现了筹资原则中的（　　　）。

    A. 规模适当　　　　　　　　B. 来源合理

    C. 方法经济　　　　　　　　D. 筹措及时

9. "正确计算资金成本，合理确定融资渠道和方式的组合"体现了筹资原则中的（　　　）。

    A. 规模适当　　　　　　　B. 来源合理

    C. 方法经济　　　　　　　D. 筹措及时

10. 以下不属于创业期员工招募工作的主要目的的是（　　　）。

    A. 宣传组织形象

    B. 扩大组织在劳动力市场中的影响力

    C. 尽量把组织所需的潜在员工吸引过来

    D. 提升招聘技能

三、判断题

1. 筹资过多不仅可能造成资金闲置浪费，增加融资成本，也可能导致企业负债过多，偿还困难，增加经营风险。（　　　）

2. 在筹集资金时，能筹到的资金量越大越好。（　　　）

3. 创业者可联合朋友或者家庭成员共同合伙投资，不需要具有共同的经营理念。（　　　）

4. 创业者可通过向供应商赊购商品、向采购商预收货款、开具商业承兑票据的形式获得短期的借贷资金。（　　　）

5. 在筹集创业资金的过程中，要保证适时获取资金，保证资金投放需要。（　　　）

6. 招募决策是创业者针对企业的员工招聘所制订出的一套决策过程，包括招聘流程、各个岗位的要求、相关表格的制作和评审标准。（　　　）

7. 员工甄选首先应甄别清楚应聘者能力水平的高低。（　　　）

8. 在做出录用决策前，创业者对应聘者需要进行两种比较：一是候选人之间的比较；二是候选人与招募标准之间的比较。（　　　）

9. 员工的录用工作就是发放录用通知。（　　　）

10. 在创业初期，创业技术是决定所需创业资本的大小、创业产品的市场竞争力和获利能力的根本因素。（　　　）

四、技能训练

结合自己的专业初步选定一个创业项目，思考一下：该创业项目需要准备些什么？该创业项目的资金需求量要多少？该创业项目可能面临哪些风险因素及如何进行应对？

项目7

办理新企业开办手续

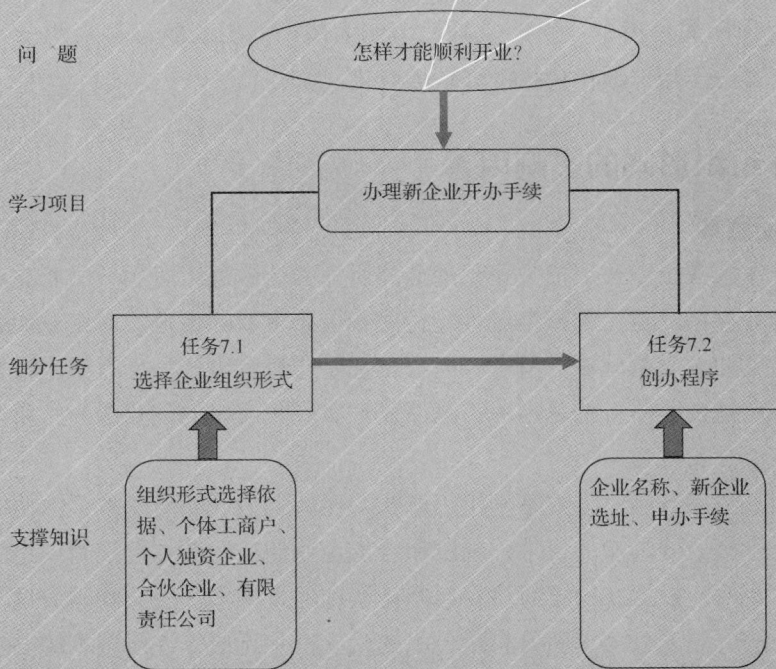

| 问　题 | 怎样才能顺利开业？ |

学习项目　　办理新企业开办手续

细分任务

| 任务7.1 | 任务7.2 |
| 选择企业组织形式 | 创办程序 |

支撑知识

组织形式选择依据、个体工商户、个人独资企业、合伙企业、有限责任公司

企业名称、新企业选址、申办手续

项目7 | 知识（技能）框架图

知识目标

- 掌握新创业企业的不同组织形式
- 了解创业企业名称设计的一般规律
- 熟悉创业企业选址的策略与步骤
- 掌握新创业企业登记注册时的相关手续

技能目标

- 能针对新创企业的实际情况选择合适的企业组织形式
- 能根据企业名称设计的要求设计出适合的企业名称
- 能针对不同类型企业设计出相应登记注册时的操作步骤

任务7.1　选择企业组织形式

根据我国现行法律、法规规定，企业要参与市场经济活动，首先必须取得合格的市场主体资格。而取得合格的市场主体资格的唯一途径就是通过工商登记注册。因此，如何进行工商登记注册，以确保工商登记的合法性和市场主体的合格性，是每一位创业者应当熟悉的问题。

创业者要结合自己的创业设想和相关具体情况，为自己的企业选择一个法律类型，以体现企业的市场主体地位，便于开展企业的经营管理活动，也就是选择合理的企业组织形式。企业组织形式是指企业财产及其社会化大生产的组织状态，表明一家企业的财产构成、内部分工协作与外部社会经济联系的方式。

一、选择组织形式的影响因素

1. 注册资本

注册资本为在企业登记机关登记的全体所有者认缴的出资额。由所有者出资构成的企业资本在企业存在及营运的整个过程中扮演着极其重要的角色。对企业而言，它是企业得以营运和发展的物质基础；对所有者而言，它是所有者出资和享有相应权益的体现；对债权人而言，它是企业债务的总担保，是债权人实现其债权的重要保障。所以，研究企业注册资本有着重要的意义。

我国相关法律条例对设立不同组织形式的企业、最低注册资本金的要求都有所不同。个体工商户没有最低限额的要求；独资和合伙企业的注册资本也没有规定的限制；若选择成立公司制企业，根据2014年3月1日起修订实施的《中华人民共和国公司法》规定，对于有限责任公司、一人公司、股份有限公司的设立，并无最低注册资本的要求，即完全由公司股东或者发起人自行确定公司注册资本的数额，彻底改变了在我国沿用近20年的公司法定资本制。

新法在极大程度上有效鼓励了投资者选择公司形式进行创业的热情，然而作为大学生，考虑到创业初期资金的有限性，在法律框架下，注册资本大小也是影响其创业组织形式选择的第一要素。

2. 申办手续的难易

相对于创办公司制企业而言，个体工商户、个人独资企业和合伙企业的申办手续简单，费用较低。

3. 业主责任风险

业主需承担的责任风险的大小也是在选择企业组织形式时要考虑的重要影响因素之一，选择创办个体工商户和个人独资企业就需要面对承担无限责任的风险，合伙企业的合伙人需对外承担无限连带责任，而成立公司制企业则以出资额为限承担有限责任。

4. 寻求贷款的难易

以前，相对于创办公司制企业，个体工商户、个人独资企业和合伙企业较难获得银行大额贷款，融资困难。

当前，以消费升级推动、技术创新驱动、大众创业催生、国家政策助力为特征的小微企业发展成为新常态。

新常态下，一方面，随着金融改革与开放的不断深化，商业银行、民营银行、社区银行及小额贷款公司、村镇银行等新型金融机构将实现迅猛发展，全方位竞争的格局将逐步形成；另一方面，随着金融业的不断开放及信息技术的快速进步，信托融资、金融租赁、消费金融等创新金融服务模式和P2P贷款、众筹融资等互联网金融方式迅猛发展，小微企业的金融服务渠道与方式不断丰富，金融交易的成本和信息不对称程度大大降低，供需双方的资源配置效率显著提高，这对改变传统小微企业融资困难的困境带来了巨大的推动力。

5. 寻找合伙人的可能性

如果没有足够的启动资金，或者缺乏技术支持、经营管理能力等，寻找合伙人是解决这些难题的最好办法。通过寻找合适的合伙人，可以形成能力互补，助力创业项目的成功。因此，是否有寻找合伙人的可能性也是创业之初在选择企业组织形式时需要考虑的重要问题。

二、企业组织形式的类型

准备创业时，要选择恰当的企业组织形式，因为这直接决定企业的法律地位和风险责任范围。我国常见的企业组织形式通常包括股份有限公司、有限责任公司、外资企业、中外合资企业、中外合作企业、乡镇企

如何选择组织形式？

业、股份合作制企业、合伙企业、个人独资企业、个体工商户、农村承包经营户等。在选择企业的组织形式和注册企业时可以咨询意见或寻求律师帮助，既要考虑企业规模、业务特点，也要考虑创业者的价值观念。

通常，大学生在创业时会选择的组织形式是个体工商户、个人独资企业、合伙企业和有限责任公司。

1. 个体工商户

个体工商户是指生产资料归劳动者个人所有，以个人的劳动为基础，劳动成果由劳动者个人占有和支配的市场经营主体。

（1）个体工商户的设立条件

① 有经营能力的公民，自然人或以个人为单位，或以家庭为单位从事工商业经营，均为个体工商户。

② 经营范围不属于法律、行政法规禁止进入的行业，经营范围包含在国家法律和政策允许范围内的工业、手工业、建筑业、交通运输业、商业、餐饮业、服务业和修理业等。

（2）个体工商户的优劣势

个体工商户的优势如下。

① 对注册资金实行申报制，没有最低限额基本要求。

② 注册手续简单，费用低。

③ 税收负担轻。

个体工商户的劣势如下。

① 具有一定风险性，由个人经营的，以其个人资产对企业债务承担无限责任，由家庭经营的，以家庭财产对企业债务承担无限责任。

双创学堂

无限责任

无限责任是指以所有债务额为限来承担债务责任，承担的顺序为先用企业资产承担，不足部分用出资人的其他财产来承担，比如出资人的个人财产。

② 信誉较低，很难获得银行大额贷款。

③ 经营规模小，发展速度慢。

④ 管理不规范，单个业主需要对经营管理的各个方面做出决策，因此企业管理的专业化程度很低。

2. 个人独资企业

个人独资企业是指依照《个人独资企业法》在中国境内设立的，由一个自然人投资，财产为投资人个人所有，投资人以其个人财产对企业债务承担无限责任的经营实体。

（1）个人独资企业的设立条件

① 投资人为一个自然人，自然人之外的法人、其他组织不能投资设立。

② 有合法的企业名称。

③ 有投资人申报的出资，《个人独资企业法》对设立个人独资企业的出资额未做限制，申报的出资额应当与创办企业的生产经营范围、规模相适应。

④ 有固定的生产经营场所和必要的生产经营条件，固定的生产经营场所是指企业的主要办事机构所在地，是企业的法定地址。

（2）个人独资企业的优劣势

个人独资企业的优势如下。

① 注册手续简单，费用低。

② 决策自主。

③ 税收负担较轻，不需要双重纳税，不需要缴纳企业所得税，只需要缴纳个人所得税。

④ 注册资金随意。

个人独资企业的劣势如下。

① 个人资金有限，融资困难。

② 只能是无限责任企业。

③ 可持续性低，企业的寿命有限，如果业主死亡、破产、犯罪或转行，都可能导致企业的关闭。

④ 专业化管理程度低。

3. 合伙企业

合伙企业是指按照《合伙企业法》在中国境内设立的，由两个或两个以上民事主体订立合伙协议，共同出资、合伙经营、共享收益、共担风险，并对合伙企业债务承担无限连带责任的组织。《合伙企业法》规定，企业不具有法人地位。所谓民事主体是指自然人、企业法人或其他组织机构。不具有法人地位是指企业的债务不仅要以企业的全部财产承担责任，合伙人在企业财产不足的情况下需以其个人财产来偿还债务，并且任何一个合伙人都有义务清偿全部合伙债务。

合伙企业的注册资金不做规定，但应满足经营的需求，合伙出资的形式比较灵活，既可以是现金、实物、土地使用权、知识产权，也可以是劳务、技术、管理等方式出资，但需其他合伙人认可。

合伙企业以企业合伙协议约束企业、人员的行为，可以在法律允许的范围内从事多种项目的经营，也可以设立分支机构。

合伙企业的盈利可按合伙人的出资比例分配，也可按预先约定比例分配。

（1）合伙企业的设立条件

① 合伙人应当为两个或两个以上的具有完全民事行为能力的人。

② 合伙企业必须有书面合伙协议，并以合伙协议作为其法律基础。

③ 有各合伙人实际缴付的出资。

④ 有合伙企业的名称、经营场所和从事合伙经营的其他必要条件。

（2）合伙企业的优劣势

合伙企业的优势如下。

① 注册手续简便，费用低。

② 资本量和管理水平等较之个人独资企业有所增强。

③ 税收较低。

合伙企业的劣势如下。

① 无限连带责任，即合伙人在企业财产不足的情况下需要以其个人财产来偿还债务，并且任何一个合伙人都有义务清偿全部合伙债务。

② 易内耗，合伙人之间容易造成意见不统一和利益难协调的问题。

③ 相对于公司而言，资金来源和企业信用能力有限，限制企业的规模。

4. 有限责任公司

有限责任公司是指由一定人数的股东共同出资，股东以其出资额为限对公司承担责任，公司以其全部资产对其债务承担责任的企业法人。

（1）有限责任公司的设立条件

① 股东符合法定人数。我国《公司法》规定，有限责任公司须由2人以上50人以下的股东共同出资设立，只有在国家授权投资的机构或国家授权的部门单独投资设立国有独资公司的情况下，才允许一人股东的存在。

② 股东出资达到法定资本最低限额。有限责任公司注册资本的最低限额为人民币3万元，一人有限责任公司注册资本的最低限额为人民币10万元。

③ 股东共同制定公司章程，以章程约束企业、人员的行为。

④ 有公司名称，并建立符合有限责任公司要求的组织机构，公司设立股东会、董事会和监事会，并由董事会聘请职业经理主持公司日常的经营管理工作。

⑤ 有公司住所。

（2）有限责任公司的优劣势

有限责任公司的优势如下。

① 公司的资产责任形式是有限责任，股东以其出资额为限对公司债务负责，公司以其全部资产对其债务负责，如果公司资产不足以清偿债务，股东也没有以个人财产为公司

清偿债务的相关义务。

双创学堂

有限责任

有限责任是指以出资额为限承担债务责任，在企业破产清算时，超过其投资额部分的责任是不承担且合法的。

一般来说，责任是违反义务的法律后果。根据不同的分类标准，责任可做不同的划分。从大范围来说，责任根据性质的不同可分为民事责任、刑事责任、行政责任等，有限责任属于民事责任的范畴。

② 运行稳定。

有限责任公司的劣势如下。

① 相对于前三种组织形式而言，注册手续复杂、费用高。

② 税收较高，面临"双重征税"的问题。

③ 股东的出资不能随意转让，如果需要向股东以外的人转让，必须经过全体股东过半数人的同意。

不同的企业组织形式有各自的特点，如表7-1所示，在创业伊始，根据实际情况进行对比分析，有助于创业者为自己的企业选择适当的组织形式。

表7-1　企业组织形式特点对比分析表

	个体工商户	个人独资企业	合伙企业	有限责任公司
有无法人资格	无	无	无	有
业主数量	一个人或家庭	一个人	两人及以上	50人以下
债务责任	无限	无限	无限	有限
创立成本	低	低	中	高
集资能力	弱	弱	中	强
风险	集中	集中	中等	中等
最低注册资本	无	无	无	无明确要求
利润分配	归个人或家庭所有	归个人所有	按照合伙协议分配利润	按出资比例分配利润
税务	个人	个人	个人	企业、个人

在选择企业组织形式时，一定要全盘把握，并做详细比较，根据自身的实际情况选择最为合适的法律形式，如有需要，也可以向有关部门和律师进行专业咨询。

任务7.2　创办程序

一、设计企业名称

企业的名称通常包括行政区划、字号、行业特征、组织形式四个要素，如常州泰昌减速机有限责任公司。

企业名称是企业形象的首要元素，在设计企业名称的过程中应注意以下事项。

（1）一个企业只能使用一个名称。

（2）企业名称的组成部分：字号或商号、行号、行业经营特点、企业组织形式。

（3）不得含有其他法人的名称。

（4）地名的特殊规定：企业名称中的行政区划是本企业所在地县级以上行政区划的名称或地名。

（5）企业名称应该使用汉字。

（6）不得含有有损国家、社会等利益的内容。

（7）不得单独使用"发展""开发"等字样。

二、为新创企业选址

1. 按企业类型区分

创办企业有很多种类型，主要可以分为以下四种类型。

（1）制造企业——制造企业生产实物产品。如果你打算开一家企业生产并销售砖瓦、家具、化妆品或野菜罐头，那么你拥有的就是一家制造企业。

（2）服务企业——服务企业不出售任何产品，也不制造产品。服务企业提供服务或提供劳务，如房屋装修、邮件快递、搬家公司、家庭服务、法律咨询、技术培训等都是服务企业。

（3）贸易企业——贸易企业从事商品的买卖活动，他们从制造商或批发商处购买商品，再把商品卖给顾客或其他企业。其中，零售商从批发商或制造商处购买商品，卖给顾客。所有把商品卖给最终消费者的商店都是零售商，而批发商则是从制造企业购买商品，然后再卖给零售商，如蔬菜、水产、瓜果、文具、日用品批发中心等都是批发商。

（4）农、林、牧、渔企业——这类企业利用土地或水域进行生产。种植或饲养的产品多种多样，可能是种果树，也可能是养珍珠。

在确定了创办企业的类型后，需要根据企业的特点及对市场的要求为企业选址。运用科学的方法决定创业企业的地理位置，使之与企业的整体经营运作系统有机结合，以便有效、经济地达到企业的经营目的。

2. 选择考虑因素

在为新创企业选择地址的时候需要考虑的因素包括劳动力条件（数量、素质）、自然条件（地理、气候）、交通运输条件、资源供给条件（对原材料的依赖，用量大或可运性小）、基础设施条件（交通、水、电、煤、通信、三废处理）、能源供应条件、安全条件、产品销售条件、环境保护条件、科技依托条件、政治和文化条件等。

（1）制造企业地点选择须考虑的因素

① 政策、法规条件。

② 基础设施条件。

③ 劳动力资料。

④ 与供应商的相对位置。

⑤ 接近于市场。

⑥ 接近于原料供应地。

⑦ 运输条件。

（2）服务企业地点选择须考虑的因素

① 与顾客接近程度。

② 人群密度。

③ 聚集效应。

④ 交通条件。

⑤ 收入水平。

⑥ 与竞争对手的相对位置。

（3）贸易企业地点选择须考虑的因素

① 城市商业条件，包括城市类型、设施建设等。

② 人口因素，包括人口规模、人口年龄、性别构成等。

③ 地段客流规律。

④ 交通条件。

⑤ 商业环境。

⑥ 城市规划。

（4）农、林、牧、渔企业地点选择须考虑的因素

① 地方优惠政策。

② 当地的自然、社会和经济条件。

③ 周围场地均无污染。

④ 当地劳动力资源。

⑤ 交通条件。

三、新创企业的申办手续

新创企业的申办流程如图7-1所示。

图7-1 | 企业申办流程

1. 企业名称预先核准登记

受理机构是工商局，实行分级管理，一般企业由所在市、县工商局负责。

2. 申请验资，出具验资报告

根据新公司法，注册公司不再需要提交验资报告，大大降低了创业的门槛。然而，不需要验资并不是说注册公司就没有注册资金了。现在注册公司实行的是认缴申报制，就是把验资这个环节延后，可以先注册公司赚钱，运营赚钱之后再验资。

3. 工商局注册登记

企业在工商局获准登记以后，通过一定的方式或媒介将登记事项对外界加以公告。

自2015年10月1日起，创业者只需前往工商部门领取加载有统一社会信用代码的营业执照即可，即为原来的工商营业执照、税务机关税务登记证、质监局组织机构代码证，合并成为一张新的工商营业执照。上面标注有税务代码和组织机构代码，三证合一，节省了审批申办程序。

拓展阅读

再见了，税务登记

自2015年10月1日起，"三证合一、一照一码"登记制度改革在全国推行。"三证合一"后，新设立企业领取由工商行政管理部门核发加载法人和其他组织统一社会信用代码的营业执照后，无须再次进行税务登记，不再领取税务登记证。

企业办理涉税适宜时，在完成补充信息采集后，凭加载统一代码的营业执照可代替税务登记证使用。

工商登记"一个窗口"统一受理申请后，申请材料和登记信息在部门间共享，各部门数据互换、档案互认。各省税务机关在交换平台获取"三证合一"企业登记信息后，依据企业住所（以统一代码为标识）按户分配至县（区）税务机关。

4. 刻章

刻章是拿到工商执照后的第一件事，没有公章就无法办理其他手续。注册公司后，需要找公安局指定的刻章点刻制印章，主要包括公章、财务章、合同专用章、发票专用章和法人章。有的公司没有刻合同章，可能并不经常签订合同，就算要签订合同，用公章也是有效的。刻章一定要经过公安局备案，不要图省事、便宜等私自刻章，以免留下隐患。实际工作中，公章等在办理其他手续时往往需要随身携带，要有保管和防范意识，以防因公章等丢失影响后续工作。

双创学堂

公司章的用途

（1）公章一般用于公司内部行政文件的发布及对外办理相关事宜，通用一些。

（2）财务章主要用于银行事务办理及公司财务往来的结算。

（3）合同专用章由销售人员携带去和客户签订合同。

（4）发票专用章是向税务局申领发票之用，在税务局办发票领购簿的时候需要盖发票专用章。

（5）法人章主要用于公司有关决议及银行有关事务办理的时候用。

5. 开设企业银行账户

企业银行账户分为基本存款账户、一般存款账户和专用存款账户，其中基本存款账户是存款人因办理日常转账结算和现金收付需要开立的银行结算账户。

双创学堂

存款账户的区别

（1）基本存款账户：是办理转账结算和现金收付的主办账户，经营活动的日常资金收付以及工资、奖金和现金的支取均可通过该账户办理。存款人只能在银行开立一个基本存款账户，并且在其账户内应有足够的资金支付。存款人的基本存款账户实行人民银行当地分支机构核发开户许可证制度。

（2）一般存款账户：是存款人因借款或其他结算需要，在基本存款账户开户银行以外的银行营业机构开立的银行结算账户。该账户可以办理转账结算和现金缴存，但不得办理现金支取。

（3）专用存款账户：是存款人按照法律、行政法规和规章，对其特定用途的资金进行专项管理和使用而开立的银行结算账户。专用存款账户用于办理各项专用资金的收付，允许支取现金的专用存款账户须经批准同意。基本建设资金，更新改造资金，财政预算外资金，证券交易结算资金，粮、棉、油收购资金，单位银行卡备用金，证券交易结算资金，期货交易保证金，金融机构存放同业资金，收入汇缴资金和业务支出资金，党、团、工会设在单位的组织机构经费及其他按规定需要专项管理和使用的资金，可以申请开立专用存款账户。

复习思考题

一、判断题

1. 如果创业者采用合伙制作为企业组织形式，需对企业债务负有限责任。（　　）
2. 创办个人独资企业，无须双重纳税，即业主只需要缴纳企业所得税，不需要缴纳个人所得税。（　　）
3. 每个企业只能在银行开立一个基本存款账户，企业的工资、资金等现金的支取只能通过该账户办理。（　　）
4. 县（市）工商行政管理局以及大中城市工商行政管理分局是个体工商户名称的登记机关。（　　）
5. 个体工商户可以个人经营，也可以家庭经营。（　　）
6. 个体工商户的经营范围仅限于商业。（　　）
7. 有限责任公司注册资本的最低限额根据产业不同而有所区分。（　　）
8. 我国《公司法》规定，有限责任公司须由2人的股东共同出资设立。（　　）
9. 企业名称中不得单独使用"发展""开发"等字样。（　　）
10. 从本质上分析，合伙人和股东是没有区别的。（　　）

二、选择题

1. 以下关于设立个人独资企业条件的说法，哪个是错误的？（　　）
    A. 投资者为一个自然人或多个自然人

    B. 有投资人申报的出资

    C. 有合法的企业名称

    D. 有必要的从业人员

2. （　　　）为在企业登记机关登记的全体所有者认缴的出资额。

    A. 注册资本　　　　　　　B. 货币资金

    C. 固定资产　　　　　　　D. 无形资产

3. 合伙企业必须有（　　　），并以其作为企业法律基础。

    A. 企业章程　　　　　　　B. 书面合伙协议

    C. 合同　　　　　　　　　D. 营业许可证

4. 税务登记的基本原则是国家税务局、地方税务局实行"（　　　），分别登记、分别管理"的原则。

    A. 统一代码，信息共享　　B. 统一代码，信息非共享

    C. 两套代码，信息共享　　D. 两套代码，信息非共享

5. 企业的名称通常不包括以下（　　　）要素。

    A. 其他法人的名称　　　　B. 字号

    C. 行业特征　　　　　　　D. 组织形式

项目8
新企业日常管理

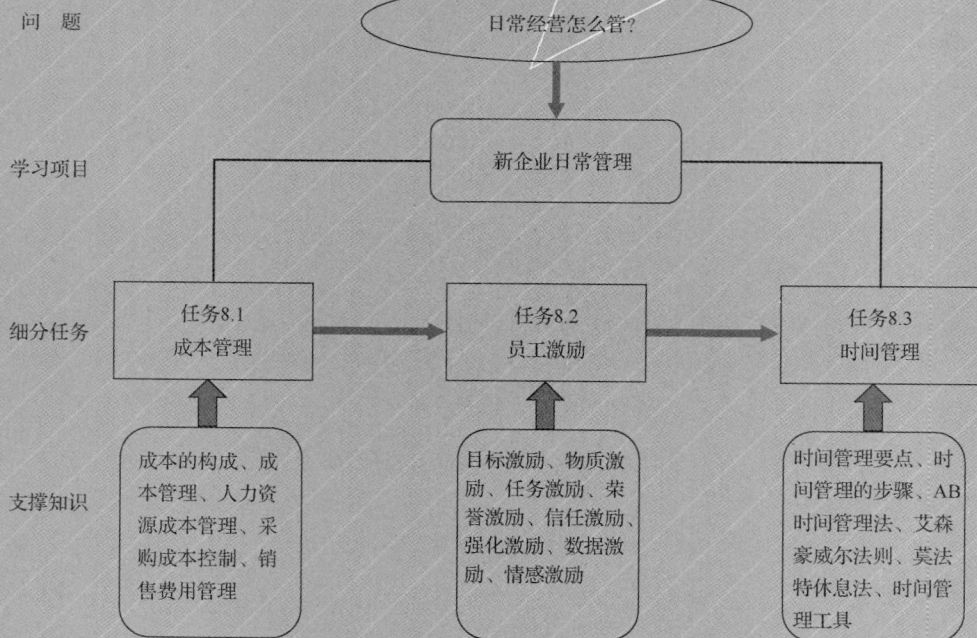

问题	日常经营怎么管?

学习项目 —— 新企业日常管理

细分任务

任务8.1 成本管理	任务8.2 员工激励	任务8.3 时间管理

支撑知识

| 成本的构成、成本管理、人力资源成本管理、采购成本控制、销售费用管理 | 目标激励、物质激励、任务激励、荣誉激励、信任激励、强化激励、数据激励、情感激励 | 时间管理要点、时间管理的步骤、AB时间管理法、艾森豪威尔法则、莫法特休息法、时间管理工具 |

项目8 | 知识(技能)框架图

知识目标

- 理解成本管理的重要性
- 熟悉员工激励的方法
- 熟悉时间管理的工具

技能目标

- 能针对新创企业的实际核算与控制成本
- 能根据不同对象管理的要求设计出适合的激励制度
- 能运用时间管理工具提高创业期间的工作效率

任务8.1　成本管理

利润是每一家企业永恒的目标,利润与成本的关系即为收入一定的情况下,成本越低,利润空间就越大。成本管理的目标就是保证成本的支出获得最有效的收益——提升价值。每一个创业者都应当理解,成本管理不等于省钱,支出、耗费的多少不是管控的重点,花得有效才是关键,才能避免价值不平和不必要的浪费。

李涛和他的砖厂

对于企业而言,人工成本、材料成本等年年攀升,企业盈利的空间也似乎越来越小,但这也不会阻挡创业者的创业激情,每年都有无数的新企业成立,于是市场竞争就显得愈发激烈,而企业存续在极大程度上正是依赖其运用复杂的成本管理系统的能力。

一、成本的构成

成本指企业生产和销售产品(包括提供劳务)所发生的各种支出和耗费。依据不同的划分依据,成本的构成有不同的分类。

1. 根据成本与业务量之间的关系划分

(1)固定成本:指其总额在一定时期和一定业务量范围内不随业务量发生任何变动的那部分成本,包括租金、装修费、营业执照费等。

(2)变动成本:又称可变成本,是随着生产或销售的起伏而变化的企业成本,包括原料、燃料、辅助材料等。

2. 根据生产费用计入产品成本的方式划分

(1)直接成本:指直接反映某一品种产品生产过程的各项支出,即可以直接计入该品种产品的生产成本。

(2)间接成本:指某些虽与产品的生产有关,但难以明确区分与哪个具体品种直接有关而只能按一定方法分摊到完工产品中的各项间接生产费用。

二、成本管理的基本内容

成本管理是指企业生产经营过程中各项成本核算、成本分析、成本决策和成本控制等一系列科学管理行为的总称。

1. 成本预测

成本预测是指根据市场调查预测，研究企业外部环境和内部影响因素的变化及其对成本变动的影响作用关系，运用专门的方法，科学地估算一定时间内的成本目标、成本水平及成本变动的趋势。创业者应当充分认识到，合理的财务预测有助于制订和运行各种计划，有助于创业的成功。

在创业阶段，预测成本比预测收入容易得多。例如，固定成本（一般管理费用）包括租金、公共费用支出（水电煤气费等）、通信费、会计费、法律/保险/许可费、广告/营销费等；可变成本则包括已销售商品成本、材料和供应、包装等；另外还有直接人工成本。

预测成本时应该遵循以下几点：由于广告和营销成本总是超出预期，应该加倍进行预测；由于法律/保险/许可费用没有经验可参考，而且总是超出预期，可用3倍进行预测；记录直接销售和客户服务的时间，将其作为直接人工成本。

预测是成本决策的基础。只有在成本预测的基础上提供多个不同成本控制的思路和方案，才可能有决策的优选。

成本预测同时也是成本计划的基础，是编制成本计划的依据。没有成本预测，成本控制计划必然是主观臆断。

2. 成本决策

成本决策是按照既定的总目标，在充分收集成本信息的基础上，运用科学的决策理论和方法，从多种可行方案中选定一个最佳方案的过程。以提高经济效益为最终目标，强调划清可控与不可控因素，在全面分析方案中的各种约束条件、分析比较费用和效果的基础上进行的一种优化选择。成本决策是成本管理工作的核心，成本管理的思路、方法都得由成本决策确定。

3. 成本计划

成本计划是在成本预测和成本决策的基础上，根据计划期的生产任务和利润目标，通过"由下而上"和"由上而下"的两条路线，在充分发挥和调动全体员工积极性的基础上，汇总编制而成的、具有可操作性的成本控制计划体系。成本计划一经决策机构批准，就具有了权威性，必须坚决贯彻、执行，不得随意改动。成本计划是成本控制和成本考核的依据。

4. 成本核算

成本核算是通过对成本的确认、计量、记录、分配、计算等一系列活动，确定成本控制效果，其目的是为成本管理的各个环节提供准确的信息。只有通过成本核算，才能全面、准确地把握企业生产经营管理的效果。企业劳动生产率的高低、固定资产的利用程度、原材料和能源的消耗情况、生产单位（车间）的管理水平，等等，都会直接或间接地表现在成本上。

5. 成本分析

成本分析主要是运用成本核算所提供的信息，通过同行比较和关联分析，包括对成本指标和目标成本的实际完成情况，成本计划和成本责任的落实情况，国内外同类产品成本的平均水平、最好水平进行比较，分析确定导致成本目标、计划执行差距的原因及可挖潜的空间。同时通过分析，把握成本变动规律，总结经验教训，寻求降低成本的途径。

6. 成本考核和奖惩

成本考核是把成本的实际完成情况与应承担的成本责任进行对比，考核、评价目标成本计划的完成情况。其作用是对每个成本责任单位和责任人，在降低成本上所做的努力和贡献给予肯定，并根据贡献的大小给予相应的奖励，以稳定和提升员工进一步努力的积极性。同时对于缺少成本意识、成本控制不到位、造成浪费的单位和个人给予处罚，以促其改进改善。

成本管理是企业管理的一个重要组成部分，要求系统而全面、科学而合理，对于促进增产节支、加强经济核算、改进企业管理、提高企业整体管理水平具有重大意义。

三、成本精细化管理

砍掉浪费，让利润倍增，是每一家企业所追求的目标和日常管理的主题，也是每一位创业者的理想。基于这种现实，一种新的成本管理理念也应运而生，这就是成本精细化管理理念。对一家企业而言，如何洞察市场的变化，如何制定对应的方针，如何扩大自己的利润源，如何减少企业的浪费等，都是可以通过精细化管理来加强的。因此，增强企业的成本意识，提高企业的盈利能力，推行成本精细化管理势在必行。要实现对企业成本费用的精细化管理，主要可以从人力资源成本管理、采购成本控制、销售成本管理、生产成本管理、非核心业务外包等方面细化成本费用的控制事宜。

1. 人力资源成本管理

企业人力资源成本是指企业为了获得日常经营管理所需的人力资源，并于使用过程中及人员离职后所产生的所有费用支出，具体包括招聘、录用、培训、使用、管理、医疗、保健和福利等各项费用。

（1）人力资源成本构成分析

根据员工从进入企业，到离开企业的整个过程中所发生的相关工作事项，可将人力资源成本分为取得成本、开发成本、使用成本和离职成本四个方面。

① 取得成本：取得成本是指企业在招聘和录取员工的过程中发生的成本，主要包括招聘、选择、录用和配置等各个环节所发生的费用。

- **招聘成本**：为吸引和确定企业所需内外人力资源而发生的费用，主要包括招聘人员的直接劳动费用、直接业务费用（如招聘洽谈会议费、差旅费、代理费、广告费、宣传材料费、办公费、水电费等）和间接费用（如行政管理费、临时场地及设备使用费等）。
- **选择成本**：指企业为选择合格的员工而发生的费用，包括在各个选拔环节（如初试、面试、心理测试、评论、体检等过程）中发生的一切与决定录取或不录取有关的费用。
- **录用成本**：指企业为取得已确定聘任员工的合法使用权而发生的费用，包括录取手续费、调动补偿费等由录用引起的有关费用。
- **配置成本**：指企业将被录取的员工安排在某一岗位上的各种行政管理费用，包括录用部门为员工配置所损失的时间成本和录用部门安排人员的劳务费、咨询费等。

② 开发成本。开发成本是指为提高员工的能力、工作效率及综合素质而发生的费用或付出的代价，主要包括岗前培训成本、岗位培训成本和脱产培训成本。

- **岗前培训成本**：指企业对上岗前的新员工在思想政治、规章制度、基本知识和基本技能等方面进行培训所发生的费用，具体包括培训者与受培训者的工资、培训者与受培训者离岗的人工损失费用、培训管理费、资料费用和培训设备折旧费用等。
- **岗位培训成本**：指企业为使员工达到岗位要求而对其进行培训所发生的费用，包括上岗培训成本和岗位再培训成本。
- **脱产培训成本**：指企业根据生产和工作的需要，允许员工脱离工作岗位接受短期（一年内）或长期（一年以上）培训而发生的成本，其目的是培养高层次的管理人员或专门的技术人员。

③ 使用成本。使用成本是指企业在使用员工的过程中发生的费用，主要包括工资、奖金、津贴、补贴、社会保险费用、福利费用、劳动保护费用、住房费用、工会费用、存档费用和残疾人保障金等。

- **维持成本**：指企业保持人力资源的劳动力生产和再生产所需要的费用，主要指付出员工的劳动报酬，包括工资、津贴、年终分红等。
- **奖励成本**：指企业为了激励员工发挥更大的作用，而对其超额劳动或其他特别贡献所支付的奖金，包括各种超额奖励、创新奖励、建议奖励或其他表彰支出等。
- **调剂成本**：指企业为了调剂员工的工作和生活节奏，使其消除疲劳、稳定员工队伍所支出的费用，包括员工疗养费用、文体活动费用、员工定期休假费用、节假日开支费用、改善企业工作环境费用等。

- **劳动事故保障成本：**指员工因工受伤和因工患职业病的时候，企业应该给予员工的经济补偿费用，包括工伤和患职业病的工资、医药费、残废补贴、丧葬费、遗属补贴、缺勤损失、最终补贴等。

- **健康保障成本：**指企业承担的因工作以外的原因（如疾病、伤害、生育等）引起员工健康欠佳不能坚持工作而需要给予的经济补偿费用，包括医药费、缺勤工资、产假工资和补贴等。

④ 离职成本。离职成本是指企业在员工离职时可能支付给员工的离职津贴、一定时期的生活费、离职交通费等费用，主要包括解聘、辞退费用及因工作暂停而造成的损失等。

- **离职补偿成本：**指企业辞退员工或员工主动辞职时，企业所应补偿给员工的费用，包括至离职时间为止应付给员工的工资、一次性付给员工的离职金、必要的离职人员安置费用等支出。

- **离职前效率损失：**指员工即将离开企业时造成的工作或生产低效率损失的费用。

- **空职成本：**指员工离职后职位空缺的损失费用。某职位出现空缺后可能会使某项工作或任务的完成受到不良影响，从而造成企业的损失。

双创学堂

人力资源成本的测算

人力资源成本分析表如表8-1所示。

表8-1 人力资源成本分析表

序号	指标名称	单位	2015年	2016年
1	一、在岗人数	人		
2	二、销售收入	万元		
3	三、费用总额	万元		
4	其中1. 工资总额	万元		
5	2. 培训费用	万元		
6	3. 社保费用	万元		
7	4. 劳保费用	万元		
8	5. 福利费用	万元		
9	6. 招聘费用	万元		
10	四、利润总额	万元		
	五、分析指标			

续表

序号	指标名称	单位	2015年	2016年
11	1. 人均销售收入	元		
12	2. 人均利润	元		
13	3. 人均费用	元		
14	4. 人均工资	元		
15	5. 费用利润率	%		
16	6. 工资利润率	%		

注：① 费用总额指销售费用、管理费用、财务费用、制造费用等的合计。
② 项目五中各项分析指标的计算等式（等式中的数字均为序号）分别为：11=2÷1，
12=10÷1，13=3÷1，14=4÷1，15=10÷3，16=10÷4。

（2）招聘成本管控

寻找优秀的人才对于创业企业来说至关重要，但也十分艰难，这往往会成为创业者最重的一副担子。只有好的团队才会做出好的产品，再优秀的创始人也无法独撑一家企业。招聘是企业吸纳人才采用的最普遍的方法，招聘成本也是必要的开支。为提高招聘成本管控水平，创业者或相关部门应当努力做到以下四点：① 制订详细的招聘方案；② 选择适宜的招聘方法；③ 选择合适的招聘渠道；④ 招聘信息发布要讲求技巧。

双创学堂

招聘成本的构成

招聘成本的构成如表8-2所示。

表8-2　招聘成本的构成

类别	内容
广告费	用于发布网络、专业杂志、报纸招聘广告的媒体广告费用
中介机构服务费	用于支付猎头公司、普通人才服务机构的招聘服务费用
会务（场租）费	用于支付人才招聘会中公司招聘展台的费用
资料费	用于支付招聘材料的印刷、制作、采购的费用
推荐费	用于支付人才推荐者的佣金的费用
公关费	用于支付招聘活动发生的公关费用
相关费用	用于支付招聘活动发生的差旅、餐饮、食宿的费用
其他	与招聘相关的其他费用

（3）培训成本管控

由于创业阶段有很多事情要做，而员工培训是需要一定花费和支出的，所以许多初创企业会选择不做或推迟员工培训，但员工培训与开发对于帮助员工快速成长、让员工接受共同的文化和价值观、教给员工在其工作岗位最重要的东西、让员工融入社交圈等方面均有积极意义，创业者不应忽视。

双创学堂

培训成本的构成

培训成本的构成如表8-3所示。

表8-3　培训成本的构成

构成内容	解释说明
培训设备费用	如设备可重复使用，如投影仪等，则可按其折旧费核算
培训人员的授课费用	如培训人员为外聘，则还应包括交通费和食宿费等
受训人员的工资	如培训在工作时间进行，则会占用一定的工作时间，在这种情况下，从企业角度考虑，由于这段时间受训员工并没有为企业创造价值，因此需要付工资，如果是脱产培训，则这部分费用更高
培训教材和手册费用	印制或购买培训教材和手册的相关费用
培训的管理费用	在培训过程中员工的食宿、场地和水电等方面的费用支出
培训的机会成本	如果用于培训的资金投入在其他领域可获得的收益

对于管理和控制员工培训成本，建议从以下四个方面展开。

① 首先进行合理的培训需求分析。创业企业本身资金就较为有限，因此在进行员工培训投入前，首先应进行合理的培训计划，一方面建立在对各类员工培训需求进行科学分析的基础上，另一方面要特别注重培训内容和实际运用的紧密关联性，也就是培训的费用支出要"花在刀刃上"，通过寻找员工或团队"短板"，进行有针对性的培训与开发，从而使创业企业把有限的人力、物力、财力用在急需解决的问题上，才能使培训效果发挥到最大。

② 有效实施菜单式培训。考虑到创业企业资金的紧缺性，为了提高培训的针对性和实用性，建议考虑实施菜单式培训，即主要包括：一是企业规定员工必选培训项目；二是部门或团队规定的本部门或团队必选培训项目；三是员工根据企业相关规定和自身需求的自选培训项目。

③ 注重培训的实际转化效果。应当积极采取措施将培训成果转化为现实的生产力，促进培训效益和组织目标的高度契合。为促进培训效果的顺利转化，应采取合理的激励员

工积极性的措施，并做好培训后的相关评估工作。

④ 培养内部兼职培训师。内部兼职培训师是指在企业内部除了负责其原属职位的工作之外，再承担相关培训工作的员工。内部兼职培训师的培养不仅可以调动员工的积极性，也可以节省高额的培训成本。

2. 采购成本控制

采购成本控制可以从两个方面入手，分别是削减采购价格和优化采购支出。

（1）采购价格

采购价格即为采购原料或产品的购入价格。采购价格是由供应商的制造成本和供应商的利润目标决定的。

① 供应商的制造成本。供应商的制造成本包括其支付或承担的原料费、人工费和制造费用等。

② 供应商的利润目标。对于供应商而言，其成本消耗是固定的，但利润目标却是灵活的。供应商的目标是尽量提高销售价格，以便其利润空间得到提升。而对于创业企业而言，如果要降低采购成本，就要尽量压缩供应商的利润空间。所以供应商利润空间的大小就成为买卖双方的焦点，具体如图8-1所示。

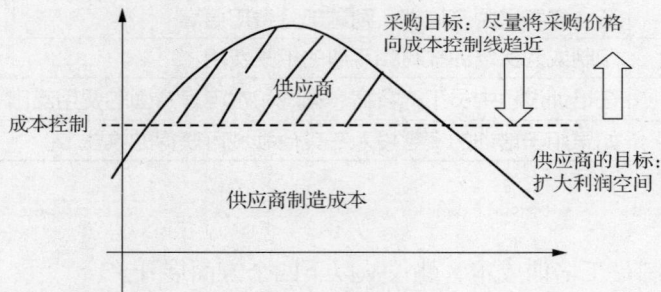

图8-1 | 供应商利润的空间构成图

（2）企业采购支出成本

企业采购支出成本通常包括物料的维持成本、订购管理成本和采购不当导致的某些间接成本。

① 物料的维持成本是指为了保持物料数量或状态而发生的相关成本，具体项目如表8-4所示。

表8-4　物料维持成本的具体项目

序号	项目	解释说明
1	维持费用	存货的品质维持需要资金的投入，投入了资金就使得其他也需要使用资金的地方丧失了使用这笔资金的机会，如果每年其他使用这笔资金的地方的投资报酬率为20%，即每年存货资金成本为这笔资金的20%

序号	项目	解释说明
2	搬运支出	存货数量增加，其搬运和装卸的机会也会随之增加，搬运的劳动力与设备投入也随之增加，则搬运支出增加
3	仓储成本	仓库的租金和仓库管理、盘点、维护设施（如保安、消防等）的费用
4	折旧及陈腐成本	存货容易发生品质变异、破损、报废、价值下跌、呆滞料的出现等，因而所损失的费用就会增加
5	其他支出	如存货的保险费用、其他管理费用等

② 订购管理成本是指企业为了实现一次采购而产生的各种活动的费用支出，如办公费、差旅费、通信费、邮递费等。

③ 订购不当的间接成本是指由于采购终端或采购过早而造成的损失，包括待料停工损失、延迟发货损失和丧失销售机会损失、商誉损失等。对于新创企业而言，客户的信任是非常重要的，所以一旦损失客户，其损失往往是长远性的。

（3）采购成本控制手法

如何有效降低采购成本，可以参考成本降低手法，其具体方法如表8-5所示。

表8-5　采购成本控制手法

序号	手法	说明
1	价值分析（Value Analysis, VA）	价值是指采购物资对企业的价值，是以最低的成本，在理想的地点、时间发挥出产品的需求功能。对采购而言，价值分析的目的是努力寻求成本最小化，追求价值最大化
2	价值工程（Value Engineering, VE）	价值工程指的是通过集体智慧和有组织的活动对产品或服务进行功能分析，使目标以最低的总成本（寿命周期成本），可靠地实现产品或服务的必要功能，从而提高产品或服务的价值。价值工程的主要思想是通过对选定研究对象的功能及费用分析，提高对象的价值。这里的价值指的是反映费用支出与获得之间的比例，用数学比例式表达为"价值=功能/成本"。 一般来说，价值工程的对象是要考虑社会生产经营的需要及对象价值本身有被提高的潜力。例如，选择占成本比例大的原材料部分如果能够通过价值分析降低费用提高价值，那么这次价值分析对降低产品总成本的影响也会很大。当我们面临一个紧迫的境地，如生产经营中的产品功能、原材料成本都需要改进时，研究者一般采取经验分析法、ABC分析法及百分比分析法。选定分析对象后，需要收集对象的相关情报，包括用户需求、销售市场、科学技术进步状况、经济分析及本企业的实际能力等
3	谈判（Negotiation）	谈判是买家和供应商为了各自目标，达成彼此认同的协定过程。应当认识到，谈判并不局限于价格方面，也适用于某些特定需求
4	目标成本法（Target Costing）	有些新创企业由于没有足够的经验，都是以成本加上利润率来制定产品的价格，然而，产品刚推向市场便不得不开始削减价格，重新设计那些花费或成本太大的产品，并自己承担损失，而且经常因为价格制定的失误而不得不放弃一款很好的产品。产品的研发应以市场乐意支付的价格作为前提，因此必须假设竞争者产品的上市价，然后来制定本企业产品的价格

续表

序号	手法	说明
5	早期供应商参与（Early Supplier Involvement, ESI）	指产品开发阶段，新创企业基于自身情况，可以与供应商之间关于产品设计和生产等多方面进行技术探讨的过程，这样可以充分借助供应商的专业性来达到降低成本的目的，也有利于双方建立长期稳定的合作关系
6	为便利采购而设计（Design for Purchase, DFP）	自制与外购（Make or Buy）的策略，在产品的设计阶段，利用协力厂的标准制程和技术，以及使用工业标准零件，方便原物料的取得，如此一来，不仅大大减少了自制所需的技术支援，同时也降低了生产所需的成本
7	价格与成本分析（Cost and Price Analysis）	这是专业采购的基本工具，了解成本结构的基本要素对采购单位是非常重要的，如果不了解所买物品的成本结构，就不能算是了解所买的物品是否为公平合理的价格，同时也会失去许多降低采购成本的机会

双创学堂

价值理论的使用

价值理论的公式为：
$$V=F/C$$

其中 F——function，功能重要性系数；C——cost，成本系数；V——value，功能价值系数。

例如，张伟同学在毕业后自主创业开了一家小型物流企业，在采购汽油上，他运用了采购价值理论进行分析。现在有两种选择：一是使用A种汽油，二是选择B种汽油。

A种汽油的热值8000，单价520元/桶，B种汽油的热值6000，单价420元/桶，代入价值公式计算可得：A种汽油 $V=F/C=8000 \div 520 \approx 15$；B种汽油 $V=F/C=6000 \div 420 \approx 14$。从以上的价值核算结果就可以看出：张伟购买A种汽油要优于选择B种汽油。

一段时间后，汽油价格出现波动，A种汽油单价变为660元/桶，B种汽油的单价变为480元/桶。代入价值公式计算可得：A种汽油 $V=F/C=8000 \div 660 \approx 12$；B种汽油 $V=F/C=6000 \div 460 \approx 13$。从以上的价值核算结果就可以看出：张伟购买B种汽油要优于选择A种汽油。

由这个案例就可以得知：采购物资的价值会决定采购者的采购方向。

（4）计算经济订货量

对于新创企业而言，在进行采购成本管理时，经济的订货数量如何求取显得非常关键。通常，针对这一问题，有若干计算经济订货量的公式，按照这些公式代入相关数据计算，就无须仅凭经验或感觉来决定经济订货量。

一般经济订货量的计算公式为：

$$经济订货量EOQ=\sqrt{\frac{2\times 年需求量\times 订货成本}{库存管理费用率\times 单价}}$$

用数学公式表示，经济订货量公式为：

$$EOQ=\sqrt{\frac{2DS}{IC}}$$

其中，EOQ——每次订货数量（以单位计）；

D——年需求量（以数量计）；

S——订货成本（以金额计）；

I——年存货成本占其单位成本的百分比；

C——商品的单位成本（以金额计）。

案例分析：

王东在大学期间就酷爱打羽毛球，毕业后他选择创业，开了一家室内羽毛球馆。每周，羽毛球馆大约会丢失、损坏20打（12只/打）羽毛球。羽毛球平均价格为5元一只，羽毛球馆保存羽毛球的费用每月是采购费用的1.5%，并且每次订货需要7元的订货费，其经济订货量是：

$$EOQ=\sqrt{\frac{2\times 20\times 52\times 7}{5\times 12\times 1.5\%}}$$
$$\approx 127（打）$$

3. 销售成本管理

销售成本指的是企业将产品、自制半成品或服务出售给买受人的过程中所付出的费用，任何企业销售产品或者服务都必然要付出一定的费用。以企业生产制造的产品售出为例，包含包装费、人力资源成本、运输费、广告宣传费等。企业为了进行成本控制，往往会对成本进行预算。

（1）销售成本的项目构成

销售成本通常包括在产品销售过程中发生的各项费用及为销售本企业产品而专设的销售机构（销售网点、售后服务点等）的经营费用。如新创企业从事的是商品流通领域，则在购买商品过程中支出的进货费也被包括在营业费用之中。一般，新创企业在进行销售成本管理的时候主要考虑以下五个方面的内容，如表8-6所示。

表8-6 销售成本的项目

序号	项目	解释说明
1	产品自销费用	产品自销费用包括本企业在销售过程中负担的包装费、运输费、装卸费和保险费等

续表

序号	项目	解释说明
2	产品促销费用	产品促销费用是指企业为了扩大商品销售而发生的相关费用，如展览费、广告费、经营租赁费（为扩大销售而租用的柜台、设备等的费用，不包括融资租赁费）、销售服务费等
3	销售部门的相关费用	销售部门的相关费用一般指为销售本企业商品而专设的销售机构（包括销售网点、售后服务网点等）的职工工资及其福利费、类似工资性质的费用、业务费等经营费用
4	委托代销费用	委托代销费用主要指企业委托其他单位代销，按代销合同规定支付的委托代销手续费
5	商品流通企业的进货费用	商品流通企业的进货费用指商品流通企业在进货过程中发生的包装费、运输费、装卸费、保险费、运输途中的合理损耗和入库前的挑选整理费等

（2）销售成本控制手段

① 控制市场推广费。常用的市场推广方法有人员销售、广告、销售促进、直复营销、公关这五种。对于新创企业而言，这五种工具应灵活配合运用，从而达到整体互补，获得最大的推广效果。在此过程中，应努力提高推广费用的使用效率和影响，发挥其对产品销售的促进作用，这也是销售成本控制要关注的主要方面。故此，建议新创企业应当集中做到以下几点。

- 选择经济适用的推广媒体。
- 合理预算推广费。
- 加强促销过程中的人力和物力控制。

② 控制销售物流活动中的成本支出。应针对销售物流的某个或某些局部环节的支出采取有效的手段进行控制，局部控制的基本内容包括以下几方面。

- **运输费用的控制：** 运输费用是承运单位向客户提供运输劳务过程中的耗费。运输费用的控制点通常包括运输时间、运输的准确性和可靠性，以及运输批量水平等方面。有效的控制方式包括加强运输的经济核算、防止运输过程中的差错事故等。
- **销售人员薪酬管理：** 销售人员薪酬水平的高低及薪酬结构的不同，会在极大程度上影响其工作的积极性，直接影响销售活动的最终效果。销售人员的薪酬一般由基本工资、奖金（包括佣金或提成）、津贴、福利、特殊奖励等构成，其中基本工资和某些福利属于固定费用，奖金等属于变动费用，是按业务量的比率提取的。一方面，创业者需要依赖销售人员打开市场，因此需要辅以一定的薪酬激励；但另一方面，合理控制销售人员薪酬费用的支出也是降低经营成本的有效途径之一。

双创学堂

销售提成方案

销售提成方案如表8-7所示。

表8-7 销售提成方案

序号	类型	解释说明
1	高底薪+低提成	以高于同地区、同行业的平均底薪，以适当或略低的提成发放奖励。该制度适合门槛相对较高的销售岗位，如对外语水平、计算机水平等方面有较高要求，目的是留住这些人才
2	中底薪+中提成	以同地区、同行业的平均底薪为标准，以平均提成发放奖励。该制度对于一些能力不错而学历等不高的销售人员有较大的吸引力
3	低底薪+高提成	以较低的底薪，甚至是以当地的最低生活保障为底薪标准，以高于同地区、同行业的平均提成发放奖励。该制度可以有效调动销售人员的工作积极性，且企业为低效工作所支付的人力资源成本也有限
4	分解任务量	这一制度彻底打破了传统的底薪+提成制度。例如，某新创企业目前有10位销售人员，2016年4月制定的当月销售任务是50万元，那么每人的平均任务是5万元，当个人刚好完成属于自己的任务额5万元的时候，就会拿到平均工资3000元。具体发放方式有一个数学公式可以计算：平均工资×完成任务÷任务额=应得薪水 按照上面的例子来计算，当一位销售人员完成了10万元的销售额，则其应该得到的薪水就是6000元。这种薪水制度去繁就简，让每位销售人员清楚地知道自己可以拿多少钱。可充分激励优秀的销售人员，并且可以让滥竽充数的销售人员"立现原形"
5	达标高薪制	这是一种达到标准可以拿到更高工资的薪水制度，对于销售人员而言，有一个冲刺的目标，且在企业可承受的范围内，让10%左右有能力的销售人员可以实现。具体发放方式的计算公式为：最高薪水－（最高任务额－时间任务额）×制订百分比=应得薪水 公式中"制订百分比"的确定非常关键，应略大于最高薪水÷最高任务额
6	阶段考评制	该薪水制度采取的虽然也是底薪+提成制度，也是常规按月发放，但有一项季度考核指标，采取季度总结考核的方式。具体操作方式是每月发放薪水的时候，提成不完全发放，如提成只发放一半，余下的一半累计到季度末，按照总业绩是否达标进行综合考核评价，再发放三个月的累计提成薪水。 该制度能有效杜绝销售人员将本应完成的业绩滞后，或提前预支下期的业绩，并能有效减少人员的频繁流失问题，对于新创企业而言具有非常重要的意义，一方面有利于进入市场的稳定性，另一方面减少人员流动频繁的影响

- **提高回款率：** 制订合理的资金回笼计划，保证客户基本按照合同规定支付货款，增加资金的周转率对于新创企业改善资金短缺问题具有非常重要的现实意义。应当考虑从做好收款前的准备工作、防止呆坏账、及时催收拖欠款等方面的工作，从而有效提高回款率。

4. 生产成本管理

某些新创企业存在生产加工过程的管理需要。应积极消除生产过程中的浪费，传统观点认为材料报废、退货和废弃物等都是浪费；而创业者应当站在更加理性的角度认识到浪费应当包括生产过程中一切不增值的活动，包括时间、成本等的浪费。

双创学堂

生产过程中的浪费类型

生产过程中的浪费类型如表8-8所示。

表8-8　生产过程中的浪费类型

序号	类型	解释说明
1	原材料和供应品的浪费	原材料请领过多，多余的未办理退料； 生产现场混乱、用错原料或是原料放置不合理、排列不整齐； 缺乏有效防止原料外来、损失或偷盗的保障措施或系统； 出现工序不正常、生产不良的情况却未及时停工检查
2	机械设备和工具的浪费	缺乏工作计划，使机械设备未得到充分利用； 未定期进行检测，无法保证机械设备状态良好； 机械设备和工具缺乏定期、必要的保养，任其受潮湿、灰尘、生锈等侵蚀； 小作业使用大型机械设备，重工作使用小型机械设备； 缺乏良好的作业纪律，滥用机械设备，加速其折旧
3	人工的浪费	未对作业人员详细培训工作内容，使其对工作缺乏足够的了解和兴趣； 未能根据人员能力、特长安排岗位； 缺乏标准工时教导的概念，缺乏人员效率管理的数据
4	时间的浪费	生产缺乏均衡性，生产作业计划制订不合理，造成等待或停工待料； 工具、原材料等缺乏定置管理； 员工有在岗聊天、擅离工位等不良习惯
5	空间的浪费	必需品、非必需品未合理摆放； 不良品、废弃物未及时处理； 通道不畅

应及时发现存在于工作现场的不合理、不均匀、浪费和无效现象，运用IE手法、QC手法等制订改进对策并积极组织实施，从细节上杜绝浪费，合理降低生产成本。

5. 非核心业务外包

新创企业的经营管理能力及精力都有限，因此建议创业者可以考虑从降低成本的角度上，将非核心业务外包。外包是指企业整合利用其外部最优秀的专业化资源，将不属于自己核心竞争力的业务承包出去，即将自己做不了、做不好或成本过高的事交由其他更为专业的企业来完成，从而达到降低成本、提高效率、充分发挥自己核心竞争力和增强新创企业对环境应变能力的效果。

对于新创企业而言，服务外包、IT外包、物流外包、人力资源管理外包和后勤外包等都是常见的外包形式。

任务8.2 员工激励

一、员工激励的必要性

激励机制是提升效率的法宝，对创业团队成员也不例外。要制订正确的激励机制，就必须对人的需求有深刻的理解。根据马斯洛的需求层次理论，人的需求可以分为五个层次。居于底层的是更为基础的需求，只有底层需求得到相当程度的满足之后，人们才会更多地去考虑高层次的需求。对于创业者来说，创业目的可能主要就是为了满足尊重的需求和自我实现的需求。因此，在制订激励机制的时候，就必须考虑创业者的高层次需求。

创业时期的人力
资源激励问题

双创学堂

激励的时间

激励的及时性非常重要，如果员工有所成绩，应该及时给予肯定或奖励，而不要把奖励都拖到年底。

二、激励的方法

（1）目标激励：人的行为大多由动机引起的，并且都是指向一定的目标的。目标是通过奋斗能获得的成就与结果。对员工进行激励的目标要分层次、大小远近等。

（2）物质激励：通过满足员工个人利益的需求来激发其工作的积极性与创造性。

双创学堂

物质激励的设计方式

在设计薪酬制度时，结构上可以采用较低的基本工资水平和较高的绩效奖金方式，在确保法定福利的基础上较少甚至没有补充福利。对于急需的专业技术、管理和市场营销人才，可以另外采取股权等长期激励方式来吸引和保留。

（3）任务激励：要使员工肩负起与其才能相适应的重任，在企业创立阶段提供给员工获得成就和发展的机会，激发其献身精神，满足其事业心与成就感。

（4）荣誉激励：所有个人都希望得到社会或集体的尊重。对于那些为团体做出突出贡献的员工，要给予一定的荣誉，这既能使荣誉获得者经常鞭策自己，又可以为他人树立榜样和奋斗目标。

（5）信任激励：同事之间特别是上下级之间相互信任是一种巨大的精神力量，这种力量不仅可以使员工团结成一个坚强的战斗集体，共同面对企业创办初期面临的种种不确定因素，而且能激发出每个人的积极性和主动性。

（6）强化激励：正强化，对良好行为给予肯定；负强化，对不良行为给予否定与惩罚，使其减弱、消退，如批评、惩处、罚款等都属于负强化。对人的行为进行强化激励时，一是坚持正强化与负强化相结合，以正强化为主；二是要坚持精神强化与物质强化相结合，以精神强化为主。

拓展阅读

成功企业家的"皮格马利翁效应"

著名的"皮格马利翁效应"是指对一个人传递积极的期望，就会使他进步得更快，发展得更好。反之，向一个人传递消极的期望，则会使人自暴自弃，放弃努力。许多成功的企业家都理解"皮格马利翁效应"的精髓。通用电气的前任CEO杰克•韦尔奇就是"皮格马利翁效应"的实践者。他认为，团队管理的最佳途径并不是通过"肩膀上的杠杠"来实现的，而是致力于确保每个人都知道最紧要的东西是构想，并激励他们完成构想。在这方面，韦尔奇还是一个递送手写便条表示感谢的高手，这虽然花不了多少时间，却几乎总是能立竿见影。因此，韦尔奇说："给人以自信是到目前为止我所能做的最重要的事情。"

有"经营之神"美誉的松下幸之助也是一个善用"皮格马利翁效应"的高手。他首创了电话管理术，经常给下属（包括新招的员工）打电话。每次他也没有什么特别的事，只是问一下员工的近况如何。当下属回答说还算顺利时，松下又会说："很好，希望你好好加油。"这使接到电话的下属每每感到总裁对自己的信任和看重，精神为之一振。许多人在"皮格马利翁效应"的作用下勤奋工作，逐步成长为独当一面的人才，毕竟人有70%的潜能是沉睡的。

（7）数据激励：明显的数据对人会产生明显的印象，激发强烈的感想。数据激励就是把员工以前的行为结果用数字对比的形式反映出来，以激励上进，鞭策后进。

（8）情感激励：情感是影响员工行为的最直接的因素之一。通过建立良好的情感关系，激发每个员工的士气，从而达到提高工作效率的目的。

双创学堂

激励的三大误区

对于很多创业者而言，在员工激励方面普遍存在三大误区。

误区一：奖励就是激励。

创业阶段事务繁杂而管理手段有限、企业员工也有限，于是有许多创业者认为在设计激励机制时，往往只是片面地考虑正面的激励措施，而轻视或忽略约束和惩戒措施。有时虽然也制订一些约束和惩罚措施，却碍于各种原因未能坚决地执行从而流于形式，结果难以达到预期的目的。

误区二：同样的激励适用于任何人。

从马斯洛需求层次理论基础上进行分析，创业者应当清醒地认识到要对企业中的每个人实施有效的激励，首先应是以对人的认识为基础的。例如，从某种程度上考虑，企业内低层次员工从事简单劳动，且相对而言，人力资源市场对这部分劳动力的供应较为充足，对这类员工采用物质激励较为适用和经济。相反，高层次的技术人员或管理人员，其内在精神方面对成就的需求会更多些，他们往往能在企业创办和发展历程中成为重要的价值创造者，因此除了提供优厚的物质激励外，还应注重荣誉激励和任务激励等，以满足其需求。

误区三：只要建立起激励机制，就能达到激励效果。

一套科学、行之有效的激励机制不是孤立存在的，应当与企业的一系列相关机制相配合才能发挥作用。例如，应当建立一套评估体系作为激励机制推行的基础。

任务8.3　时间管理

一、理解时间管理的重要性

对于创业者而言，最"昂贵"的两项资产，一是头脑，二是时间。尤其是在创业初期，创业者需要一一面对、处理纷繁复杂的诸多事务，这都要花费大量的时间，因此一定要计算自己工作的时间价值。通常，创业者的日常工作时间都会较长，假设你一年中有300天都为工作日，一天的有效工作时间是10个小时，预期每年可以取得45万元的收入，这样，你每个小时的工作时间价值就约为150元。当我们了解了自己工作的时间价值以后，做起事来也就有了一定的时间成本意识。如此看来，低效或

创业者的时间管理

是无效地利用时间就是在浪费自己的财富，扼杀自己的创业理想。

时间管理应该是创业过程中或工作领域中，"知行落差"最大的活动之一，创业者大多不会否定其重要性，却往往总是做不好、做不到。日常的经营管理、员工辅导、资金筹集、产品推广、制度维护等工作无一能离开科学、高效的时间管理，时间管理的水平高低会在极大程度上决定创业者事业的成败兴衰。如何充分而高效地利用、安排时间，让自己的创业理想和日常生活更加和谐有序，从而最大限度地提高自身的工作效率，实现创业理想，成为众多创业者关注的焦点。

双创学堂

时间使用不合理的典型表现

（1）准备不充分，是对时间的浪费。

大学生创业通常缺乏经验，面对很多事项的处理，也往往会感到没有头绪，更不知道在创业过程中需要做好哪些准备。有很多创业者因为盲目的决策、对信息的错误认识而与成功失之交臂；还有很多创业者认为创业机遇机不可失，未做充分准备而推进创业事项却往往事与愿违。

鉴于此，创业者应当考虑做好以下几个方面的准备工作，以达到事半功倍的效果：选出适合自己的创业行业，进行自我充电与坚持学习，慎选品牌或企业名称，募集充足的创业资金，完成注册登记及了解各种法律相关条文，进行项目可行性分析等。

（2）忽视专家指点，是对时间的虚耗。

专家就是在某方面有专门研究或有独到见解的人，抑或是某方面的成功者。专家往往在其专业领域比普通人掌握更多的知识、技能、技巧和经验等。在创业过程中，创业者难免会遇到困难和阻力，如果单凭一己之力无法解决，那么对于创业者而言，最佳的选择之一就是寻求专家的指点和帮助，从而减少无效或是走弯路的时间。

（3）不分事情的轻重缓急，是对时间的耗用。

创业者每天都有大量的事务需要处理，如果按照先来后到的顺序进行处理，显然是不科学的，因为这些事务不可能同样重要，总是会有重要性和紧急性不同的区别。例如，今天有一位重要的客户需要拜访，那么其他的事情可能都要为此让步，因为这件事既重要又紧急，重要且紧急的事情一定是排在创业者日程表的第一位的。

而很多创业者也会存在一个通病，那就是将"重要的事"和"紧急的事"相混淆，把"做正确的事"和"正确地做事"混为一谈。正如德鲁克所说："最没有效率的人就是那些以最高的效率做最没用的事的人。"工作高效的创业者定能在分清楚"重要的事"与"紧急的事"之后，知道如何"把第一位的事放在第一位做"。

1. 时间管理的概念

时间管理是指在同样的时间消耗下，为提高时间的利用率和有效率而进行的一系列活动。它包括对时间进行的计划和分配，以保证重要工作的顺利完成，并留出足够的余地处理那些突发事件或紧急变化。

创业者应重视并着力进行时间管理，目的就是将投入的时间与自身的创业理想、工作目标相契合，从而达到提升效果、效率和效能的目的。因此，进行时间管理的目的在于同时获得三"效"——效果，确定的期待结果；效率，以最小的代价或花费获得结果；效能，以最小的代价和花费获得最佳的期待结果。在创业过程中，创业者可以结合每天的主要工作自查是否达到了"三效"，如表8-9所示。

表8-9 "三效"自检表

时间管理的目的	特点	是否达到	如何改进
效果	确定的期待结果		
效率	以最小的代价或花费获得结果		
效能	以最小的代价或花费获得最佳的期待结果		

拓展阅读

"三效"管理

张彦在创业初期，为了提升销售效率，在最短的时间里获得最佳的效果，开始进行"三效"管理，对每日工作进行检查评估，在效果方面是否达到自己每天预定的销售目标；在效率方面是否能够在有效的时间内接触到更多的客户资源；在效能方面是否能够以最短的时间准确筛选客户。半年之后，他发现工作效率明显得到了提升，企业的营业额也大幅增加，他感到工作也变得轻松自如了。

2. 浪费时间的原因

成功的创业者都有这样的特点，似乎他们总能够把很多事情安排得很好，也总能够有时间做那些重要的事情。我们能从中学到一些什么呢？例如，某企业中有一个非常勤奋的中层经理，他的下属非常爱戴他。因为当下属工作不能完成的时候，他总是主动伸出援助之手。他的上司也很喜欢他，因为总是看到他在加班，看到他在勤奋地工作着。但终于有一天，他累得病倒了。等他病好后回到公司，发现代理经理工作很轻松，但部门的效率却提高了。很快，那个代理经理提升了，他却在原地踏步。现在听到最多的一句话就是"我很忙"。记录一下自己所有的行程，不难发现时间最多浪费在哪些方面。找出时间的敌人后，就容易对症下药了。梳理总结浪费时间的原因，主要体现在以下几种类型及具体表现方式上。

（1）缺乏计划

创业者应当摒弃没有追求、没有目标、贪图轻松安逸的工作和生活态度。火车并不是因为跑得慢而赶不上的，而是因为出发晚了才赶不上的。一开始就不珍惜时间，不做好计划，等意识到来不及了，就已经晚了，已经没有时间做事情了，也就没有成功的机会了。

创业过程中，事项繁杂，如果不做充分的准备，不仅会影响事务办理的速度，而且浪费别人的时间，更会影响个人公众形象。

要杜绝不切实际的时间预算，防止时间在不经意间溜走。对于大学生创业，常见的时间的黑洞有：超市时间黑洞、电视时间黑洞和网络时间黑洞等。

另外，被动或缺乏积极主动的意识行事，也会延误时机。所谓"早起的鸟儿有虫吃"，主动出击，做时间的主人，预先规划，率先采取行动，就会抢占先机，在竞争中拔得头筹。走在时间前面的人，永远是竞争的胜利者。

（2）缺乏组织

很多创业者都会因为浪费大量零碎、闲散的时间而感到懊恼，实际上有一种方法可以把这些时间利用起来，这就是"连续—分段工作模式"，也就是著名的莫法特休息法，具体的方法会在后续内容中做详细介绍。

（3）缺乏认识

人力方面的时间浪费主要体现在不恰当的用人或不恰当的安排工作上。另外，创业者怀疑自身的能力也会贻误时机。因此，人力资源的培训与开发是企业成长的能量源泉。

（4）缺乏控制

要防止不速之客的打扰占用时间。据统计：专业做事的过程中会受到干扰，而其中80%的干扰被认为是没有意义的。同时，经研究，人们被干扰后重拾原来的思想平均需要2～5分钟。这就是"锯齿效应"，当工作效率达到一个高水平时，由于分神，效率就降至零点，只有通过一段时间才能达到最高点。如果工作总被其他干扰打断，效率就不能保持一贯的高水平，会变得像锯齿一样，忽上忽下。

3. 时间管理的要点

（1）要有明确的目标

目标是创业者、创业团队或整个组织所期望的结果，创业者的引领作用毋庸置疑，那么当创业者失去目标的指引时，势必会迷失方向，导致时间的浪费。有些创业者在时间管理上没有发挥应有的效率，甚至根本不知道应当如何管理时间，归根结底也是因为缺少目标的指引。时间管理的目的是让创业者在更短的时间内达成更多、更高的目标。创业者要时刻清楚自己追求的目标是什么，创业的使命是什么，继而将这个人生目标分解为阶段性的事业目标。目标是创业的源动力，是节约时间的法宝，也是走向成功的基石。

（2）目标与价值观应契合

价值观是基于人的一定的思维感官之上而做出的认知、理解、判断或抉择。基于价值观的选择，人对诸事物的看法和评价在心目中的主次、轻重排列次序。创业者要对自己的生活抱有明确的态度，做出明确的自我决定和选择。事业的成功和生活的幸福都需要相对稳定的价值观的支撑。假如价值观不明确，创业者就很难知道对自己而言什么最重要；假如价值观不明确，时间的分配与管理也必然做不好。所以，每个创业者都应该找个时间梳理、明确自己的价值观，知道什么对自己才是最重要的，是健康、家庭、事业还是朋友，在心中进行排序并分配好为之付出的时间。不难发现，目标的制订应与自己的价值观相契合，避免矛盾和冲突带来的纠结与麻烦。

（3）懂得并运用"二八法则"

人对诸事物的看法和评价会在心目中进行主次、轻重次序的排列。创业者要把时间管理好，就一定要知道哪些事情是重要的，哪些会在你的创业过程中带来最高的效率。世界充满了神秘的不平衡，这种不平衡性同样体现在时间的使用过程中。对于大多数重要事情的处理时间其实只占了20%，而剩余80%的时间其实是非常低效地浪费了。所以创业者应当找到适合自己的管理时间的方法，就是让你能够发现创造最高价值的20%的时间，并使这些时间逐步增加。著名的德国诗人歌德曾说："重要之事不可受芝麻绿豆小事所累。"平庸的人往往选择先处理那些容易的事情，而优秀的人则把那些最重要、最能带来价值的事情放在最前面。

双创学堂

事情的重要性、紧迫性分类

事情的重要性、紧迫性分类如表8-10表示。

表8-10　事情的重要性、紧迫性分类

要事第一原则	紧迫	不紧迫
重要	危机 迫切问题 必须按时完成的重要工作	预防性措施 关系维护 明确发展机会 制订发展规划
不重要	访客和会谈 信件和报告 会议和公共活动 必须马上处理的一般事务	琐碎忙碌的日常工作 不相干的信件和电话 消磨时间的休闲娱乐活动

拓展阅读

最有价值的一节课

美国伯利恒钢铁公司总裁理查斯·舒瓦普曾因为公司濒临破产而向效率大师艾维·李咨询求助。近半个小时的交流中，前20分钟，艾维·李耐心地听完其焦头烂额般的倾诉，最后请他拿出一张白纸，并让他写下第二天要做的全部事情。几分钟后，白纸上满满记录了总裁理查斯·舒瓦普几十项要做的工作。

此时，艾维·李请他仔细考量，并要求他按事情的重要顺序，分别从"1"到"6"标出六件最重要的事情，同时告诉他，请他从明天开始每天都这样做：每天一开始，请你全力以赴做好标号为"1"的事情，直到它被完成或完全准备好，然后再全力以赴做标号为"2"的事，以此类推。

艾维·李认为，一般情况下，如果人们每天都能全力以赴完成六件最重要的事，那么他一定是一位高效率人士。

他请总裁理查斯·舒瓦普自己先按此方法试行，并建议他："若您在坚持使用后认为它有效，可将此法推行至您的高层管理人员，若还有效，继续向下推行，直至公司每一位员工。

如果您或您公司的每一位员工，每一天、每一分、每一秒都在做最重要即最有生产力的事情，假以时日，可以想象，会有什么成就？"

一年后，作为此次咨询的报酬，艾维·李收到了一张来自伯利恒公司的2.5万美元的支票。

五年后，伯利恒钢铁公司一跃成为当时全美最大的私营钢铁公司。查斯·舒瓦普常对朋友说："我和整个团队坚持拣最重要的事情先做，我认为这是我的公司多年来最有价值的一笔投资！"

要事第一，分清事情的轻重缓急，设定优先顺序，最重要的事情摆在第一位，这样就能永远把时间用在最有生产力的地方。

"六点优先工作制"，其内容如下。

（1）在前一天晚上写下第二天要做的全部事情，对目标、任务、会议等事件分别按优先级进行排序。

（2）化整为零，把大的、艰难的任务细分为小的、容易的部分。

（3）从优先级最高的事物着手。按事情的重要顺序，分别从"1"到"6"标出六件最重要的事情。

（4）和拖延做斗争，如果事情重要，从现在开始做。每天一开始，请你全力以赴做标号为"1"的事情，直到它被完成或完全准备好，然后再全力以赴做标号为"2"的事情，以此类推。

（4）每天至少有1~2小时"不被干扰的时间"

对于创业者而言，保证每天有1~2小时完全不受任何人干扰的工作时间是非常有必要的，处在一个独立的空间认真思考或处理重要的事情，这1~2小时甚至可以抵过一天的工作效率。通常认为这个时间安排在一天中的两个时间段是较为合适的，一是早上起床的时候，通常头脑会比较清醒；二是晚上9点到10点，也非常适合高效的独立思考与工作。

二、时间管理的步骤

所有的创业者都不会否定时间管理的重要性，但多数的创业者却总是做不到、做不好，时间管理应该是创业过程中"知行落差"最大的活动之一。

拓展阅读

时间管理与"帕金森定律"

英国著名的历史学家诺斯古德•帕金森经过多年调查研究，发现不同的人做同一件事所耗费的时间差别如此之大：一个人可以在10分钟内看完一份报纸，也有人可以看半天；有人20分钟可以寄出一叠明信片，但一位无所事事的老太太为了给远方的外甥女寄张明信片，可以足足花一天的时间。这其中的差别就在于事务处理的紧迫性与时间的供给量，时间供给越少、紧迫性越高，工作效率就越高。

帕金森定律表明：只要还有时间，工作会自动地膨胀，并占满所有可用的时间。

对于创业者而言，了解自己创业的使命、个性特征、培养正确的工作习惯，掌握时间管理的步骤，就能构建一个专注、高效、不过劳、改变命运的时间规划图。下面主要结合彼得•德鲁克的时间管理观点阐述时间管理的步骤。

1. 详细记录时间支配使用情形

德鲁克曾经请某位董事长写下日常的时间支配情形，对方表示自己日常时间分配主要分为三部分：与部门主管沟通、与重要顾客往来、参与社交活动。但是德鲁克对照其秘书连续六星期记录其实际从事的活动，发现董事长根本没花费多少时间在那三件"他自以为"的事务上，反而是经常打电话给各个生产部门，督促他们赶紧为与自己有私交的客户发货，结果是经常打乱正常的生产节奏。这是很多创业者身上也会存在的自我感知和实际情形的落差。因此，建议创业者首先要坚持记录自己真实的时间运用情形，重点是要切实、及时记录。就算无法常年保持，至少每年也要有两次，每次持续3～4周地执行这项记录工作。一旦形成文字，可以给创业者提供一些真实而重要的信息，从而找出浪费时间的"元凶"。

2. 系统化管理时间

在完成时间支配和使用情形的记录后，就可以进行第二个步骤，即系统化的时间管理。创业者必须从记录中找出无生产力或生产力低效、浪费时间的活动，并尽可能地在以后的活动中避免，主要应当认识并做到以下几点。

（1）停止浪费时间在不会有任何成果的事务上。如果一项活动对于组织或自己而言毫无贡献或意义，就应该学会说不。

（2）创业者应当掌握授权的艺术。将时间记录中的某些活动交由其他人完成，就算没能做得更好，只要可以做得一样好，就应当充分授权。继而，创业者可以把省下来的珍贵时间用来做更重要的事情。

（3）避免做一些浪费团队或下属时间的事情。例如，某创业者希望在其创业团队中实现信息畅通，且无人被排除在组织之外，于是要求所有下属都要参与所有会议。参与者为了表示出兴趣，又都会就未来发展问题提出至少一个问题，而这些问题往往毫无意义，结果使会议变得阵容庞大而冗长。

3. 找出完整的时间区块

无论是记录、分析时间，抑或是排除不重要、低效的活动和浪费时间的因素，都是为了让创业者将有限的时间用来从事更重要、对组织和个人更有贡献的工作。因此，创业者进行时间管理的下一个步骤就是找出一段完整的时间，专心地完成最重要的事务。有些创业者会选择一周在家工作一天，有些则会在一周内安排半天专门用来处理要务，另一个更常见的办法是早起，每天上班前安排90分钟时间在家工作。

4. 确定优先次序，一次只做一件事

德鲁克认为，获得高效能的秘诀便是"专注"。换言之，重要的事务摆在第一位，而且一次只做一件事。一次只做一件事，意味着可以迅速完成任务；而越能够集中时间、心力和资源，实际完成的任务就越多元、越多量。

三、时间管理的方法

关于时间管理的方法，每个创业者都在采用自我独到、适用的方式，就此介绍几种时间管理常用的方法。在阅读过程中，读者可能需要反复思考自己的时间配置，并结合书中阐述的方法和建议，选用适合自己的时间管理方法，并长期保持和不断修正，从而养成良

好的时间管理习惯，可能会对创业过程中的时间使用效率起到明显的提升作用。

1. 设置目标

设置目标不单单是要有目标，在设置目标时应遵循SMART原则，具体包括以下几点。

（1）具体性（Specific），指目标必须是清晰的，可产生行为导向的。例如，"我要成为一个优秀的创业者"就不是一个具体的目标，但目标"我要带领我的企业持续经营十年"就算得上是一个具体的目标了。

（2）可衡量性（Measurable），指目标必须用指标量化表达，如上面这个目标就对应着许多量化的指标——营业额、利润等。

（3）可行性（Acceptable），指目标应当是可以实现的，有两层意思，一是目标应该在能力范围内，二是目标应该有一定的难度。

（4）相关性（Realistic），指目标是切合实际的，是与现实生活相关的，而不是简单的白日梦；实现此目标与其他目标的关联情况，要和岗位职责相关联。

（5）基于时间的（Timetable），指目标必须确定完成日期。不但要确定目标的最终完成时间，还要设立多个时间段上的"时间里程碑"，以便进行工作进度的监控。

拓展阅读

为梦想填入日期

11岁那年，深爱的妈妈病逝；同年的冬天，爸爸的公司被查封，有写日记习惯的他在日记上写下"我一定要当老板，帮爸爸雪耻，以慰妈妈在天之灵"的梦想。

24岁，他以300万日元的资金完成当老板的梦想；40岁，完成企业上柜的目标。如今，他创始的居食屋和民在日本已有超过730家店铺，在上海也有超过10家店铺——他是渡边美树（Miki Watanabe），和民集团与居食屋和民的创始人，经营餐饮事业之外，也积极以老人介护、环境、农业与教育进行多元化经营。

为人生的六个方面填入梦想

渡边美树建议每个人先将自己的人生做一次盘点，以工作、家庭、兴趣、财务、健康、进修为六个方向作为梦想的主轴，知道自己有哪些不足的地方，接下来再为这六个方向填入梦想。

1．工作：如何做才能被社会认同？

2．家庭：希望建立怎样的家庭？

3．兴趣：希望有什么样的兴趣？

4．财富：希望将来有多少金钱？

5．健康：希望自己的健康状态如何？

6．进修：希望有何种专业技能？

1996年，当渡边美树37岁时，填入以下的梦想：

1．工作：希望让公司做到股票上市的程度（1996年实现股票上市、2000年达成股票上柜的目标）。

2．家庭：希望每星期与小孩进行两小时的读书会。

3．兴趣：将教育理念体系化，每星期读三本书。

4．财富：没有公开负债。

5．健康：每个月游泳一万公尺（10千米）。

6．进修：希望自己可以为进军海外做准备，每天念英文一小时。希望计算机能运用自如，一天练习30分钟。

渡边美树表示，如果将这六个方向作为通往梦想的入口，梦想比较容易到手。当自己看着记事本上写着这些梦想时，就能每天都充满着跃跃欲试的感觉。

一想到自己的公司即将上市，也会激起自己的干劲。一想到陪着孩子一起念书，脑海里就会浮现孩子的脸庞及陪他成长的喜悦。疲累的时候，想到一个月要游一万米，培养有始有终地贯彻力与锻炼体力，也能充满着活力。

渡边美树认为，虽说工作并非人生的全部，但是20～30岁全心全力专注于工作、而失去6个方向的平衡，其实是可以接受的，因为人生之中一定会有一段时间专注于工作，这是为了培养基本功与基础知识，重要且必经的阶段。假使二十几岁没有经过这一段"蹲马步"的历练，到了30岁之后，就很难有六个方向的平衡。

渡边美树非常痛恨浪费时间，他自己就连生病住院期间都给自己作业，至少一天看一本书与两卷录像带进修，还要公司干部到医院病床边和他开会。他连睡眠时间都锱铢必较、发呆都要决定发呆几分几秒，这就是渡边美树绝不虚度一分一秒的意志力。

为梦想设定完成时间

渡边美树将梦想填入日期，用"几岁想完成什么梦想"的语法，先把梦想填入日期。

例如，为了小时候立下的当老板的志愿，他规定自己在大学毕业前要有"组织运作"的经验，因而成立跨校的老人服务社团；为了让自己在就学期间立定创业的方向，因此进行一次环绕北半球27个国家的旅行，在美国纽约找到创业的起点，那就是开餐厅——因为他在餐厅中看到大家都洋溢着笑脸，餐厅的气氛让他仿佛回到了妈妈在世时，一家人围着饭桌的温暖感觉。

因此，到了大学毕业时，他已经立下创立一家"充满欢笑声的餐厅"的梦想，但是，他希望这是一个适合男女老少、家人团聚、朋友同乐的居食屋（居食屋与居酒屋不同在于，前者的概念是家庭的餐桌，后者则是喝酒喧闹，定位上有所不同）。

大学毕业后，他已经为毕业两年后的梦想填入日期。

首先，为了"武装"身为一名领导者应有的财务与会计知识，他进入一家会计事务所特地学习资金流运作与读懂报表；半年之后，他达成了梦想就离职，进行下一个存钱的梦想。

为了在一年之内存够钱，他进入佐川急便（Sagawa Express，快递企业），为此，他没日没夜、一天工作20个小时；果真在一年后实现了存够300万日元创业基金的梦想。

1984年4月，在他24岁时成立了和民集团的前身渡美商事，1992年，以融合居酒屋与家庭餐厅的概念，成立"居食屋和民"。现在，每当接近用餐时间，位于中国台湾省台北市的居食屋和民，总有大排长龙的人群，就不难看出居食屋和民进军中国台湾市场时的正确定位。

"目标数值化"与"实践例行化"

填入日期的梦想之后，下一步就是要从目标达成日倒算，然后将每年、每月、每周、每天列上详细的计划，也就是加以"数值化"。例如，"2008年全世界展店1000家""每月顾客满意度80%""每天客诉0件"，关于工作，这些都是很容易数值化的目标。

但是，如果是"想和太太感情更好""想和小孩相处更融洽"，这该如何数值化？"和太太感情更好"的梦想，可以数值化为"每星期和太太去公园散步1小时"，"想和小孩相处更融洽"的梦想，则可以数值化为"每周六与小孩进行两个小时的读书会"。

就算再忙，渡边美树也坚持进行每星期与儿子的两小时读书会，因为这是无可取代的黄金时间。无论如何，一星期之中，就属于这两个小时绝对要保留，因为这正是经理人最容易忽略的区块，也就是"不紧急却很重要"的事情，如果错过了，孩子的成长不可能再重来一次。

如果有"每星期读一本经济学书籍"的目标，最好落实到例行的实践计划，如"每星期五晚上读书两小时"。类似这种"每月"游泳一万公尺、"每星期"读三本书、"每天"快走30分钟，就是将实践例行化的意义。从梦想到目标、从目标到实践，终能在自己规定的日期内达成目标。

2. ABC时间管理法

（1）ABC时间管理法的概念

以某一阶段各项事务的重要程度为依据，将所要做的各项事务由重要到不重要的顺序划分为A、B、C三个等级，然后按照各项事务的重要等级在某一时间段内一次完成的做事方法，就被称为ABC时间管理法。创业者将各项事务的重要性进行比较后，会对每项事务有更清楚的认识，从而减少盲目性。

双创学堂

ABC时间管理法使用前的三问三答

在如何确定所要做的事务的主次标准上，可以通过自问三个问题得到有效的解答。

① 你需要做什么？

需要做什么可以是对创业目标的提问，也可以是对一天工作的提问。创业阶段的事务繁多，重点是创业者必须分清楚某些事务是否一定要做，以及是否一定要由自己来做。这两种情况是不同的，适当委托他人完成某些事务，自己只需督促其完成。

② 什么能带给自己最高的回报？

创业者应该且必须把时间和精力集中在能给自己或团队带来最高回报的事务上，在这一方面，可以使用前面介绍的"二八法则"来指导自己的选择和行动，这样使用时间才具有一定的战略眼光。

③ 什么能给我最大的满足感？

对于创业者而言，能带来最大回报的事在大多数情况下是可以给自己带来满足感，但除此之外还应当考虑其他方面。从选择创业的角度看，创业者往往都希望在事业上做出成就，选择创业的大学生作为创新创业的开拓者，从事某些具有挑战性、创新性的工作，能使其大显身手；这种事业挑战本身就带有激励性，也能使创业者最大化地实现其人生价值。例如，帮助团队成员成长、协助其解决棘手的问题等，虽然你并没有从中直接获取利益回报，但是通过帮助他人解决问题并走出困境，也给自己带来了自豪感与成就感。

（2）ABC时间管理法的使用

通常A类事务是最有价值的，因此要优先完成，再考虑B类、C类事务。在同一时间段内，如果A类事务包含两项及以上，还可以根据时间顺序将其分为"A-1""A-2""A-3"等，并运用"需要做什么""最大回报""最大满足感"选定ABC类事务优先排序标准，这些事务应当是在某一时间段内认为必须要做的、有价值的，如表8-11所示。

表8-11　ABC时间管理排序表

排序	做什么	回报	满足感	执行时间
A-1				
A-2				
A-3				
B-1				
B-2				

排序	做什么	回报	满足感	执行时间
B-3				
C-1				
C-2				
C-3				

创业者还需要认识到，将相关事务分清其在次序上的优先性，并不是将其割裂开来，往往它们相互之间还具有一定的联系，应当做好衔接与时间分配。

3. 艾森豪威尔法则

（1）艾森豪威尔法则的原理

著名的艾森豪威尔法则是由美国总统艾森豪威尔发明的，又称为四象限法则。这个法则能帮助创业者快速决定哪些事务该优先处理。确定优先的标准是紧急性和重要性，根据这两个标准可以将所有事务划分为紧急重要、重要不紧急、紧急不重要、不重要不紧急四个区域。按照要事第一原则，可以将所有的事务分为四类，如图8-2所示。

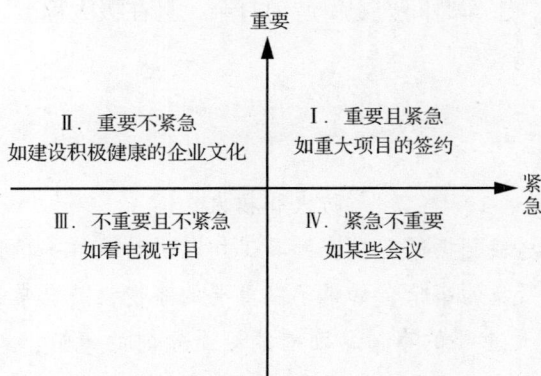

图8-2　四象限法则图

Ⅰ.重要且紧急的事务：考虑到其重要性和紧急性，需要尽快处理，最优先排序。

Ⅱ.重要不紧急的事务：虽然很重要，但考虑到时间的宽裕，可以暂缓处理，但应加以足够的重视，视为最应偏重做的事项。

Ⅲ.不重要且不紧急的事务：这些事务并不重要，且不需要尽快处理，可以考虑是否不做、暂缓推迟或委派他人完成。

Ⅳ.紧急不重要的事务：这些事务虽然不重要，但在处理的时间上却比较紧迫，可考虑委托他人完成。

（2）运用艾森豪威尔法则将事务分类

根据艾森豪威尔法则，面对日常繁杂的事务，创业者可以从重要程度和紧急程度两个维度出发，分别考虑以下四种类型事务的处理方式，从而实现高效的时间管理。

① 重要且紧急的事务。从象限图不难看出，这类事务的重要性都很高，并且必须在相应的较短时间期限内处理或完成。因此，创业者对于这类事务必须予以足够的重视，并亲自对其进行认真的处理。通常情况下，这类事务都是一些亟待解决的重点问题，会给创业者形成巨大的精神压力。例如，市场开拓、重大项目的签约，或鼓舞创业过程中团队的士气等都是典型的此类事务。

针对此类事务应考虑的目标：做事应有一定的预见性，一方面提前对重要性事务有预判和缓冲，避免将过多的重要性事务拖延成紧急性事务；另一方面对重要且紧急的事务应留有足够的处理时间和精力。

② 重要不紧急的事务。此类事务的完成期限虽然不紧急，但却往往具有全局性或关键性的重要意义，因此，建议创业者还是要积极对待这类事务，避免其拖延成为紧急性事务，给自己带来更加大的压力和痛苦。而高效时间管理的秘诀也在极大程度上取决于此类事务的处理，此类事务处理得当，就能掌握时间的主动权，减少未来可能出现的危机。例如，建设积极健康的企业文化、团队增员和壮大、个人学习进修等。

针对此类事务应考虑的目标：尽量安排最多的时间用来处理此类事务，往往会给创业者带来意想不到的收获，工作时间会变得游刃有余，且在极大程度上减轻创业的压力。

拓展阅读

防火和救火

惠普公司大中华区总裁孙振耀曾在谈到其工作时讲过这样一段话："一般我们处理的事情分为重要的事情和紧急的事情，如果不做重要的事情，就会常常去做紧急的事情。例如，锻炼身体保持健康是重要的事情，而看病则是紧急的事情。如果不锻炼身体保持健康，就会常常为了病痛烦恼。又如，防火是重要的事情，而救火是紧急的事情，如果不注意防火，就要常常救火。往往紧急的事情给人的压力比较大，迫使人们去赶紧做，相对来讲重要的事情反而没有那么大的压力，大多数人做事情都是以压力为导向的，压力之下，总觉得要先做紧急的事情，结果就是永远到处救火，永远没有停歇的时候。"

③ 不重要且不紧急的事务。毫无疑问，当创业者面临还有很多其他三类事务需要处理的时候，这种事务通常会被忽略或滞后处理。例如，某些垃圾信件、电话，办公桌上堆积的并不重要的文件。

针对此类事务应考虑的目标：应考虑彻底摆脱这些事务的干扰，例如，办公桌上不断出现在视线内的非重要文件往往会不停地扰乱你的思维，让你在潜意识中不断想起，还有一些没有看过或处理的文件。这样一来，原本无关紧要的事情反而形成了一种无形的阻碍。因此对于非重要文件，一定要及时处理干净，消除其产生的消极影响。

④ 紧急不重要的事务。毫无疑问，这类事务经常会"戴着时间紧迫的面具"轻而易举地占用时间，却又不会产生深远或重要的积极影响。因此，创业者应当清醒地认识并拒绝接受从事或处理此类事务，或委托他人完成。例如，一些不速之客的招待、某些会议的召开等。

针对此类事务应考虑的目标：通过委托他人完成等方式尽量在此类事务上耗费最少的时间。

4. 莫法特休息法

（1）莫法特休息法的原理

很多创业者都会因为浪费大量零碎、闲散的时间而感到懊恼，实际上有一种方法可以把这些时间利用起来，这就是"连续—分段工作模式"，也就是著名的莫法特休息法。《圣经新约》的翻译者詹姆斯·莫法特的书房里有3张桌子：第一张摆着他正在翻译的《圣经》译稿；第二张摆着他的一篇论文的原稿；第三张摆着他正在写的一篇侦探小说。所以，简单地理解莫法特休息法就是从一张书桌搬到另一张书桌，继续工作。

莫法特休息法的科学性在于，人的大脑左半球负责语言表达、逻辑性和序列性等思维活动，大脑右半球负责人的非语言性、非逻辑性思维、知觉、直觉感情等形象思维方面的整体活动。创业者连续性地工作，如长时间地思考问题、写文章、订计划，是用左脑；而可分段进行的工作，如复印材料、打电话、发传真、抄写、统计、记账等，是用右脑。我们如果把一天必须完成的工作分成这样两类，交替进行，就可以使左右大脑轮流获得休息，减轻紧张的感觉，祛除疲劳，也能使工作更加专注，提高工作效率。

使用莫法特休息法进行时间管理，首先要区别所面对的各项工作的性质，然后纳入"连续—分段—连续—分段的工作模式"，也就是说每隔一段时间，通过改变工作模式、工作环境，让大脑保持新鲜感，充分利用间歇或空闲的时段，创造出更多可以利用的时间。

拓展阅读

"连续—分段工作模式"和"间作套种"

"连续—分段工作模式"和农业上的"间作套种"原理非常相似。"间作套种"是一种科学的种植方法。在长期的种植过程中，人们发现，连续地种植同一农作物时，由于同一植物需要相同的养分，土地的肥力越来越低，从而产量也越来越低。如果套种其他的植物，那么这两种作物的产量都会提高。我们也可以应用这种方法提高我们的效率。大家都有这样的生活经验：繁重的、紧张的工作未必能使我们的精神上或体力上感到疲劳，往往是单调乏味的工作使我们的心理产生厌烦情绪，进而感到浑身乏力，难以支持。假如这时我们着手从事另一种新的工作，精神和力气马上就提高了。为了防止我们在工作中出现疲劳感减慢工作进度，我们可以经常改变工作的方式，变换工作地点，或者几种工作互相交叉同时进行，使我们的大脑总是处在新鲜信息的刺激下。这样，我们就可以持续高效地工作。

（2）使用莫法特休息法进行时间分段

使用莫法特休息法进行时间分段，主要可以将分段的时间分为以下几类：大块时间、首要时间、零碎时间、固定时间、安静时间、弹性时间和娱乐时间等。

① 大块时间：即创业者每天都会利用一大部分时间来完成当天重要的事情或安排，大块的时间往往指两个小时及以上的时间。

② 首要时间：即每天早晨的那段时间。有人利用早晨的时间进修；有人利用早晨的时间运动；还有人利用早晨的时间思考。

③ 零碎时间：也被称为时间的存储器，貌似无关紧要，但这些零散的时间如果能够积少成多、化整为零，充分利用，也是非常可观的。

④ 固定时间：如果感觉在某个时间段内完成某项工作的效率高、效果好，不妨将其固定下来。

⑤ 安静时间：思考、策划或其他工作，是否能够做到专心有效，环境因素的影响往往不容忽视。因此，需要给自己拟定一段安静时间，在这一时段内保证将来自外界环境因素的影响降到最低。

⑥ 弹性时间：每项工作都需要时间，最好是留有弹性时间，即预计的时间应该稍微宽裕些。可以在两三项工作之后安排一些弹性时间，用来弥补前面还没有完善的事务，或者是留作被干扰后的调节时间。

⑦ 娱乐时间。创业过程中的压力往往是巨大的，创业者应当学会放松自己，避免神经高度或过于紧绷而导致烦躁与焦虑。因此，应当每周安排一定的时间和家人、客户、朋友以娱乐休闲的方式共同度过。

将不同的时间分段并穿插安排在每天的工作中，可以有效减轻工作疲劳，同时提高工作效率。

（3）使用莫法特休息法的典型工作模式

① 动静交替分配时间。用同一个姿势坐着思考、办公，时间久了容易感到疲劳，此时可以变换思考的姿态，变换思考的地点。同样，长时间进行室内办公或室外奔波，往往也很快就会感到疲惫，在这种情况下，可以考虑采用动静交替的方法分配时间。例如，你正在研读的一本书，在房间里坐着读书一小时之后，可在房间里站着边走边读，读累了可以靠在沙发上读一会儿，或者走到庭院里在花坛前读，继而在藤萝架底下靠着柱子边读边

思考。这样往往就不至于感到枯燥乏味了，读过的东西印象也会很深刻。

② 体力与脑力互相交替分配时间。创业者平时可以把紧张的研究、思考、办公与体育锻炼交互进行。当集中精力研究问题感到疲劳时，可以放下手头的工作，到户外散步、打太极，或到公园慢跑。经常进行这些户外的有氧运动，不仅有利于增强体质，而且对提高工作效率也大有好处。简单地说，体力与脑力互相交替分配时间也就是劳逸结合法。

③ 按研究问题的不同角度分配时间。创业者要思考、分析的对象很多，即使不更换研究对象，只改变研究角度，从不同侧面分析问题，同样会引起大脑新的兴奋点，达到提高工作效率的目的。新鲜的知识、信息往往能引起人浓厚的兴趣，善于寻找切入点，定会有不同的收获。

④ 工作和娱乐休闲交替分配时间。俗话说："一张一弛，文武之道"。很少有人可以做到保持长时间工作而不感到疲惫的，因此要适当地放松自己。有时在愉快的休闲中不仅消除了疲惫，甚至还可以获得某些启示，获得某些重要信息，从而产生惊人的创造力。

总之，莫法特休息法运用的关键就是：经常使自己对所从事的事情充满新鲜感。每隔一段时间，应该改变一下工作或学习环境及方式，让不同的新鲜信息刺激大脑，使大脑的兴奋中心不停地转移，从而避免某一区域长时间兴奋而过于疲劳，导致大脑认识问题、分析和处理问题迟钝，以达到提高工作效率的目的。

四、时间管理工具的使用

1. 手机

由于创业活动的空间越来越广，时间成本越来越高，使手机成为创业者非常依赖的一种联络方式，同时也是节省时间的有效工具。

视频电话可以使创业阶段的企业在预算有限的情况下，实现最高效的远程办公、视频会议等工作方式。

2. 电子邮件

网络通信工具的使用为创业者的生活和工作能带来了极大的便利，但如何科学地使用电子邮件，避免因为运用不当，反而浪费大量时间的现实发生，建议创业者在使用电子邮件时注意以下几点。

（1）言简意赅，主题明确。发送每一封电子邮件之前，都应为电子邮件设置一个标题，简明扼要的语句最能显示其主要内容与重要性。因为商务人员总是会收到潮水般的电子邮件，冗长的信息或主题不明的信件往往容易被忽视。

（2）定期检查邮件。建议根据接收电子邮件的数量和频率，定期检查邮件，而且不要强迫性地阅读每一封收到的电子邮件，因为其中不乏存在一些垃圾邮件，它们可能会打断工作的进程和思绪。

（3）为收件箱做好保护措施。过滤掉一些垃圾邮件是有一定意义的。

3. 个人掌上电脑

对于很多经常使用掌上电脑的创业者而言，其使用理由不外乎以下几点。

（1）精巧的外形。由于掌上电脑比笔记本电脑更精巧，因此可以随身携带，目前的环境下可以在大多数的场所、场合随心所欲地使用。

（2）强大的日程规划功能。掌上电脑可以有效地帮助创业者进行日常活动的规划和时间安排，并有足够的存储空间用来存放相关的资料，也可以非常灵活便捷地进行时间安排的变更，而此类变更在纸质管理系统中只能通过铅笔和橡皮才能做到，否则将混乱不堪。

（3）数据库和资料簿管理功能。

4. 时间管理软件

充分利用一些方便、实用的时间管理专用软件也可以帮助创业者提高工作效率，让时间增值。常用的时间管理软件有Timexam、效能时间管理、成功助理、EssentialPIM等。

5. 传统的纸质个人管理工具

例如，记事本、日志等传统的个人时间管理工具因其廉价、便捷等特点也仍然被广泛使用。

自我检查

时间管理工具包括：
时间管理工具有助于我在以下的创业情境中获得成功： 1. 2. 3. ……
我在校学习、工作过程中所表现出来的有效时间管理的表现： 1. 2. 3. ……

我对自己在学习、工作中所表现出来的时间管理方面不满意的地方:	改变不足的计划:
1. 2. 3. ……	1. 2. 3. ……

复习思考题

一、判断题

1. 企业人力资源开发强调的是以人为本。 （   ）

2. 企业只要建立起激励制度，就能达到调动员工积极性的效果。 （   ）

3. 盈亏平衡点也叫保本点，说明在这点上企业的收入和成本是相等的。 （   ）

4. 创业者在设置价格时主要根据同行业竞争者的价格定位。 （   ）

5. 固定成本是指其总额在一定时期和一定业务量范围内不随业务量发生任何变动的那部分成本。 （   ）

6. 著名管理学家科维提出的时间管理理论，把工作按照重要和紧急两个不同的程度进行了划分，基本上可以分为四个"象限"：既紧急又重要、重要但不紧急、紧急但不重要、既不紧急也不重要。 （   ）

7. 对人的行为进行强化激励时，一是坚持正强化与负强化相结合，以正强化为主。
（   ）

8. 创业者在设置经营目标时应遵循SMART原则，其中T指的是目标应具有可行性。
（   ）

9. "连续一分段工作模式"可以通过改变工作模式、工作环境，让大脑保持新鲜感，充分利用间歇或空闲的时段，创造出更多可以利用的时间。 （   ）

10. 2018年4月，滴滴强势入局外卖市场，滴滴外卖发布大量红包、配送奖励等，属于销售费用支出。 （   ）

二、选择题

1. 以下不属于固定成本的是（   ）。

    A. 房租   B. 装修费

    C. 原材料   D. 广告

2. （   ）指直接反映某一品种产品生产过程的各项支出，即可以直接计入该品种产品的生产成本。

    A. 固定成本

    B. 变动成本

    C. 直接成本

    D. 间接成本

3. 企业进行成本核算时，一般将成本分为固定成本和（　　　）。

    A. 生产成本

    B. 管理成本

    C. 变动成本

    D. 机会成本

4. 美国社会心理学家马斯洛认为，人的动机是由（　　　）种需要构成。

    A. 四　　　　　B. 五　　　　　C. 三　　　　　D. 六

5. 明显的数据对人产生明显的印象，激发强烈的感想。数据激励就是把员工以前的行为结果用数字对比的形式反映出来，以激励上进，鞭策后进，体现的是员工激励中的（　　　）方法。

    A. 信任激励

    B. 强化激励

    C. 数据激励

    D. 情感激励

项目9

初创期的营销推广

问　题	（ 怎样才能抓住市场? ）

学习项目　　　　　　　　　　初创期的营销推广

细分任务	任务9.1 营销环境 分析	任务9.2 产品定位	任务9.3 分销渠道 选择	任务9.4 销售促进	任务9.5 品牌化建设	任务9.6 客户服务
支撑知识	宏观环境分析、 行业环境分析、 内部条件分析、 SWOT分析	市场细分、 目标市场、 定位	分销渠道、分 销渠道的层次、 分销渠道的宽 度、分销策略	促销、营业推 广形式、营业 推广方案	品牌、品牌作 用、品牌决策、 品牌建设、品 牌维护	客户需求、客 户期望、服务 承诺管理、服 务选择方案

项目9 │ 知识（技能）框架图

知识目标

- 掌握宏观环境和微观环境包含的内容，了解STP战略内容
- 掌握渠道的概念、渠道模式和渠道分类
- 了解促销的定义、销售促进常见形式，掌握客户服务流程

技能目标

- 能用SWOT分析法分析环境，能用STP战略进行企业定位
- 能根据企业自身情况选择渠道模式，能设计初创期推广活动
- 能对客户进行分类，并根据不同客户需求提供服务

任务9.1   营销环境分析

一、营销环境的分析内容

1. 宏观环境分析

宏观环境对企业的影响是间接的，但是其影响也是巨大的，因为这些因素是企业无法控制的。创业者必须了解或者熟悉相应的宏观环境因素，以适应环境，把握机遇。宏观环境主要包括围绕在企业周围的政治与法律环境、竞争者、经济与人口环境、技术与自然环境、社会与文化环境等，如图9-1所示。

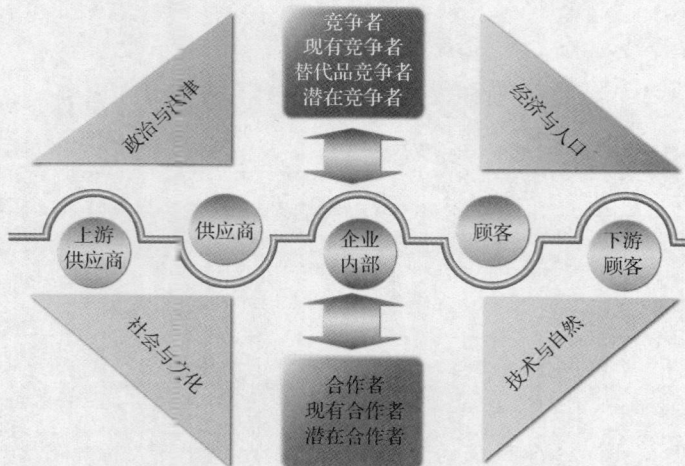

如何进行营销环境分析？

图9-1｜创业环境分析的内容

2. 行业环境分析

通过了解行业的基本竞争情况及潜在的发展机会，尽量避免投资失误和资源浪费。行业环境分析主要考虑行业所处的发展阶段及行业进入壁垒。

任何一个行业的发展大致都要经历以下四个阶段。

（1）孕育阶段：存在技术和市场风险。

（2）成长阶段：机会最多，如步步高。

（3）成熟阶段：机会有限。

（4）衰退阶段：尽量回避。

行业进入壁垒一般体现为：规模经济、产品差异、顾客品牌转移难度、所需投资量的大小、转换成本、销售渠道限制、资源的稀缺性、技术进步速度八个方面。

3. 内部条件分析

通过对内部环境进行分析，企业可以决定能够做什么，即企业所拥有的独特资源与能力所能支持的行为，具体包括企业资源与能力分析和价值链分析。

（1）企业资源与能力分析：包括对企业资源分析、企业能力分析和企业的核心竞争力分析。

（2）价值链分析：包括价值链的确定和企业资源能力的价值链分析。

拓展阅读

波特的价值链分析

美国哈佛商学院著名战略学家迈克尔•波特提出的"价值链分析法"，把企业内外价值增加的活动分为基本活动和支持性活动。基本活动涉及企业生产、销售、进料后勤、发货后勤、售后服务。支持性活动涉及人事、财务、计划、研究与开发、采购等。基本活动和支持性活动构成了企业的价值链，如图9-2所示。不同的企业参与的价值活动中，并不是每个环节都创造价值，实际上只有某些特定的价值活动才真正创造价值，这些真正创造价值的经营活动就是价值链上的"战略环节"。企业要保持的竞争优势，实际上就是企业在价值链某些特定的战略环节上的优势。运用价值链的分析方法来确定核心竞争力，就是要求企业密切关注组织的资源状态，特别是关注和培养在价值链的关键环节上获得重要的核心竞争力，以形成和巩固企业在行业内的竞争优势。

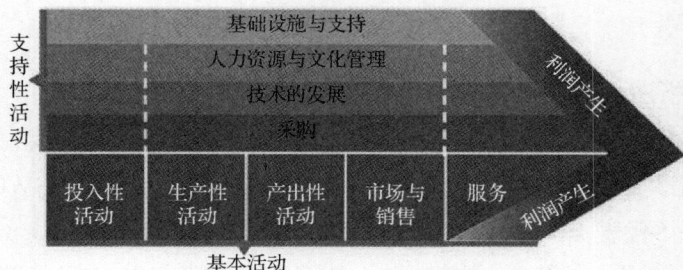

图9-2 | 企业的价值链

二、创业环境分析的方法——SWOT分析

1. 机会威胁分析法

通过对营销环境的分析，我们知道环境中存在有利于企业发展的因素和不利于企业发展的因素。将环境中有利于企业发展的因素称为环境机会，不利于企业发展的因素称为环境威胁。环境的机会和威胁可以通过机会矩阵图和威胁矩阵图进行分析（见图9-3和图9-4）。

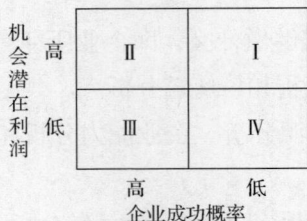

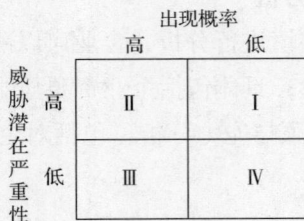

图9-3｜机会矩阵图　　图9-4｜机会威胁矩阵图

机会威胁分析矩阵图（见图9-5）是对各类业务所遇到的环境机会和环境威胁综合分析后，对业务类型进行分类，形成了四类业务。

（1）高机会、低威胁为理想型业务。

（2）高机会、高威胁为风险型业务。

（3）低机会、高威胁为困难型业务。

（4）低机会、低威胁为成熟型业务。

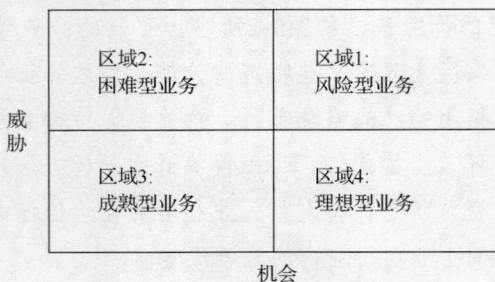

图9-5｜机会威胁分析矩阵图

2. SWOT分析法

SWOT方法自形成以来，广泛应用于企业战略研究与竞争分析，成为战略管理和竞争情报的重要分析工具，分析直观、使用简单是它的重要优点。近来，SWOT分析已被广泛应用在许多领域。S代表 strength（优势）、W代表weakness（弱势）、O代表opportunity（机会）、T代表threat（威胁）。其中，S、W是内部因素，O、T是外部因素。按照企业竞争战略的完整概念，战略应是一个企业"能够做的"（即组织的强项和弱项）和"可能做的"（即环境的机会和威胁）之间的有机组合（见图9-6）。

内部分析 外部分析	优势S 1. 2. 列出优势 3.	劣势W 1. 2. 列出劣势 3.
机会O 1. 2. 列出机会 3.	SO战略 1. 2. 发出优势 3. 利用机会	WO战略 1. 2. 克服劣势 3. 利用机会
威胁T 1. 2. 列出威胁 3.	ST战略 1. 2. 利用优势 3. 回避威胁	WT战略 1. 2. 减少劣势 3. 回避威胁

图9-6 | SWOT分析法

拓展阅读

一个会计学生的自我SWOT分析

一位大二会计专业学生对自我进行的SWOT分析如下。

S（优势）： （1）做事认真负责，有较强的学习能力； （2）乐观积极对待生活，善于发现周围同学的优点； （3）喜欢思考问题，对待事物能够冷静思考； （4）能够充分利用周围资源，达到一个很好的结果； （5）有较强的表达能力和逻辑思维能力； （6）有较强的组织能力和管理经验。	O（机会）： （1）国家经济发展，对人才需求量大，就业前景乐观； （2）与教师、同学接触较多，能构成良好的人际关系条件； （3）在校期间阅读大量资料，扩展自身知识量，拓宽专业领域； （4）在校期间，考取相应职业资格证书。
W（劣势）： （1）办事考虑不周到； （2）做事不果断，思前虑后； （3）做事拖拉，不能马上完成； （4）冒险精神欠缺，做事保守。	T（威胁）： （1）就业单位招聘条件越来越高，实习机会较少； （2）就业单位对人才要求既有知识要求，同时要有实践能力 （3）对发现机会和把握机会能力要求越来越高。

SWOT策略分析如下。

SO战略：

（1）在校期间多看书，多学习，掌握更多知识，提高自己的能力，同时提高就业竞争力；

（2）多参加招聘实习活动，多创造机会，多了解就业需要掌握的知识，为未来就业做铺垫。

ST战略：

多学习专业知识，将来可以在此方面有所发展。

WO战略：

（1）积极参加实习，积累实践经验，锻炼自己的能力；

（2）多参加招聘会和宣讲会，提高自信心。

WT战略：

多参加社交活动，增强沟通协调能力，构建良好的人际关系网。

任务9.2　产品定位

产品定位主要可分为市场细分、选择目标市场和品牌定位三步。

一、市场细分

市场细分（segmenting）是根据购买者对产品或营销组合的不同需要，将市场分为若干不同的顾客群体，并勾勒出细分市场的轮廓。

双创学堂

市场细分的要求

（1）市场细分不是产品分类，而是消费者分类。

（2）细分后的市场必须是具体、明确的，不能似是而非或泛泛而谈，否则就失去了细分的意义。

（3）细分后的市场必须是有潜力的市场，而且有进入的可能性，这样对企业才具有意义。如果市场潜力很小，或者进入的成本太高，企业就没有必要考虑这样的市场。

由于不同消费层次、消费习惯、偏好等不同的消费者有着各不相同的需求。要想获得消费者的认可，公司必须首先将自己定位于满足消费者需求的立场上。因此，公司品牌定位的第一步就是进行市场细分。市场细分的依据主要有地理标准、人口标准、心理标准和行为标准。

麦当劳的市场细分

回顾麦当劳公司发展历程后发现，麦当劳一直非常重视市场细分的重要性，正是这一点让它取得了令世人惊羡的巨大成功。麦当劳根据地理、人口和心理要素准确地进行了市场细分，并分别实施了相应的战略，从而达到了企业的营销目标。

（1）麦当劳根据地理要素细分市场

麦当劳有美国国内市场和国际市场，而不管是在国内还是在国外，都有各自不同的饮食习惯和文化背景。麦当劳进行地理细分，主要是分析各区域的差异，如美国东西部的人喝的咖啡口味是不一样的。通过把市场细分为不同的地理单位进行经营活动，从而做到因地制宜。

（2）麦当劳根据人口要素细分市场

通常，人口细分市场主要根据年龄、性别、家庭人口、生命周期、收入、职业、教育、国籍等相关变量，把市场分割成若干整体。而麦当劳对人口要素细分主要是从年龄及生命周期阶段对人口市场进行细分。麦当劳以孩子为中心，把孩子作为主要消费者，在餐厅用餐的小朋友经常会意外获得印有麦当劳标志的气球、折纸等小礼物。

（3）麦当劳根据心理要素细分市场

根据人们的生活方式划分，快餐业通常有两个潜在的细分市场：方便型和休闲型。在这两个方面，麦当劳都做得很好。针对方便型市场，麦当劳提出"59秒快速服务"，即从顾客开始点餐到拿着食品离开柜台的标准时间为59秒，不得超过一分钟。针对休闲型市场，麦当劳对餐厅店堂布置非常讲究，尽量做到让顾客觉得舒适自由，以吸引休闲型市场的消费群体。

二、选择目标市场

选择目标市场（targeting）是指企业要选择进入的细分市场。实践证明，受资金、渠道、环境等方面的限制，任何一个品牌都不可能为全体顾客服务。目标市场的选择应同时满足三个条件：一是该细分市场有一定的规模和发展潜力，这样才能保证有收益的可能；二是该细分市场未被竞争对手完全控制，否则公司进入该市场将付出高昂的代价；三是符合企业目标和能力，如图9-7所示。

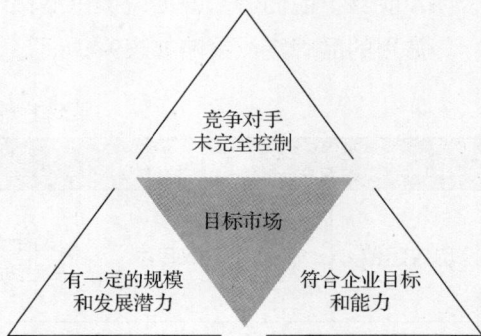

图9-7 | 公司目标市场的选择标准

![拓展阅读]

目标市场选择策略

（1）无差异性目标市场策略

把整个市场作为一个大目标开展营销，它们强调消费者的共同需求，忽视其差异性。采用这一策略的企业一般都是实力非常强大的，它们进行大规模生产方式，又有广泛而可靠的分销渠道及统一的广告宣传方式和内容。例如，百事公司在全球贩售统一的百事可乐。

（2）差异性目标市场策略

把整体市场划分为若干细分市场作为其目标市场。针对不同目标市场的特点，分别制订出不同的营销计划，按计划生产目标市场所需的商品，满足不同消费者的需求。例如，洗发水公司根据不同消费者的需求特点推出去屑洗发水、滋养洗发水等。

（3）集中性目标市场策略

选择一个或几个细分化的专门市场作为营销目标，集中企业的优势力量，对某细分市场采取攻势营销战略，以取得市场上的优势地位。一般来说，实力有限的中小企业多采用集中性目标市场策略。例如，有些公司是地区性企业，只选择在某一区域内销售产品。

三、定位

品牌定位（positioning）就是确立企业及其产品在目标市场上的位置，具体来说是企业及其产品在消费者心目中的形象。从本质来说，品牌定位就是企业向目标消费群体展示品牌独特性的过程。成功的品牌定位应使目标消费群体会到公司所提供的品牌具有独特的个性，能够给他们带来好处或提供购买的理由。

常用的品牌定位策略如表9-1所示。

表9-1　常用的品牌定位策略

定位策略	形象目标	实施要点	典型口号
功效定位	某项功效专家	承诺一个功效点的单一诉求更能突出品牌的个性	王老吉——"怕上火喝王老吉" 舒肤佳——"抑菌"

续表

定位策略	形象目标	实施要点	典型口号
领导者定位	追求品牌成为本行业中的领导者	发现本企业产品在某些有价值的属性方面的竞争优势，并取得第一的定位，而不必非在规模上最大	"正宗的" "第一家" "市场占有率第一"
加强定位	在消费者心目中加强自己现在形象的定位	有意识地突出品牌某一方面的优势，给消费者留下深刻印象，从而获得竞争的胜利	七喜汽水——"七喜非可乐" 好丽友薯愿——"非油炸的薯片"
空档定位	市场空白填补者	寻找和发现一个市场空白地带	"反季节销售"
品质定位	高品质	产品优良的或独特的品质	"优质" "纯天然" 雀巢——"味道好极了"
情感定位	关怀、牵挂、思念、温暖、怀旧、爱等情感体验	唤起消费者内心深处的认同和共鸣	益达无糖口香糖——"关爱牙齿，更关爱你" 光明——我家的乳品专家
消费群体定位	"我自己的品牌"	突出产品专为某类消费群体服务	护彤——"儿童感冒药" 金利来——"男人的世界"
情景定位	在特定的情景下即联想该品牌	将品牌与一定环境、场合下产品的使用情况联系起来	脑白金——"今年过节不送礼，送礼就送脑白金" 旺旺——"我要旺"

拓展阅读

品牌定位应慎重选择并保持一致

公司在进行品牌定位时应慎之又慎，反复斟酌后找出最佳突破口，避免出现定位混乱、定位过度、定位过宽或定位过窄的情况。一旦确立了理想的定位，公司必须通过一致的表现与沟通来维持此定位，并应经常加以监测，以随时适应目标顾客和竞争者策略的改变。

四、制订整体营销方案

为了更好地经营创业项目，创业者应针对目标市场的需要，综合考虑环境、能力、竞争状况，对自己可控制的各种营销因素（产品、价格、分销、促销等）进行优化组合和综合运用（见图9-8），使之协调配合，扬长避短，发挥优势，以取得更好的经济效益和社会效益。

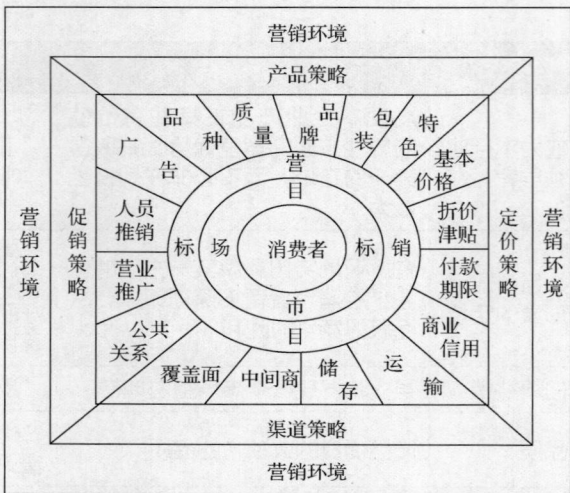

图9-8｜市场营销组合的内容

任务9.3　分销渠道选择

一、分销渠道及其功能

分销渠道也称为营销渠道、贸易渠道或交易渠道，它是指某种商品或服务从生产者向消费者（用户）转移所经过的流通途径和路线。

分销渠道具有以下功能。

（1）研究，即收集制订计划和进行交换时所必需的信息。

（2）促销，即设计和传播有关商品的信息，鼓励消费者购买。

（3）接洽，即为生产商寻找、物色潜在买主，并和买主进行沟通。

（4）配合，即按照买主的要求调整供应的产品，包括分等、分类和包装等活动。

（5）谈判，即代表买方或卖方参加有关价格和其他交易条件的谈判，以促成最终协议的签订，实现产品所有权的转移。

（6）实体分销，即储藏和运输产品。

（7）融资，即收集和分散资金，以负担分销工作所需的部分费用或全部费用。

（8）风险承担，即承担与从事渠道工作有关的全部风险。

二、分销渠道的模式

产品分销渠道可根据其渠道层次的数目来进行划分，确定模式。根据消费品与产业市场不同的特点，具体有以下几种模式。

消费品的分销渠道如图9-9所示。

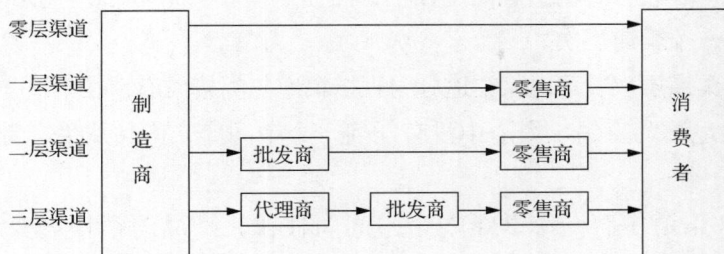

图9-9 | 消费品的分销渠道

工业品的分销渠道如图9-10所示。

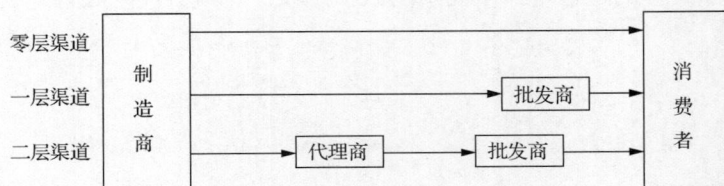

图9-10 | 工业品的分销渠道

三、分销渠道的类型

分销渠道可以按照不同的标准划分为不同的类型，如图9-11所示。

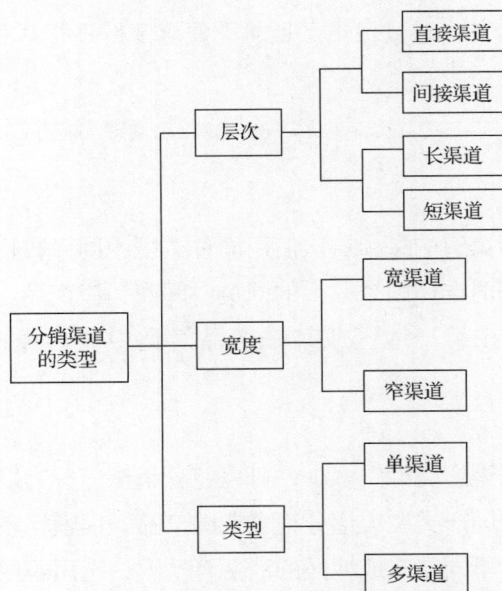

图9-11 | 分销渠道的类型

1. 分销渠道的层次

在产品从生产者转移到消费者的过程中，任何一个对产品拥有所有权或负有推销责任的机构，就叫作一个渠道层次。

根据产品的渠道层次，可以将渠道分为直接渠道与间接渠道、长渠道与短渠道。

直接渠道：也称为直销，渠道中没有任何一个中间商，产品从生产者直接销售给消费者。

间接渠道：渠道中有一个甚至多个中间商存在，产品的销售需要通过中间商的流转。

长渠道：在产品向消费者转移的过程中，经过两个及两个上的中间商（两层及两层以上的渠道）。

短渠道：商品转移的过程中，中间商的数目比较少（零层及一层渠道）。

拓展阅读

优衣库的网上销售

优衣库是日本服装品牌，由日本迅销公司建立于1963年，在日本首次引进了大卖场式的服装销售方式，通过独特的商品策划、开发和销售体系来实现店铺运作的低成本化，由此引发了优衣库的热卖潮。2002年，优衣库进入中国，由于在中国知名度不够，其店铺总数包括香港在内只有36家。为了更好地适应市场的竞争，2009年，优衣库与中国电子商务交易公司阿里巴巴进行合作，通过阿里巴巴旗下的淘宝网进行销售，以扩大自己的知名度和销售渠道。

2. 分销渠道的宽度

分销渠道的宽度是指渠道的每个层次使用同种类型中间商数目的多少。

宽渠道：指生产者同时选择两个以上的同类中间商销售产品。

窄渠道：指生产者在某一地区或某一产品门类中只选择一个中间商为自己销售产品。

3. 分销渠道的类型

按照生产者所采用的渠道类型的多少，可以将分销渠道分为以下两种。

单渠道：生产者采用同一类型渠道分销企业的产品，渠道比较单一。

多渠道：生产者根据不同层次或地区的消费者情况，选用不同类型的分销渠道。

一般来说，大部分企业采用多渠道模式。

中国企业渠道建设未来五大趋势

趋势一：要么全渠道，要么无渠道。

趋势二：移动互联时代，社交网络成为企业品牌推广和销售实现的枢纽。

趋势三：移动端将成为主渠道，不能移动，就销不动。

趋势四：智能化再造将使实体店获得新生，找到新的盈利模式。

趋势五：把渠道建在云服务平台上，是实体店盈利模式再造的基础。

四、分销策略

根据渠道的宽窄，可以将产品的分销策略可分为以下三种。

密集分销：指制造商尽可能地通过许多负责任的、适当的批发商、零售商推销其产品，如图9-12所示。消费品中的便利品和产业用品中的供应品通常采取密集分销策略。

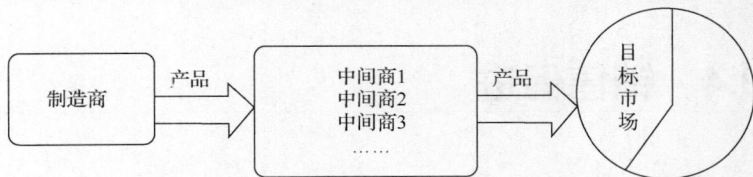

图9-12 | 密集分销

选择分销：指制造商在某一地区仅仅通过少数几个精心挑选的、最合适的中间商推销其产品，如图9-13所示。选择分销适用于所有产品。相对而言，消费品中的选购品和特殊品最宜采取选择分销策略。

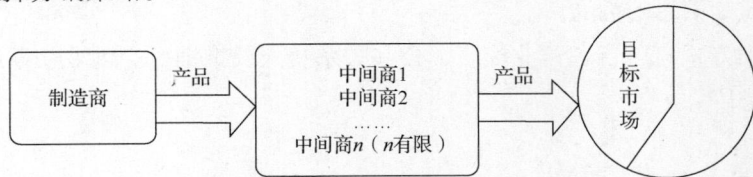

图9-13 | 选择分销

独家分销：指制造商在某一地区仅选择一家中间商推销其产品，通常双方协商签订独家经销合同，规定经销商不得经营竞争者的产品，如图9-14所示。

图9-14 | 独家分销

拓展阅读

耐克的选择分销

耐克在六种不同类型的商店中销售其生产的运动鞋和运动衣。

- 体育用品专卖店，如高尔夫职业选手用品商店。
- 大众体育用品商店，供应许多不同样式的耐克产品。
- 百货商店，集中销售最新样式的耐克产品。
- 大型综合商场，仅销售折扣款式。
- 耐克产品零售商店，设在大城市中的耐克城，供应耐克的全部产品，重点销售最新款式。
- 工厂的门市零售店，销售的大部分是二手产品和库存产品。

任务9.4　销售促进

一、促销的定义

促销即促进销售，是指通过人员及非人员的方式传播商品或服务信息，帮助消费者熟悉该商品或服务，并促使消费者产生好感，最后产生购买行为的一切活动。促销的实质是信息的沟通。

常用的促销方式有广告、营业推广、公共关系及人员推销等。创业初期最常使用的促销方式是营业推广。

二、营业推广

营业推广又称销售促进，是指企业运用折扣、有奖销售、优惠券等各种短期诱因，鼓励消费者购买、经销企业产品或服务的促销活动。营业推广活动一般时间较短，但效果明显。

1. 营业推广的形式

营业推广的形式多样，依据对象不同可以分为三种类型，即面向消费者的营业推广、面向中间商的营业推广、面向本企业推销员的营业推广，如表9-2所示。

表9-2　营业推广的形式

对象	具体形式	方法
消费者	赠送样品	上门赠送、邮局寄送、购物场所散发、附在其他商品上赠送
	有奖销售	奖项设置可以是实物，也可以是现金
	现场示范	利用销售现场进行商品的操作表演，适用于新产品的推出，也适用于使用起来比较复杂的商品
	特殊包装	减价包装、组合型减价包装，或在包装内附优惠券、抽奖券
	折价券	邮寄、附在其他商品中或在广告中附送，现阶段也可采用电子折价券的形式
中间商	销售津贴	广告津贴、展销津贴、陈列津贴、宣传津贴
	合作广告	按销售额比例提取或报销，赠送广告底片、录像带或招贴、小册子等
中间商	赠品	赠送相关设备（赠送陈列商品、销售商品、储存商品或计量商品所需的设备，如货柜、冰柜、容器、电子秤等）、广告赠品（印有企业的品牌或标志的日常办公用品或生活用品）
	销售竞赛	中间商完成一定的推销任务可以获得现金或实物奖励
	培训和展销会	一方面介绍商品知识，另一方面现场演示操作
	节日公关	节日或周年纪念日等重要日子举办各种招待会
推销员	销售提成	按事先约定从销售额中提成
	销售竞赛	对销售业绩好的销售员进行奖励，对销售业绩持续不佳的销售员进行惩罚，奖罚的形式包括物质和精神

拓展阅读

立马公司的国庆、中秋促销活动

一重礼：进店免费礼

无须购物，进店就有礼。活动期间，所有顾客凭单页进店登记后均可免费领取精美礼品一份。促销说明：活动期间礼品发放数量限前30名进店的消费者（预计10天300个）。商家可自行选择，建议商家在中秋前可用月饼代替礼物。

二重礼：中秋团圆礼（特价车除外）

月饼是中国人中秋不可或缺的象征团圆的礼物，又因中秋在国庆之后，可以以月饼作为礼品，更显得贴近时节和氛围。立马商户可和一些超市和商店协商，购车时以月饼为礼物送出，到活动结束后再结账。商户也可自己视情况而定。月饼档次不能太低，在利润范围内尽量保持月饼的档次。

三重礼：中秋红包礼（代金券）

活动期间的每天上午10点和下午16点准时派发中秋红包礼，红包礼50～200元不等，先到先得。

备注：消费者提供的旧车来源为正规渠道，否则不享受以旧换新优惠活动。

建议商户根据需要做其他的服务项目，如凡在活动期间购车的消费者，可免费换一次大灯，终身免费换刹车线等在骑行过程中不易损坏的零部件的服务活动，积聚人气和树立形象。

2. 营业推广方案

营业推广方案一般包括以下几方面的内容。

（1）营业推广规模

要根据费用与效果的最优比例，找出最佳的营业推广激励规模。最佳规模要依据费用最低、效率最高的原则来确定。一般来说，一定的最小激励规模足以使营业推广活动开始引起足够的注意；当超过一定水准时，较大的激励规模以递减率的形式增加销售反应。

（2）参与对象

营业推广活动是面向目标市场的每一个人还是有选择的某一部分人，范围控制的大小，会直接影响营业推广的最终效果。企业在选择对象时，要尽量限制那些不可能成为长期顾客的人参加，如发放以购物凭证为依据的奖券就是鼓励已经购买这种商品的顾客，限制没有买过此商品的人。当然，限制面不能太宽，否则又会导致只有大部分品牌忠诚者或喜好优待的消费者才有可能参与，不利于目标顾客范围的扩大。

（3）送达方式

选择最佳的送达方式让推广对象来参与，以达到理想的效果。企业要根据推广对象，以及每一种渠道方法的成本和效率来选择送达方式，如赠券这种促销工具就有四种送达方式，附在包装内、邮寄、零售点分发和附在广告媒体上。每一种途径的送达率和费用都不相同，各有其优点。企业应从费用与效果的关系角度仔细斟酌，反复权衡选择最佳的送达方式。

（4）活动期限

任何营业推广方式在实行时都必须规定一定的期限，期限不宜过长或过短。如果营业推广活动的期限过短，可能使一些潜在顾客错过机会而无法获得这项利益，达不到预期的效果；如果持续时间过长，又会引起开支过大和损失刺激购买的力量，并容易使企业产品在顾客心目中降低身价。具体的活动期限应综合考虑产品的特点、消费者购买习惯、促销目标、竞争者策略及其他因素，按照实际需求而定。

（5）时机选择

营业推广时机的选择应根据消费需求时间的特点，并结合市场营销总体战略来定，日程的安排应注意与生产、分销、促销的时机和日程协调一致。在不同地区推出营业推广活动应与地区营销管理人员一起根据整个地区的营销战略来研究与决定。

拓展阅读

营业推广时机选择

常见的活动时机如下。

（1）结合季节开展活动，如春日踏青、夏日清凉等。

（2）结合节日开展活动，如元旦、春节、中秋、国庆等传统节日；情人节、七夕节、父亲节、母亲节等非传统节日。

（3）配合近期的热门话题，如近期纪录片"舌尖上的中国"很受欢迎，很多店主会围绕该主题来策划活动。

（4）网店自身纪念日，如网店成立纪念日、年中庆等。

不管采用何种形式的活动契机，最重要的是合情合理。

（6）费用预算

营业推广活动是一项较大的支出，必须事先进行认真的筹划预算。营业推广费用预算既可以采取自下而上的方式，按照全年营业推广的各种方式及相应的成本来预算全年的支出；也可以按照历年各项营业推广预算占总预算的比率来确定全年费用支出。

任务9.5 品牌化建设

一、树立品牌意识

1. 品牌的概念

品牌是指企业及其所提供的商品或服务，是由名称、术语、标记、符号、图案等组成的综合标识。品牌存在于消费者心目之中，代表了企业或产品的视觉的、感性的和文化的形象。品牌是一个集合概念，主要包括品牌名称、品牌标识、商标和品牌角色四部分。

（1）品牌名称，指品牌中可以用语言称谓（可以读出）的部分——词语、字母、数字或词组等的组合，如联想、王老吉等。

（2）品牌标识，指品牌中可以被认出、易于记忆但不能用言语称谓的部分——包括符号、图案或明显的色彩或字体。如图9-15所示，联想采用的是黑色字体，用英文表述品牌名称；雀巢采用了鸟巢的形式来表现品牌的特点，品牌标识形象展示了品牌名称。

199

（a）联想品牌标识　　　　　　　　　　　（b）雀巢品牌标识

图9-15 | 品牌标识

（3）商标是经注册后受法律保障其专用权的整个品牌、品牌标识、品牌角色或者各要素的组合。在我国，当使用商标时，要用"R"或"注"明示，意指注册商标。未经注册获得商标权的品牌不受法律保护。图9-16所示为笛莎商标权申明。

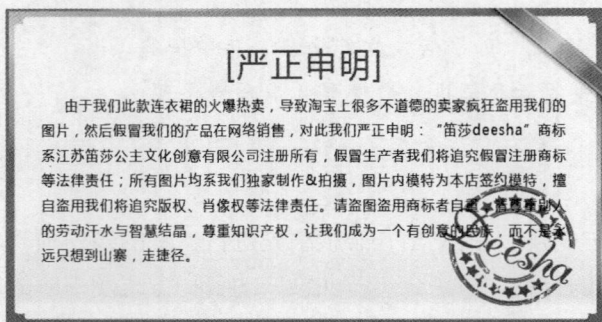

[严正申明]

由于我们此款连衣裙的火爆热卖，导致淘宝上很多不道德的卖家疯狂盗用我们的图片，然后假冒我们的产品在网络销售，对此我们严正申明："笛莎deesha"商标系江苏笛莎公主文化创意有限公司注册所有，假冒生产者我们将追究假冒注册商标等法律责任；所有图片均系我们独家制作&拍摄，图片内模特为本店签约模特，擅自盗用我们将追究版权、肖像权等法律责任。请盗图盗用商标者自重，珍惜我们的劳动汗水与智慧结晶，尊重知识产权，让我们成为一个有创意的品牌，而不是永远只想到山寨，走捷径。

图9-16 | 笛莎商标权申明

拓展阅读

品牌与商标的区别

品牌是市场概念，强调的是企业（经营者）与顾客之间关系的建立、维系与发展。

商标是法律概念，强调的是对生产经营者合法权益的保护。

（4）品牌角色是用人或拟人化的标识来代表品牌的方式。如图9-17所示，淘宝网采用的品牌角色是一个Q版卡通形象——淘公仔。阳光橙色的淘公仔浑身透着健康，代表淘宝网想要传递的年轻、时尚、健康、阳光的企业形象。

图9-17 | 淘宝网品牌角色——淘公仔

2. 品牌的作用

随着市场的发展、消费者品牌意识的增强，品牌对于公司经营而言的作用也相应地越来越大。具体而言，品牌的作用主要体现于以下几个方面。

（1）区分的标识。品牌通过名称、标识、色彩、标语等确定了一个产品的来源或制造者，从而使制造商或经销商对消费者（个人或者组织）负责。企业拥有的品牌将自身与其他企业相区别，便于消费者记住和再次选择该产品或服务。

（2）核心价值的体现。品牌代表着企业的核心价值观念，向企业内部和外部的利益相关者承诺了其持续传递的特性、利益和服务。

（3）提供附加价值。品牌不仅表明了一定的质量水平，而且还能向消费者传达情感、文化、艺术、视觉、智能、环保、节能、人性等品牌附加功能。当前，消费者对产品的消费心理开始从追求基本功能需求及廉价实用向多种附加功能需求转移。

（4）帮助公司构建竞争优势。具有良好口碑的品牌能够使公司和产品与竞争对手形成差异，创造超高额利润回报，从而保证公司在激烈的市场竞争中立于不败之地。

（5）带来经济价值。成功的品牌不仅能给企业带来丰厚的经济收益，而且是一项代表着能影响消费者行为的、具有法律效力的资产。作为一种可以被买卖的资产，品牌可以为其拥有者提供将来收入的保障。

拓展阅读

百度的品牌价值

在《2011胡润品牌榜》中，百度品牌价值翻了两番，以1580亿元首次成为"中国最有价值的民营品牌"，并在全国品牌中排名第四，超过贵州茅台、中华等老品牌，创造了民营品牌在全国品牌排名中的最高纪录。

3. 企业品牌决策

企业品牌决策是企业对是否品牌化、用什么品牌、如何使用品牌等一系列有关品牌问题的决策。概括而言，企业品牌决策的主要决策内容涵盖了品牌化决策、品牌归属决策、品牌质量决策和家族品牌决策，如图9-18所示。这四大决策内容前后相继，共同回答了新公司品牌的建设方向。

（1）品牌化决策，主要是就企业是否要建立品牌做出选择。选择要建立品牌，那么企业需要进一步解决后续的决策。反之，如果选择不用品牌，则后续决策也无须展开。

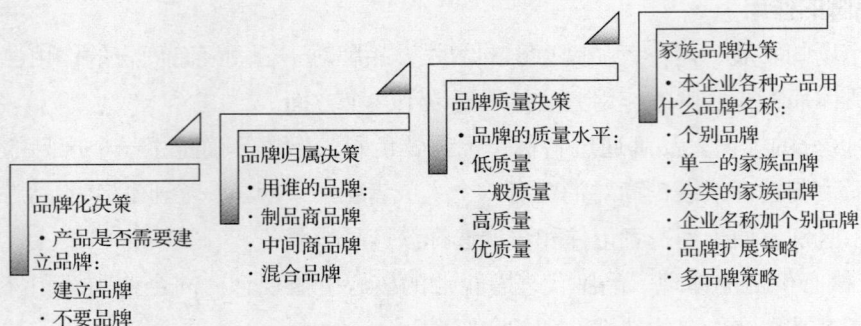

图9-18｜企业品牌决策内容

双创学堂

哪些商品消费者会关注品牌？

对品牌的追逐也分城市和农村、男性与女性、脑力劳动与体力劳动、个人追求等方面的差异。

在大宗商品里,汽车、电器、首饰等,消费者均注重品牌；在商务工作领域,有外交需要时注重品牌，无外交需要时注重实用；在日常生活中,家用小物品、低值易耗品等大部分不太注重品牌；在食品消费中，对蔬菜的品牌关注度要小于肉类与水果；对于药品来说，大部分消费者更关注产品名称而非品牌名称。

（2）品牌归属决策，主要是在决定建立品牌之后，进一步决定使用谁的品牌。一般企业可有三种选择：使用制造商品牌、使用中间商品牌或使用混合品牌（即有些产品用自己的品牌，有些产品用中间商品牌）。

（3）品牌质量决策，主要是决定其品牌产品的质量水平。品牌质量是指反映产品耐用性、可靠性、精确性等价值属性的一个综合尺度。

（4）家族品牌决策，主要是决定其产品都使用统一的品牌名称，还是分别使用不同的品牌名称。可供选择的决策有：个别品牌、单一的家族品牌、分类的家族品牌、企业名称加个别品牌、品牌扩展策略和多品牌策略。

拓展阅读

联合利华公司的品牌策略

联合利华公司是世界上最大的日用消费品公司之一，旗下有400多个品牌的产品畅销全球190多个国家和地区，在全球拥有超171 000名雇员。联合利华在中国的业务主要是日化和食品，主要品牌包括奥妙、中华、力士、旁氏、清扬、多芬、夏士莲、凌仕、舒耐、家乐、立顿、和路雪等。经过多年的大力培植，这些品牌都已家喻户晓，成为中国消费者日常生活中的常用品牌。

个人护理类品牌：

家庭护理品牌：

食品与饮料品牌：

二、规划品牌建设

1. 品牌建设的概念

品牌建设是指品牌拥有者对品牌进行的设计、宣传、维护的行为和努力。品牌建设的内容涵盖了品牌资产建设、信息化建设、渠道建设、客户拓展、媒介管理、品牌搜索力管理、市场活动管理、口碑管理等多方面的建设活动。

双创学堂

品牌建设应与企业战略规划相结合

品牌是企业层面的概念，贯穿于整个企业运营的各个环节，不是企业一个或几个部门的责任。企业在做战略规划时，就应该将企业的品牌塑造与企业宗旨有效地结合起来。品牌建设应建立在企业的整体战略、形象和价值之上，并且与企业的战略和营销活动相统一。

目前，企业的品牌意识越来越强，纷纷将品牌视为企业占有市场、获取最佳效益和良好信誉的有力保证与象征，将打造成功品牌作为自身努力的目标。与传统企业相比，依托互联网生存的网络贸易类企业由于发展时间短、品牌价值低，需要更加努力地投入。

拓展阅读

淘品牌

"淘品牌"是淘宝商城推出的基于互联网电子商务的全新品牌概念，淘宝对于"淘品牌"的官方定义是：淘宝商城和消费者共同推荐的网络原创品牌。2008年4月，淘宝商城推出之后，网货品牌与淘宝互相的需求让淘品牌的概念正式出现。当年一批名不见经传、前身多为代加工厂或淘宝C2C卖家的小企业，是淘宝商城入驻最早的商户。而在两年前，淘宝商城内表现上佳的商家成为首批"淘品牌"。经过多年培育，淘宝商城内目前有100多个淘品牌。

很多淘品牌最初的进驻目的多出自朴素的意识，打开一条销售途径，没有太多品牌意识。绝大多数的淘品牌网商都经历过类似的成长路径：从销售质优价廉的网货起家，虽然大多成立时间不过三五年，但销售额很快就高达数千万元甚至上亿元。积累用户规模后，它们又靠着建立一个新的网货品牌去反向整合生产和供应链，逐渐形成稳定的定位，从而蜕变成以优质产品和服务为诉求的淘品牌。

2. 品牌建设的流程

强势品牌不是短时间能够累积起来的，它是一个循序渐进的过程。一般而言，公司品牌的建设分为品牌创立阶段、品牌扩张阶段和品牌维护阶段三个阶段。这三个阶段分别以建立品牌知名度、提升品牌美誉度、提高品牌忠诚度为中心展开建设工作，如图9-19所示。

图9-19｜公司品牌建设流程

（1）品牌创立阶段。此阶段公司品牌建设的主要任务在于了解顾客和市场需求的基础上进行品牌定位，然后通过营销推广提高品牌的知名度。此阶段的核心工作内容包括品牌调研与诊断、提炼品牌核心价值、品牌化决策、品牌定位、品牌设计。

（2）品牌扩张阶段。此阶段公司品牌建设的主要目标在于通过分析消费者对品牌的反响，进一步提高品牌的美誉度。此阶段的核心工作内容为品牌的传播与推广。

（3）品牌维护阶段。此阶段公司品牌建设的主要目标在于提高消费者对品牌的忠诚度。此阶段的核心工作内容为品牌的维护与延伸。

3. 品牌维护

品牌维护是指企业针对外部环境的变化给品牌带来的影响所进行的维护品牌形象、保持品牌的市场地位和品牌价值的一系列活动的统称。对品牌的及时维护，不仅可以强化品牌认知、保持和增加品牌核心价值，而且可以有效防止品牌老化，进而出现品牌空心化，预防和化解危机，防止假冒现象等的侵袭。

公司品牌的维护方法大体可以分为品牌的经营维护和品牌的法律维护两种类型。

（1）品牌的经营维护

① 确保产品质量。产品是品牌形象的载体，其质量的优劣、安全系数的高低直接影响消费者对产品品牌形象的评价。维护品牌形象的核心就是从产品质量做起，保证消费者能够使用质量合格、工艺先进、外观设计新颖的产品。

② 提高服务质量。品牌附加值是品牌通过各种方式在产品的有形价值上附加的无形价值。消费者愿意购买品牌商品，其中一个重要原因就是看重该品牌所能带来的服务。因此，提供良好的服务，在消费者中形成良好的口碑，不仅是把品牌附加值转化为实际利润的重要手段，也是维护品牌的有效手段。

拓展阅读

服务对于网络贸易企业品牌建立很重要

在网购领域中，决定消费者评价的因素不仅仅是产品本身，还包含从信息搜索到选择、下单、支付、物流、退换货等一系列与产品本身紧密相连的各项服务。这些服务的无形性、过程性和与提供者的不可分割性等特征，使得客户服务（客户体验）成为电子商务企业品牌化的一个关键组成部分，有时甚至比产品本身还重要。因此，高品质且独具匠心的服务也可成为电子商务企业手中的一张"王牌"。

③ 丰富品牌内涵。对现有品牌的深度或宽度进行调整和对品牌进行延伸，都能起到丰富品牌内涵的作用。品牌的生命力来源于发展的品牌，品牌延伸是企业实施品牌战略的重要内容，它是在原有品牌影响力的基础上推出新产品或新品牌，以达到能让消费者快速接受新产品或新品牌的目的。

④ 广告宣传。广告作为引导消费者购物的重要手段，长期化的广告宣传、阶段性的强化宣传力度、通过不断强化品牌声誉可有效起到品牌维护的目的。

⑤ 及时进行品牌定位更新。消费者的需求、市场竞争态势等各种市场因素都在动态变化中，这使品牌的初始定位有可能已不符合当前的现实状况，这就要求企业必须顺应市场变化，迎合消费者需求，及时更新品牌定位。需要注意的是，品牌定位的更新应注意保持稳定，动态调整。更新后的品牌定位不能破坏原有品牌定位的稳定性，不能影响品牌价值的实现，尽量使品牌保持健康的发展态势。

拓展阅读

裂帛的品牌延伸

2006年11月，裂帛在淘宝销售平台上建立自己的原创品牌，销售排名在淘宝女装类民族品牌前列。公司扩展迅速，富有无穷的潜力，年销售额千万元，是淘宝网的奇迹。2010年，裂帛荣获"2010全球网商评选十佳网货品牌""2010全球网上评选最具创新力网商"。2011年，裂帛在网络销售取得巨大成功之后，开始考虑除了线上销售之外增加线下专卖店的形式，实现品牌的延伸。裂帛广泛吸收加盟商，希望能在全国各地繁华地段铺设实体店铺。目前已在北京、上海、深圳等地开设了旗舰店，销售业绩惊人。图9-20所示为裂帛品牌标识。

图9-20 | 裂帛品牌标识

⑥ 危机防范处理。企业只有提前做好品牌危机防范预案，当危机真实发生时才能有条不紊地通过预案化解危机。品牌危机的成功化解可以有效地维护企业品牌形象，重新赢得消费者对品牌的信赖和忠诚。

⑦ 提高员工素质。员工是企业的主体，也是公司形象的载体，企业中的部分员工还需要与消费者进行接触，更直接地代表着公司的品牌形象。企业员工素质的提高对品牌形象的维护起到了促进作用。

（2）品牌的法律维护

① 商标注册。加强品牌商标的注册工作，使品牌获得法律保护，这是保护品牌最为有效的手段之一。商标注册应遵循四大原则："注册在先"原则，即任何创建品牌的企业都必须及时注册自己的商标，切勿等产品出名之后再行注册，以免被他人抢注；"宽类别注册"原则，即在申请注册时，不应仅在某一类或某一种商品上注册，而应同时在很多类商品上注册；"防御注册"原则，即在同一商品上，申请注册除正商标以外的多个近似商标；"宽地域注册"原则，即商标注册的地域要广，不能仅仅在某一国家或地区注册，而应同时在多个国家和地区注册。

② 保护商业秘密。商业秘密是指不为公众所知悉、能为权利人带来经济利益、具有实用性并经权利人采取保密措施的技术信息和经营信息。对于商业秘密，企业应在宣传中注意自我保护，同时还应加强内部管理，防止泄密。

③ 打击假冒、侵权行为。假冒、侵权现象会对企业品牌产生负面影响，直接导致企业市场份额和利润的损失。企业一方面要利用科技手段提高自身防伪能力，另一方面也要利用法律武器，借助工商管理部门的力量，全力打击假冒、侵权行为。

任务9.6　客户服务

客户服务就是在对客户分析的基础上，通过各种方式不断提高客户忠诚度和满意度，实现客户价值的持续贡献，从而全面提升企业的盈利能力。

一、分析客户的需求

无论客户需求的种类有多少，在消费过程中，客户需求的内容基本上是统一的。也就是说，客户在消费过程中对商品所追求的功能是一致的。在广泛借鉴和综合前人研究成果的基础上，紧密结合客户的消费实践，可以把客户需求的内容划分为八种。

1. 对商品基本功能的需求

商品基本功能指商品的实用性，即商品能满足人们某种需求的物质属性。商品的基本功能是商品被生产和销售的基本条件，也是消费者需求的最基本内容。

任何消费都不是抽象的，是有具体的物质对象的，而成为消费对象的首要条件就是要具备能满足人们特定需求的功能。例如，小汽车要能高速行驶，冰箱要能冷冻、冷藏食品，护肤用品要能保护皮肤等，这些都是消费者对商品功能的最基本要求。

2. 对商品质量性能的需求

商品质量性能指客户对商品基本功能达到满意或完善程度的要求，通常以一定的技术性能指标来反映。就消费需求而言，商品质量不是一个绝对的概念，它具有相对性。构成质量相对性的因素，一是商品的价格，二是商品的实用性，即商品的质量优劣是在一定价格水平下，相对其实用程度所达到的技术性能标准。

与此相适应，客户对商品质量的需求也是相对的，一方面，客户要求商品的质量与其价格水平相符，即不同的质量有不同的价格，一定的价格水平必须有与其相称的质量；另一方面，客户往往根据其实用性来确定对质量性能的要求和评价。某些质量中等甚至低档的商品，因已达到消费者的质量要求，也会为消费者所接受。

3. 对商品安全性能的需求

客户要求所使用的商品卫生洁净，安全可靠，不危害身体健康。这种需求通常发生在对食品、药品、卫生用品、家用电器、化妆品、洗涤用品等商品的购买和使用中，是人类追求安全的基本需求在消费需求中的体现。

4. 对商品消费便利的需求

这一需求表现为客户对购买和使用商品的便利程度的要求。在购买过程中，客户要求以最少的时间、最近的距离、最快的方式购买到所需商品。如果同类商品的质量、价格几近相同，其中购买条件便利者往往成为客户首先选择的对象。在使用过程中，客户要求商品使用方法简单，易学好懂，操作容易，携带方便，便于维修。

5. 对商品审美功能的需求

这一需求表现为客户对商品的工艺设计、造型、色彩、包装方式、整体风格等方面的要求。对美好事物的向往和追求是人类的天性，它体现于人类生活的各个方面。

在消费活动中，客户对商品审美功能的要求是一种持久性的、普遍存在的心理需求。在审美需求的驱动下，客户不仅要求商品具有实用性，同时还要求其具备较高的审美价值；不仅重视商品的内在质量，而且希望商品拥有完美的外观设计，即实现实用性与审美价值的和谐、统一。

6. 对商品情感功能的需求

这一需求指客户要求商品蕴含浓厚的感情色彩，能够体现个人的情绪状态，成为人际交往中感情沟通的媒介，并通过购买和使用商品获得情感的补偿、追求和寄托。情感需求是客户心理活动过程中的情感过程在消费需求中的独立表现，也是人类所共有的爱与归属、人际交往等基本需求在消费活动中的具体体现。

7. 对商品社会象征性的需求

商品的社会象征性是指客户要求商品体现一定的社会意义，使购买、拥有该商品的客户能够显示出自身的某些社会特性，如身份、地位、财富、尊严等，从而获得心理上的满足。

8. 对享受良好服务的需求

良好的服务可以使客户获得尊重、情感交流、个人价值认同等多方面的心理满足。在商品经济不发达时期，由于商品供不应求，客户首先关注的是商品的性能、质量、价格及能否及时买到所需商品，因而对服务的要求降到次要地位，甚至被忽略。随着市场经济的迅速发展，现代生产能够充分满足人们在商品质量、数量、品种方面的需求，客户可以随时随地购买到自己所需的各种商品，因此，服务在消费需求中的地位迅速上升，客户对在购买和使用商品过程中享受良好服务的需求也日益强烈。

拓展阅读

下一代汽车买主正在改变市场

2017年9月，著名咨询公司麦肯锡对中国汽车消费者开展调查，发现在中国下一代汽车买家"联网"一族，他们对拥有私家车的兴趣似乎并不大，主要体现在以下方面。

（1）不再视汽车为必需品。52%觉得没有私家车不影响日常生活，36%同意当今时代拥有一辆车没有过去重要，38%表示如果有免费共享出行，他们愿意放弃自购私家车。

（2）智能互联。在认为当前车载系统（娱乐、导航等）已经过时的人群中，年轻人比其他群体多10%，他们当中有83%认为手机与汽车的同步功能十分有吸引力。

（3）更多选择共享出行。"80后""90后"每周使用拼车服务的概率是更年长人群的两倍，分别为12%和6%，使用P2P汽车租赁服务的可能性也更高，分别为14%和9%。在更年长的车主中，22%不愿在P2P汽车租赁平台上共享私家车，而只有11%的"80后""90后"不愿意这么做。

（4）偏爱电子商务。下一代更喜欢网购。

（5）对广告的信任度降低。年轻消费者对经销商客户服务中心、电视广告、报纸及路演等推广的信任度比更年长的群体低3%～8%。

——源自麦肯锡《2017年中国汽车消费者调查报告》

二、管理客户的期望

客户期望与客户满意度有着密不可分的关系，并对客户做出消费决策起着重要作用。客户期望是动态变化的，它的形成受到诸多外界因素的影响，它不仅是可以管理的，也是必须管理的。管理客户期望可以为企业带来一系列营销效应。企业对客户期望进行有效管理，使客户对服务质量的感知超越期望，最终达到提高客户满意度的目的。

1. 客户期望的定义及类型

（1）客户期望的定义

客户期望是客户用来与服务体验相比较的绩效标准和参考点。而客户期望管理不是企业被动地由客户要求去做什么，而是主动采取一系列行动，以影响、改变并满足客户的期望。

（2）客户期望的类型

① 模糊期望。客户无法清楚表白的期望。尽管说不出来，但这些期望仍然对客户的服务质量感知产生影响，决定他们对服务质量是否满意。企业应认识到客户模糊期望的存在并努力使其显性化，如果企业能够将客户的模糊期望显性化并予以满足，就可以使客户感到更满意，否则，客户就可能不满意甚至感到受挫。

② 显性期望。客户主动、有意识地表达出的、认为可以而且能够实现的期望。显性期望包括现实期望和非现实期望。企业必须帮助客户将非现实期望转化为现实期望，如果能做到这一点，客户所感知的服务就可能超过他的期望。但企业的承诺越模糊，客户产生非现实期望的可能性就越大，这是十分危险的，它有可能会误导客户。

③ 隐性期望。客户认为是非常明确的、没有必要再加以表达的、企业一定会实现的期望。如果这些期望被满足了，客户会认为是理所当然的。但是，如果这些期望没有被满足或者当客户处于不满意状态时，就会影响客户对服务的感知。

2. 客户期望管理的方法

（1）服务承诺管理

与客户期望密切相关的是服务承诺，明确的服务承诺对服务期望有直接的效应。成功的企业不承诺办不到的事，而是致力于实现他们在客户心中已形成的期望值，并在此基础上努力去超越，使客户满意、欣喜，以至忠诚。一种有效的战略是低承诺、高超越。美国一家著名餐饮连锁店的座右铭是：承诺好的，提供更好的。这道出了承诺管理的精髓所在。迪士尼乐园也是这方面的典范，他从低起点开始承诺，努力提供高标准的服务。例如，迪士尼园中很多游戏都需要排队等待，在队伍旁，每隔一段距离就会有牌子提示需等待的时间，而结果是排队的游客往往能够提早结束排队。迪士尼乐园用承诺确定了客户期望的同时又超越了这些期望值，这既提高了客户满意度，又减轻了迪士尼的管理压力，一举两得。

拓展阅读

海尔商城的服务承诺

海尔商城的服务承诺如图9-21所示。

服务名称	具体描述	备注
七天无理由退货	用户购买海尔商品7日内（自用户收到商品之日起计算，含7日），在保证商品（含包装和附件）完好未安装使用的前提下，可无理由退货（部分商品除外，详情请见各商品细则）	详见细则
体验满意后再付款（货到付款）	1. 用户以货到付款方式购买的订单产品（热水器和空调除外），您可以在商品送达后先开箱验货，验货无误后由服务人员进行安装、调试，在您体验满意后刷卡或者支付现金，不满意则可以选择拒收或退货。 2. 热水器和空调类产品支持开箱验货后付款，一旦安装、调试后，无质量问题不能享受退货权益	1. 仅对货到付款方式。 2. 仅限于海尔商城指定的部分城市
送装一体	1. 凡用户从海尔商城购买、团购的产品均可享受到免费送货服务，并可以送货上楼、服务入户、送装一体、调试讲解、清理现场等全方位的标准服务（目前仅限大家电）。 2. 3C数码产品、生活家电享受免费送货到门，但不安装	仅对海尔商城指定商品
到门服务	1. 用户购买商品，符合退货条件的，将享受到我们的免费上门取件业务（详情参考退货条件及各商品细则）。 2. 自商品售出在保修期内，如出现问题，海尔将提供免费上门检测或上门维修服务（3C数码产品、生活小家电除外，以商品细则中的服务方式提示为准）。 3. 服务时间全年无休，随叫随时上门（如遇到停电或自然灾害等不可抗拒因素而造成无法正常处理情况除外）。 4. 如以上承诺海尔商城未做到，除故障商品全额退款外，再给予用户海尔商城100元优惠券作为补偿	仅对海尔商城指定商品
超时免单	在标有按约送达、超时免单服务的区域下单可享受按约送达、超时免单服务（详情参考超时免单细则）	

图9-21 | 海尔商城的服务承诺

（2）服务流程设计

企业对客户进行期望管理的最终目的是希望提高客户满意度，而提高客户满意度的方法之一就是将客户期望控制在一个较低的水平，进行有效的服务流程设计将可以达到这个效果。在进行服务流程设计时，服务蓝图最为有效。如图9-22所示，服务蓝图由三线四区（互动分界线、可视分界线、内部互动分界线、客户行为区、前台接待员行为区、后台接待员行为区、支持行为区）构成，其中极为关键的是可视分界线，它把客户能看到的服务行为与看不到的分开，由于客户无法知道在可视分界线后面发生了什么，因此，在可视分界线之前的服务活动对客户有至关重要的影响。当客户看到可视分界线之前的服务提供者都很忙碌、很尽力地工作，服务过程很专业、很复杂时，他原来对等待时间、服务质量等的容忍区域将会扩大，期望也将相应降低；而当客户看到可视分界线之前的服务提供者很清闲、服务过程很简单、技术含量很低时，他对诸如等待时间、服务质量等的容忍区域将会缩小，期望也将相应提高。

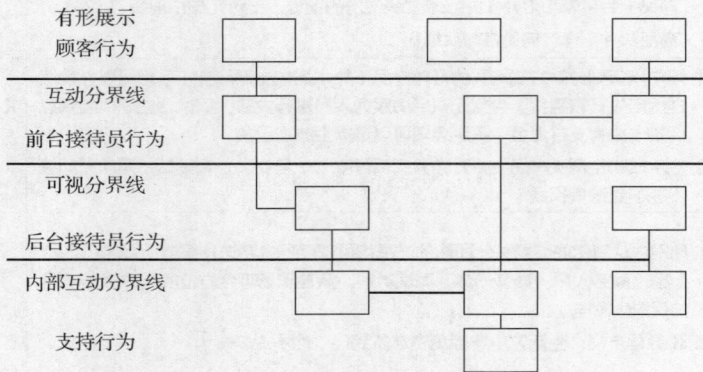

图9-22 | 服务蓝图

企业可以通过服务流程设计有效控制客户期望，通过合理划定可视分界线，将能降低客户期望的部分尽量展示在客户面前，而将可能提高客户期望的部分尽量设计在可视分界线之后，以控制客户的期望。例如，饭店设置开放式厨房，使客户能看到精美而复杂菜肴的制作过程，这样，客户将不会期望在很短的时间内就能享用到精美的菜肴；银行将后台人员设置在可视分界线之后，使客户只看到紧张忙碌的前台工作人员，从而相应降低了客户对等待时间的期望，都是为了达到这样的效果。

客户期望对于客户满意度有极大的影响力，合理的客户期望管理可以使客户增强对企业服务的满意度和忠诚度。

双创学堂

提高客户满意度

一位企业经营者在东京投宿某家旅店。由于他习惯使用某一特定品牌的洗发液，于是就请求总台给他更换浴室里洗发液的品牌。这一要求被迅速地满足了。

一个偶然的机会，该顾客到大阪出差。出于上次的体验，他习惯性地来到那家旅店在大阪的连锁店住宿。令他惊奇的是，当他来到房间时，发现浴室的洗发液已经换成了上次他要求更换的品牌，这使他由衷地产生一种受重视的感觉。从此以后，他每到外地，住宿地的首要选择就是该旅店的连锁店。

原来，这家旅店将每位曾经住宿过的顾客资料都用计算机存档，把顾客的每一小小要求都记录下来，并传输给各连锁店。通过这种方式，这家旅店成功地保有了一大批稳定的老顾客。

三、提供更多的选择方案

如果说质量是产品竞争的基础，价格是产品竞争的核心，促销是产品竞争的条件，那么服务则是产品竞争的保证。只有牢固树立起客户服务理念，制订有效的客户服务程序，建立高效的客户服务体系，提供更多的选择方案，提供真正的优质服务，才能使产品的整体功效得到良好的发挥，让客户感到真正的满意。

1. 关注客户的需求

公司全部的经营活动都要从满足客户的需求出发，以提供满足客户需求的产品或服务作为公司的责任和义务，以客户满意作为公司经营的目的。为了更好地服务于客户，公司经营者必须了解他们的想法，掌握他们的需求，提供他们需要的服务，同时要根据不同客户的需求，提供不同的商品和服务。

客户需求的内容一般来说主要包括以下几种。

（1）反应迅速的服务

它是指无论何时、何地，当客户需要的时候，都能获得他所希望的快捷、有效的服务。能够迅速满足客户需要的服务才是高质量的客户服务。它一方面反映了服务提供者是否真正地以客户为中心，另一方面反映了服务提供者的服务质量。所以，对客户的要求做出迅速反应是非常重要的。

（2）个人或公司系统的可靠性

它是指服务提供者能可靠地、准确地执行客户所期望服务的能力。它要求在服务过程中避免出现差错，降低事故率，提高准确性，从而保证客户服务的质量。

（3）有关产品的知识

客户对产品知识的了解，包括产品的名称、商标、生产地、性能和用途、使用方法、售后服务的承诺等，有助于增强客户对企业提供的服务质量的信心和安全感。

（4）真诚、周到的服务

诚恳、诚实、诚挚的服务态度是客户所渴望的，也是赢得客户信赖的基础。以真诚的服务获得客户的信赖是企业取胜的根本，也是企业将对消费者的承诺落到实处、予以兑现的保证。

（5）礼貌的行为

客户都希望自己在进行交易时能够受到应有的尊重和礼遇。客户服务人员礼貌的行为，如面带微笑的接待，热情地向客户打招呼，主动迎接并引导客户，帮助客户做出某种选择等，都能使客户随时感受到客户服务人员的热情和真诚。

（6）物美价廉的商品

在当今商业社会，虽然商品的价格不再是增强企业竞争力的唯一手段，但是，价格因素依然起着重要的作用。有些客户特别关注价格，他们喜欢购买价格便宜的或优惠的商品，因此通过价格竞争，薄利多销，树立大众化的经营特色，也可以吸引住广大的客户。

双创学堂

淘宝客服售前服务技巧

售前客服接待流程大概有以下九个环节。

（1）欢迎语：要素包括——店铺名（品牌名）、客服昵称、表情。

（2）明确客户需求：解答疑问、推荐款式。

（3）活动告知：推荐客户参与店铺活动，通过活动引导非强意愿客户购买。

（4）关联推荐：主推款的推荐、搭配套餐或搭配款引导，提升客单价。

（5）下单行为跟进：根据客户是否下单，如一段时间没有下单，需要回访。

（6）确认收货地址，附加催款：客户下单后跟客户核对收货地址，推送知识，引导付款。

（7）推送关注型优惠：邀请客户关注帮派、微博，收藏店铺等，告知好处。

（8）告别语：请求客户关注收货后给店铺好评，并告知售后问题出口。

（9）整理客户信息进行记录：对服务过程中获取到的客户信息进行记录，为客户回购助攻。

2. 提供快捷便利的服务

随着互联网与电子技术的发展，目前服务提供方式越来越多，从传统的面对面服务到通过电话、传真等通信设备进行服务，交流方式从信函、电报到电子邮件、网上交流，服务的方式大大扩展了。具体说来，就是要针对客户的不同需求提供各种快捷便利的服务方式。目前常用的服务提供方式主要有面对面的服务、快递服务、电话服务、网上服务等。

（1）面对面的服务

面对面的服务是客户服务中最常见的方式，也是目前大多数客户喜欢选用的方式。尽管各种电子通信设备的发展给人们的交易提供了更多的选择，但是这种传统的颇具人情味的面对面服务还是人们最习惯的一种方式。

① 做好客户的接待工作。对于初次来访的新客户，要热情接待。正因为这个客人是第一次来访，所以给他一个良好的第一印象是非常重要的，要通过接待工作让客户感受到公司的文化和环境，感受到公司的整体素质，感受到公司的诚意。对于经常来访的老客户，要热情欢迎。老客户是给公司带来利润的源泉，因为他们经常来公司，对公司的业务较为熟悉，对他们的服务一定要热情周到，并且要备有详细的资料，同时应安排专人为其提供服务。

② 做好与客户的沟通交流工作。在交易中让客户感到他说的话被耐心听取和得到理解是同客户建立积极、长期的稳定关系的第一步。为了确保服务能够保留客户而不是失去客户，务必亲切地和每一位新、老客户打招呼，在互动的整个过程中要保持精力集中、全神贯注。每一天、每一次互动都使用人际交往沟通技巧，让客户觉得他对公司来说是最重要的。

③ 为客户提供必要的信息服务。客户服务人员要认真倾听客户的谈话，逐步了解客户的需要，随时提供客户所需的信息（包括产品和服务）。对于老客户，则在事先了解需求的基础上，为其准备好一切所需物品。

（2）快递服务

快递服务是在邮政服务的基础上发展起来的新业务。随着经济的发展，各国的邮递公司都提供了形式多样的快递服务，将信件或包裹等快速发往本土和海外。

邮政部门提供的服务内容一般有普通发送和特殊发送两大类，这主要是从时间上进行区分的。普通发送耗时长，而特殊发送通常在一两天之内就可以将信件或包裹送到目的地，当然其费用相对而言要高一些。在不太紧急的情况下，信件或包裹可以用普通发送的方式，但是在处理紧急事务时，必须用特殊发送方式，这种方式不但速度快，而且物品不易丢失。

（3）电话传真服务

① 电话服务。电话服务方式具有快捷、便利、及时、准确的优点，它使得信息的提供更加准确、及时，服务的速度更快、效率更高、效果更好、更具针对性。因此，客户越来越频繁地使用电话这种高效的设备与公司进行联系。现在全世界都紧紧依赖着电话这个能够快速处理日常业务的办公手段。

电话服务方式与面对面服务方式有许多不同之处，所有的解释必须通过语言来实现，而不能利用非语言的方式将观点解释清楚；所有的观点不能通过面部表情表露出来，而只能通过声音传达出来；通过电话传输的声音听起来跟真实声音会有区别。因此，为了让客户对你和公司形成一种美好的印象，在接听电话的过程中，要做到声音是热情愉快的，态度是符合职业规范的，倾听和询问是恰当的，回答是积极快速的。

很多公司为了提供更优质的客户服务，设立了800或400免费电话。免费电话给公司带来了大量利益。首先，它表明公司希望听取客户的意见；其次，免费电话可用来快速获得和发送信息，每个电话都提供了同客户建立一种新联系的机会，可以及时向客户介绍产品和服务，了解售出产品的优劣，向迟交货款的用户催款，对客户进行调查，更新客户资料库，获取客户订单，快速解决发生的问题等。

②传真服务。在电话和互联网快速发展的今天，传真机依然是目前应用广泛的一种远程通信服务工具。它利用电话传递信息，在几秒内可以将打印稿、手写稿、表格、图片、照片等从一个地方发送到另一个地方，特别是与海外客户联络时尤为方便。一台传真机可以24小时自动接收信息，而不需要专人守护，这就意味着不同国家的时差不是什么问题。实际上，一个公司有许多部门都采用传真机与客户进行联络。它可以随时沟通客户与公司的想法，加快客户服务的速度。

（4）网上服务

随着电子商务的兴起，网上服务逐渐成为客户服务的一种重要手段，许多企业在互联网上建立了自己的网站。一个功能完善、运行良好的网站可以使客户电子化处理全部商业事务。

在网上，客户可以更加快捷地访问由互联网提供的信息，可以方便地实现比较购物，客户可以在非常短的时间内获取所感兴趣产品的大量信息，也可以查询到大量可以满足其需求的企业。在比较中，选取质量、价格、服务更优的产品。

综合案例

朵朵云的品牌建设

朵朵云创建于2005年。开店之初，创始人黄文瑛仅在网上卖闲置母婴产品，发现该类产品销售很好，她才开始明确将母婴产品作为网店的主打产品，开始去找货源。经过几年的发展，朵朵云已经成为淘宝网母婴类信誉排名第一的卖家，其首页如图9-23所示。在全球金融危机的大背景下，朵朵云这一母婴用品专业的C2C网店仍然取得了6个月150%的高增长率。2012年3月16日，朵朵云成为全淘宝实体交易类第一家四金冠店铺。

朵朵云的品牌建立。朵朵云在品牌创立之初就明确提出了"娟娟母爱，朵朵真情"为品牌定位。

朵朵云的品牌扩张。母婴产品对于安全性的要求非常高，因此妈妈们不会单纯根据广告来判断产品的价值，她们更加倾向于从其他有经验的妈妈那里得到信息。针对消费者的这种心态，黄文瑛选择了母婴类论坛作为推广的主阵地。由于朵朵云信誉良好，妈妈们买着放心，久而久之，朵朵云的名气就在妈妈圈里传开了。在店铺规模扩大以后，朵朵云成立了自己的淘宝帮派，活跃用户有25000多名，她们成了彼此的"推销员"。在这里，妈妈们找到了一个可以大晒育儿经、秀辣妈、秀宝贝照片、甚至分享情感经历的平台。黄文瑛自认为朵朵云之所以能把母婴类的第二名甩在后面，口碑是关键中的关键。这一品牌推广手段十分有效，它让朵朵云在几乎没有做什么付费推广的情况下就达到了三金冠的规模。

图9-23 | 朵朵云淘宝首页

朵朵云的品牌维护。尽管朵朵云在淘宝的母婴类目是第一名，但黄文瑛真正担心的却是京东、当当、苏宁易购等B2C平台对自己的夹击。朵朵云的优势在于口碑，在于老客户的黏性，但是母婴市场是一个高流动性市场，每年都有一批妈妈不再需要这些东西，然后又有一批新妈妈进来。这些B2C网站有品牌优势，信誉较好，又投得起广告，很容易分流走刚做妈妈的年轻消费者。面对激烈的竞争环境，黄文瑛采取了多项措施维护朵朵云这一品牌，具体措施有：重视服务，对各种细节的把握很到位；重视数据挖掘，引入管易软件、赤兔名品客服绩效管理先进软件应用于在拓展产品线、关键字调整、投放直通车等作为参考；积极打造自有品牌，虽然朵朵云目前仍有2/3的销量来自于其他品牌的贡献，但其自有品牌的销量也提升到了1/3；实施品牌延伸，2010年，朵朵云以公司的名称"云沁"注册了淘宝商城（一年后，该店铺跻身商城母婴类目的前三名）。

🔵 复习思考题

一、名词解释

营销环境、市场细分、目标市场、产品定位、分销渠道、品牌、客户服务

二、选择题

1. 营销环境分析包括（　　）、行业环境分析和内部环境分析。

    A. 宏观环境分析　　　　　　B. 微观环境分析

    C. 竞争者分析　　　　　　　D. 消费者分析

2. 创业环境SWOT分析中，S代表（　　）。

    A. 优势　　　　　　　　　　B. 弱势

    C. 机会　　　　　　　　　　D. 威胁

3. 产品定位主要可分为市场细分、（　　）和市场定位三步。

    A. 市场细分　　　　B. 选定目标市场　　　　C. 市场定位

4. "正宗的""第一家""市场占有率第一"属于（　　）。

    A. 功效定位　　　　　　　　B. 领导者定位

    C. 加强定位　　　　　　　　D. 空挡定位

5. 4P策略是指产品、价格、渠道和（　　）。

    A. 成本　　　　　　　　　　B. 沟通

    C. 便利　　　　　　　　　　D. 促销

6. （　　）渠道中没有任何一个中间商，产品从生产者直接销售给消费者。

    A. 多渠道　　　　　　　　　B. 少渠道

    C. 直接渠道　　　　　　　　D. 间接渠道

7. 以下不属于常用的促销方式的是（　　）。

    A. 广告　　　　　　　　　　B. 销售促进

    C. 公共关系　　　　　　　　D. 网上销售

8. （　　）是指品牌中可以用语言称谓（可以读出）的部分。

    A. 品牌名称　　　　　　　　B. 品牌标识

    C. 商标　　　　　　　　　　D. 品牌角色

9. 品牌建设是一个循序渐进的过程。一般而言，要经历品牌创立、品牌扩张和（　　）三个阶段。

    A. 品牌美誉　　　　　　　　B. 品牌归属

    C. 品牌质量　　　　　　　　D. 品牌维护

10. 以下不属于品牌的经营维护目的是（　　）。

    A. 打击假冒侵权行为　　　　B. 确保产品质量

    C. 提高服务质量　　　　　　D. 丰富品牌内涵

11. 冰箱要能冷冻、冷藏食品，护肤用品要能保护皮肤等，这些都是消费者对（　　）。

A. 对商品质量性能的需求   B. 对商品基本功能的需求

C. 对商品安全性能的需求   D. 对商品消费便利的需求

12. 客户期望管理的方法有服务承诺管理和（　　　）。

     A. 服务内容界定   B. 服务规范管理

     C. 服务语言使用   D. 服务流程设计

13. 客户可以在非常短的时间内获取所感兴趣产品的大量信息，也可以查询到大量可以满足其需求的企业是（　　　）的优点。

     A. 信函服务   B. 网上服务

     C. 电话服务   D. 面对面的服务

14. 以下不属于宏观环境的是（　　　）。

     A. 政治与法律环境   B. 经济与人口环境

     C. 技术与自然环境   D. 企业内部环境

15. 市场定位具体来说是企业及其产品在（　　　）的形象。

     A. 市场中   B. 竞争对手中

     C. 中间商中   D. 消费者心中

三、课堂讨论题

1. 清洁能源使用已成为当今的主流，请为电动汽车进行营销环境分析。

2. 小王在大学城中开设了一家奶茶店，请为他设计"五一"期间的营业推广活动。

四、技能训练

运用市场细分的标准为运动鞋进行细分市场，并试着发现是否存在市场机会，如果有，请为新的市场机会设计一款新产品，为该产品设计品牌名称及标识为该产品设计国庆推广方案并撰写推广方案书。

项目10

管控创业风险

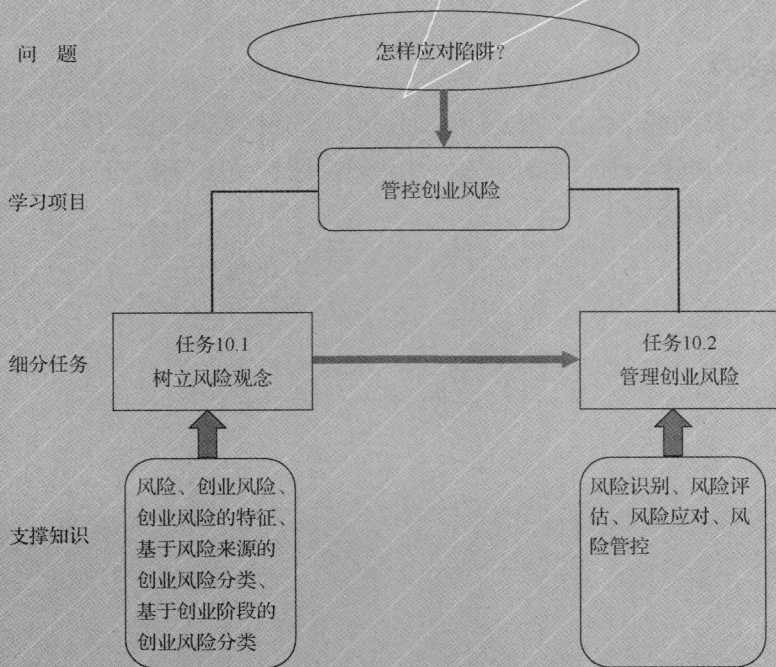

问　题	怎样应对陷阱？
学习项目	管控创业风险
细分任务	任务10.1 树立风险观念　　任务10.2 管理创业风险
支撑知识	风险、创业风险、 创业风险的特征、 基于风险来源的 创业风险分类、 基于创业阶段的 创业风险分类　　风险识别、风险评 估、风险应对、风 险管控

项目10｜知识（技能）框架图

知识目标
- 识别创业风险因素
- 了解创业风险管理流程

技能目标
- 树立风险意识，懂得规避创业风险

任务10.1　树立风险观念

一、创业风险

1. 风险

中文"风险"一词来源于远古的渔民，渔民出海前都要祈求神灵保佑自己出海时能够风平浪静、满载而归。现代的"风险"一词已经超越了这种狭窄的含义，其基本的核心是："未来结果的不确定性或损失。"一方面强调了风险表现为结果的不确定性，另一方面强调了损失的不确定性。如果采取适当的措施，使破坏或损失的概率不会出现，那么风险可能带来机会，有时候风险越大，机会越大。

风险由风险因素、风险事故和损失三大基本要素共同构成。风险因素是风险事故发生的潜在原因；风险事故是造成损失的直接的或外在的原因，是损失的媒介；损失是指非故意的、非预期的和非计划的经济价值的减少。简而言之，风险因素会引起或增加风险事故，而风险事故的发生可能造成损失。

2. 创业风险

创业风险是指由于新创业企业内外部多种原因而造成创业活动失败的可能性。对于任何创业者而言，创业风险都必须加以重视。首先，创业风险是所有经营风险之中最早到来的风险，并且是其他经营风险的根源，若其发生，将可能直接导致新企业的过早夭折；其次，由于企业处于成立的初期，事物繁多，也就造成了创业风险具有相当的隐蔽性，创业者不易觉察或无暇顾及。更为重要的是，由于主观认识的有限性和客观条件的动态易变性，导致了任何新企业都无法完全规避创业风险。由此可见，新企业要想取得良好的创业绩效，首先必须采取有效的措施控制创业风险的发生。

3. 创业风险的特征

创业风险贯穿于整个创业过程中，但具备一些共同的特征。

（1）客观性。创业本身是一个识别风险和应付风险的过程，风险的出现是不以人的意志为转移的，所以创业风险的存在是客观的。在创业的过程中，由于内外部事务发展的不确定性是客观存在的，因而创业风险也必然是客观存在的。客观性要求我们采取正确的态度承认和正视创业风险，并积极对待创业风险。当然，客观性并不否认创业风险的存在也有主观的一面。

（2）不确定性。创业的过程往往是将创业者的某一个"奇思妙想"或创新技术变为现实的产品或服务的过程。在这一过程中，创业者面临各种各样的不确定因素，如可能遭受到已有市场竞争对手的排斥，进入新市场面临需求的不确定，新技术难以转化为生产力等。此外，在创业阶段投入较大，而且往往只有投入没有产出，因而可能面临资金不足的可能，从而导致创业的失败。也就是说，影响创业的各种因素是不断变化、难以预知的，这种难以预知就造成了创业风险的不确定性。

（3）双重性。创业有着成功或失败的两种可能性，创业风险具有盈利或亏损的双重性。如果能正确认识并且充分利用创业风险，反而会使收益有很大程度的增加。

（4）可变性。随着创业因素的变化，内外部环境的变化，创业风险的大小、性质和程度也会发生变化。

（5）可识别性。根据创业风险的特征和性质，创业风险是可以被识别和区分的，而且还可通过定性或定量的方法对其进行估计。

（6）相关性。创业者面临的风险与其创业行为及决策是紧密相连的。同一风险事件对不同的创业者会产生不同的风险，同一创业者由于其决策或采取的策略不同，会面临不同的风险结果。

二、创业风险的分类

1. 根据风险来源的创业风险划分

创业初期，资金、技术、团队默契等多方面都存在诸多不确定性，可以说，创业活动风险无处不在。通过对已有经验的梳理来看，创业项目通常会面临来自于团队内部、资源、技术、组织管理等12个方面风险的影响。

（1）来自于创业团队的风险因素

创业团队风险即由于某些原因引发创业团队工作不力而导致新企业创业绩效下降的可能性。这类风险因素的典型表现为"团队成员构成不合理，无法形成优势互补""团队涣散""人员流失率过高""创业精神不足"时，即预示着这类风险即将爆发。

陷阱会在哪里？

双创学堂

创业团队常见风险

① 信息和信任缺口。在创业中，创业团队成员可能因为接受不同的教育等原因，对创业有不同的预期、信息来源和表达方式，甚至在产业定位、商业冒险等方面产生分歧，

从而引发信任问题。如果创业团队成员不能充分信任对方，或者不能够进行有效的交流，那么这一缺口将会变得更深，带来更大的风险。

② 经验缺口。在创业初期，创业团队的工作经验均有缺乏，而此时创业决策过程中更加需要准确的判断。如果创业合伙人无法将自身其他优点弥补经验缺点，可能使创业团队成员之间差距越拉越远，甚至产生隔阂和矛盾。更严重的情况是由于创业团队的经验不足，导致误判，使得创业成果毁于一旦。因此这一缺口也将给创业带来巨大风险。

③ 管理缺口。管理缺口是指创业团队成员并不一定是出色的企业家，不一定具备出色的管理才能。进行创业活动主要有两种：一是创业者利用某一新技术进行创业，他可能是技术方面的专业人才，但却不一定具备专业的管理才能，从而形成管理缺口；二是创业者往往有某种"奇思妙想"，可能是新的商业点子，但在战略规划上不具备出色的才能，或不擅长管理具体的事务，从而形成管理缺口。

（2）来自于资源方面的风险

资源风险即由于人、财、物等资源在数量、种类、结构等方面的原因而导致新企业创业绩效下降的可能性。"不能及时筹齐所需资金""无法保证稳定的原材料供应""无法招到合适的人员""过分依赖特定供应商，资源调配困难"等都属于此类风险的典型表现。

双创学堂

财务风险的预防措施

① 构建负债计划，适时举债。资金一旦进入项目即要求相应的回报。

② 适量举债，保持合理负债比率。一般而言，流动比率为2:1，速动比率为1:1，资产负债率<70%较为安全。

③ 控制经营风险，保持盈利水平。

④ 构建严密的现金内控体系，对每一笔钱花费要清楚明白。

⑤ 对员工的薪酬激励适当设计期权等长期激励手段，减少现金这类短期的激励方式。

（3）来自于技术方面的风险

技术风险即由于技术方面的困难而导致新企业创业绩效下降的可能性。此类风险的主要表现为"技术基础薄弱，设计能力不足""技术不成熟，技术和生产配套能力低""无法掌握关键生产环节和技术"等。

双创学堂

技术风险的预防措施

① 随时监测竞争对手的技术发展状况及消费者对技术的接纳状况。

② 利用申请专利来对技术进行保护。

③ 吸引风险投资分担技术风险。

（4）来自于组织管理方面的风险

组织管理风险即由于新企业因组织管理不善而导致新企业创业绩效下降的可能性。此类风险的典型表现为"管理体制不规范""人员配备不合理""责任体系不清楚"等。

（5）来自于营销方面的风险

营销风险即在开展市场营销活动过程中，由于各种不确定因素的影响，使企业营销的实际收益与预期收益发生一定的偏差，进而导致新企业创业绩效下降的可能性。此类风险的典型表现为"产品不适销对路""推销不力""服务或经营措施不当""保管不慎造成货物损失""运输过程中货物破损""营销人员缺乏职业道德，故意促使营销风险事故发生或损失扩大"等。其中，市场营销渠道建设是一件似易实难的事，项目持有人或发明人在创业时常常会漠视渠道建设的难度而盲目创业，最终导致失败的案例不胜枚举。

（6）来自于信息沟通方面的风险

信息沟通风险即由于企业与组织内外部的沟通问题而导致新企业创业绩效下降的可能性。此类风险的典型表现为"企业组织内部沟通不畅""与市场沟通不足""与合作伙伴沟通不足""与政府部门沟通不足"等。

（7）来自于市场波动的风险

市场波动风险即由于市场需求、市场容量、市场发育程度和生产中的市场配套条件等情况的不确定性而导致新企业创业绩效下降的可能性。此类风险的典型表现为"对市场的潜在需求研究不透彻""市场定价超消费者接受水平""对市场变化趋势缺乏预见性"等。

（8）来自于行业环境的风险

行业环境风险即由于行业的生命周期、进入和退出壁垒等的不确定性而导致新企业创业绩效下降的可能性。此类风险的典型表现为"行业进入或推出障碍估计不足""行业竞争过于激烈""对行业主导发展方向判断错误""重大技术进步或新技术的出现"等。

（9）来自于政策法规的风险

政策法规风险是指由于政策法规的改变而导致新企业创业绩效下降的可能性。此类风险的典型表现为"政策法规体系缺乏连续性""政策法规执行不规范""政策倾向重大改变"等。

（10）来自于宏观经济的风险

宏观经济风险主要是指由于宏观经济走势的变化而导致新企业创业绩效下降的可能性。此类风险的典型表现为"对宏观经济形势的估计过于乐观""居民可支配收入下降""资本市场不成熟"等。

（11）来自于社会环境的风险

社会环境风险即由于人口结构、生活方式等社会文化因素的影响而导致新企业创业绩效下降的可能性。此类风险的典型表现为"人口结构发生改变""大众生活方式发生改变""与宗教信仰和风俗习惯相抵触""不符合大众审美观点和价值观念"等。

（12）来自于自然条件的风险

自然条件风险即周围的自然环境状况及其变化而导致新企业创业绩效下降的可能性。此类风险的典型表现为"自然环境不同于预期设想""自然灾害突发""自然环境剧烈变化"等。

2. 基于创业阶段的创业风险分类

（1）创业前期的典型风险

① 消极观望：如果没有积极的态度，创业者很难树立并坚定创业方向。一直在羡慕别人的成功，没有思考如何修炼自我、积极行动的计划。

② 过于乐观：低估创业起步阶段所需时间，盲目乐观也可能会遭受巨大风险。"盲目乐观地估计市场""缺乏流动资金""缺乏创业经验""对竞争对手缺乏应有的估计"等都属于此类风险的典型表现。

（2）创业中期的典型风险

创业中期的风险包括创业项目顺利启动并运营了一段时间后可能面临的各种风险因素，其中典型的有以下几种。

① 目标游离。当新创企业有了一定实力时，不再专情于主业，想找别的挣钱项目干干。这种愿望很好，但发展思路超越了新创企业当前的实力，往往会以失败告终。

② 急功近利。希望投下的每一分钱都能尽快有回报，缺乏成长为大企业的心理计划。

③ 孤军奋战。独自开展创业活动，缺乏组建创业团队的意识。

④ 遇难而退。不怕苦不怕累、勇往直前、不达目的决不罢休，这就是创业精神。任何成功的创业者都必须有创业精神，这是成功的必要条件。反过来看，有一些失败的创业者之所以失败，就是因为缺乏创业精神。

（3）创业后期的典型风险

① 盲目冒进，好大喜功。创业的企业初具规模、小有成就时，许多创业者容易被自己营造的局部知名度冲昏头脑，不顾发展实际，盲目扩张。

② 坐享其成。经过前期的积累，创业项目有了一定的盈利，有些创业者以为苦尽甘来，放松了警惕，贪图享受，花钱大方，甚至挥霍无度。

③ 挥霍浪费，小富即安。满足于现状，缺乏将所创事业做大、做强的意识。

④ 缺乏创新。满足于前期使自己成功的商业模式，缺乏继续创新的动力。

⑤ 管理危机。新创企业快速发展后，人员、机构等快速膨胀，而机构的快速膨胀会使创业者面临人员管理、文化、人才储备不足等方面面临挑战。

拓展阅读

创业团队风险案例分析
——创业高管团队的冲突导致企业的毁灭

"爱多"的总经理胡志标出身贫寒，1995年利用偶然听到的"数字压缩芯片"技术，创建了广东爱多电器有限公司。公司有三个股东，胡志标和他儿时的玩伴，也是他的好朋友陈天南各占45%的股份，另外10%的股份由中山市东升镇益隆村以土地入股获得。据说胡志标和陈天南当时各入股公司的本金只有2000元。

胡志标是一个经营的天才，公司的钱除了留下买原材料的外，其余全部投入到广告中，借助大规模的广告攻势，爱多在全国声名鹊起。1996年和1997年，爱多分别以8200万元和2.1亿元人民币获得了1996年中央电视台广告招标电子类的第一名和第四届广告招标的"标王"。

但是，公司在取得巨大发展的同时，领导层之间的裂痕却越来越大。陈天南从来不过问公司的事，却以2000元的出资，每年坐收爱多45%的红利。这使胡志标心里很不平衡。他先是封锁财务，不让陈天南查账；后又在中山市成立了几家公司，由自己担任大股东而资金却来自爱多，以利用关联交易转移资产。这些事引起了陈天南的强烈不满。后来在与陈天南和益隆村的权力争夺中，胡志标先是被迫辞去广东爱多电器公司董事长和总经理的职位，后又恢复原职。在这场权力争夺之后，爱多元气大伤，加之在日常经营中采用的不合理财务管理方式，最终导致了爱多的破产倒闭。2003年6月，胡志标本人被中山市法院以"票据诈骗罪、挪用资金罪、虚报注册资金罪"三罪并罚，判处有期徒刑20年。

胡志标本来可以通过回购陈天南的股份，或出售转让自己在爱多的股份再去另起炉灶，但是他什么都没有做，而是带着敌对的情绪处理企业事务，引发了高层管理团队的冲突，毁掉了企业，也葬送了自己的前程。

（资料来源：百度文库案例整理）

任务10.2　管理创业风险

一、创业风险管理流程

由于自身规模一般较小，实力薄弱，新创企业在起步阶段的抗风险能力尤其弱，因此，有效地实施风险管理对创业企业尤为重要。既然创业风险是创业过程中不可避免的现象，那么正视风险，并想方设法去化解，是每个创业者必须具备的意识，也是创业过程中的重要任务。

如图10-1所示，风险管理的一般流程分为三个阶段。

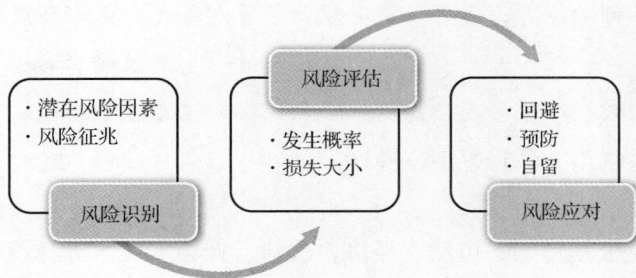

图10-1 | 风险管理的一般流程

1. 风险识别阶段

风险识别阶段的主要职责在于识别组织内外部潜在的风险因素以及现在是否已经出现了一些风险因素要爆发的征兆。风险识别是应对一切风险的基础，只有识别了风险，才有化解的机会，同时风险也是一种机会，应该开拓、提高其积极的作用。

创业风险识别是创业者依据企业活动，对创新企业所面临的现实及潜在风险，运用各种方法加以判断、归类并鉴定风险性质的过程。创业者必须具备风险识别的能力。

拓展阅读

大学生创业五大风险

风险一：项目选择太盲目

大学生创业者在创业初期一定要做好市场调研，在了解市场的基础上创业。一般来说，大学生创业者的资金实力较弱，选择启动资金不多、人手配备要求不高的项目，从小本经营做起比较适宜。

风险二：缺乏创业技能

一方面，大学生应去企业打工或实习，积累相关的管理和营销经验；另一方面，积极参加创业培训，积累创业知识，接受专业指导，提高创业成功率。

风险三：融资渠道单一

如果没有广阔的融资渠道，创业计划只能是一纸空谈。除了银行贷款、自筹资金、民间借贷等传统方式外，还可以充分利用风险投资、创业基金等融资渠道。

风险四：社会资源贫乏

平时应多参加各种社会实践活动，扩大自己人际交往的范围。创业前，可以先到相关行业领域工作一段时间，通过这个平台为自己日后的创业积累人脉。

风险五：管理过于随意

要想创业成功，大学生创业者必须技术、经营两手抓，可从合伙创业、家庭创业或从虚拟店铺开始，锻炼创业能力，也可以聘用职业经理人负责企业的日常运作。

（资料来源：新华社报告整理）

创业风险识别的常用方法有以下三种。

（1）环境分析法

企业环境的构成极其复杂。自然、经济、政治、社会、技术等环境构成宏观环境，而企业的微观环境主要包括投资者、消费者、供应商、政府部门和竞争者等。环境分析法是在不同的环境下企业对创业风险识别的特定方法，是指通过对环境的分析，明确机会与威胁，发现企业的优势和劣势，找出这些环境可能引发的风险和损失。运用环境分析法，重点是分析环境的不确定性及变动趋势。例如，市场是否有新的竞争对手介入？竞争对手变动趋势是什么？市场需求因素对企业产品销售将产生什么影响等。这些不确定因素往往使企业的经营难以预料。同时，要分析环境中的变动因素及其相互作用的产生对企业的各种制约和影响。此外，应从整体角度分析外部环境与内部环境的相互作用及其影响程度。

（2）财务报表分析法

财务报表分析法是以企业的资产负债表、利润表及财务状况等资料为依据，对企业的固定资产、流动资产等情况进行风险分析，以便从财务的角度发现企业面临的潜在风险。由于财务报表的特点，可以使管理人员便于掌握资料，提高风险识别工作效率；由于报表集中反映了企业财务状况和经营成果，因此通过报表分析，可以为发现风险因素提供线索。这种方法成为风险识别的有力手段。

（3）专家调查法

专家调查法是一种重要而又广为应用的风险识别方法，它是引用专家的经验、知识和能力，又发挥专家的特长，对风险的可能性及其后果做出估计。一般来说，运用专家调查法的基本步骤是：①选择主要的风险项目，选聘相关领域的专家；②专家对各类可能出现的风险进行评估、打分；③回收专家意见并整理分析，再将结果反馈给专家；④把专家的第二轮结果汇总，直到比较满意为止。

2. 风险评估阶段

风险评估阶段主要是对前一阶段识别出的风险因素展开评估，测算各风险因素发生的可能性大小以及若发生后可能对创业项目收益的影响程度。创业项目风险的评估，首先应对风险发生概率，风险发生的后果严重程度、影响范围以及预计发生时间进行估计。在此基础上，综合投资者对风险的容忍度、风险管理成本，选用相关风险评估工具对创业风险做出评价。风险评估方法大体可分为定性评估法和定量评估法两类。

（1）定性评估法

定性评估法是指那些通过观察、调查与分析，并借助相关人员的经验、专业标准和判断等对创业风险进行评估的方法。它具有便捷、有效的优点，适合评估各种创业风险，它也为定量评估法奠定了基础，主要方法有观察法、调查了解法、逻辑分析法、类似估计法。

双创学堂

风险评估矩阵

风险矩阵图（Risk Matrix）是一种有效的风险管理工具，其使用步骤如下。

① 列出该项目的所有潜在问题。

② 依次估计这些潜在问题发生的可能性。

③ 依次估计这些潜在问题发生后对整个项目的影响。

④ 得出图10-2所示的风险矩阵图。

		严重程度等级		
可能性等级		低	中	高
		I	II	III
高	3	中	高	高
中	2	低	中	高
低	1	低	低	中

图10-2 | 风险矩阵图

⑤ 根据绘制出的风险矩阵图，给出四种风险管理对策。

• 如潜在问题在黑色区域，则应该不惜成本阻止其发生，若风险控制成本大于可接受范围，则应考虑放弃该项目。

• 如潜在问题在灰色区域，应安排合理的费用来阻止其发生。

• 如潜在问题在白色区域，应采取一些合理的步骤来阻止发生或尽可能降低其发生后造成的影响。

• 如潜在问题在网格区域，应准备应急计划，即发生后再采取措施。

（2）定量评估法

定量评估法是既分析确定每一个风险的概率及其对创业项目造成的后果，也分析项目总体风险的程度。典型的分析方法有盈亏平衡分析、计算机模拟、专家访谈、决策树分析、量化风险检查表等。

双创学堂

模拟法

利用系统模型对系统行为进行分析，将对项目目标潜在影响的不确定性因素具体化、定量化。对工程项目进行模拟最常用的形式是利用项目的网络图作为项目模型。大多数模拟的基础是某种形式的蒙特卡洛分析。

项目网络如图10-3所示。

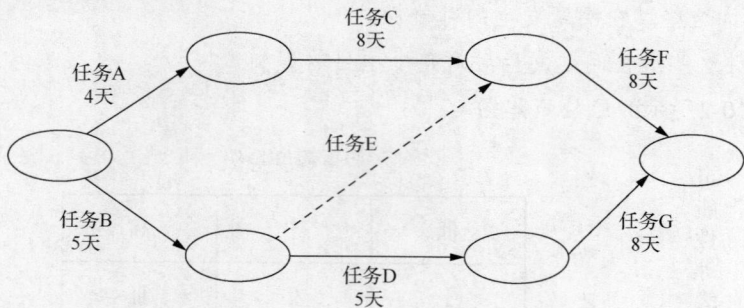

图10-3 | 项目网络

3. 风险应对阶段

风险应对即通过多种措施使风险降至可接受程度的过程。一般而言，风险应对策略大体可分规避风险、预防风险、缓解风险、自留风险和转移风险五类。

（1）规避风险，即主动避开损失发生的可能性。如创业者经过分析发现某一类产品市场已经过度供给，为了避免市场竞争激烈的风险，可考虑采取主动放弃选择经营该产品的方法，从而规避可能出现的风险。

风险规避比较适用于两种情况，一是某种特定风险所致的损失频率和损失程度相当高，二是采用其他风险防范措施所需成本超过该项活动所产生的经济收益。为避免经济损失，应在创业企业相应活动开展之前采取相应措施，以达到风险的规避。

（2）预防风险，即采取预防措施，以减小损失发生的可能性及损失程度。如为了防止新企业中的人员流失，可以采取一些提高人员待遇、改善工作环境的措施；为防止程序或数据丢失，可进行数据备份等。

需要注意的是，风险管理的一条基本原则是：以最小的成本获得最大的保障。预防风险涉及一个预防成本与潜在损失比较的问题：若潜在损失远大于采取预防措施所支出的成本，就应采用预防风险手段。

（3）缓解风险，指在损失发生前消除损失可能发生的根源，并减少损失事件的频率。缓解风险的基本点在于消除风险因素和减少风险损失。

缓解风险的措施主要包括降低风险发生的可能性、控制风险损失、分散风险和采取一定的后备措施等。采取预防措施，以降低风险发生的可能性是缓解风险的重要途径。如生产管理人员通过加强安全教育和强化安全措施，以减少事故发生的机会，从而减少高技术企业创业过程中的生产风险。控制风险损失是指在风险不可避免地要发生的情况下，通过各种措施以减少损失、遏制损失继续扩大或限制其扩展范围。

（4）自留风险，即主动承担风险。自留风险一般适用于对付发生概率小，且损失程度低的风险。风险自留有时为主动自留，有时为被动自留；有时为全部自留，有时为部分自留。对于承担自留风险需要的资金，创业者可以通过事先建立内部意外损失基金和从外部取得应急贷款（或特别贷款）的方法解决。

自留风险是以一定的财力为前提条件的，使风险发生的损失得到补偿。在一定程度下，自留风险可能使创业者面临更大的风险。自留风险这一策略更适合应对风险损失后果不严重的风险。

（5）转移风险，指通过某种安排，有意将自己面临的风险全部或部分转移给其他企业。保险是转移风险应用范围最广、最有效的风险管理手段之一。

创业风险控制的过程就是跟踪已经识别的风险、监视剩余的风险和识别新的风险，并根据创业项目的进展情况保证不断修整和执行风险管理计划，评估减少风险的有效性。

拓展阅读

大学生创业案例分析

说起创业，人们更多地联想到的是成功和鲜花。于是，在工作难找的背景下，许多大学生的自主创业意识高涨。近日，《中国青年报》公布一项调查数据显示，79%的被调查大学生有自主创业的意向，下面分别介绍大学生创业成功与失败的案例。

成功案例

一提到王兴，很多人脑海里想到的第一个词语即是"连环创业者"，由于他是校内网、饭否网、美团网这三个知名网站的联合创始人，除此之外，他还有另外一层身份，大学生创业者，在结业以后，没有丰富的职业阅历就开始创业的人。他是一名人们口中的天才少年，高中没有参与高考就被保送到清华大学，结业后拿到全额奖学金去了美国特拉华大学读博，随后回国创业。在前一两次不算成功的创业项目以后，王兴创立了中国版Facebook——校内网，并很快风行于大学校园。校内网于2006年10月被千橡以200万美元收购。2007年5月12日，王兴兴办饭否。这也是我国第一个类Twitter项目——饭否网，但就在饭否开展势头一片杰出之际被封闭，让王兴工作遭到波折。以后连环创业客王兴于2010年3月上线新项目美团网，并在千团大战当中脱颖而出，稳居职业前三，并先后取得红杉和阿里巴巴的两轮数千万美元的投资，这个连环创业客的工作正逐步走上正轨。

失败案例

23岁的舒正义从西安工程大学电子信息专业毕业，和许多大学生一样开始找工作。通过家人介绍，舒正义来到了一家事业单位。但是他却认为自己只是做基础性的工作，不能很好地施展拳脚，于是他选择了辞职。

一次偶然的机会，舒正义见到有人销售一种不用电池的环保手电，这时他如获至宝，赶紧和厂家联系要求代理该产品，在他再三恳求下，对方答应一次进货3万元以上便授权他做陕西总代理。

有了自己的想法，舒正义召集了7位有意愿的同学和朋友合伙干，他多方筹集了4万多元，其中有2.5万是承诺一个月后还4万的高利贷，其他人共拿出两万多元。公司主营域名注册、网站建设开发等项目，并做环保防水手电陕西总代理的业务。

为了取得政府网站的一个招标项目，舒正义急于注册公司，在他去工商局咨询的路上，刚好碰到有人在发宣传单，并称只要出一万元即可代办注册公司，注册资本想要多少都行。于是，舒正义付了对方5000元定金，开始正式筹备自己的公司。可几天后对方的电话就打不通了。

成立公司就得有个公司的样子，舒正义没有听朋友的反对，租了办公室，并添置了2000多元的工艺品，以及办公桌椅、打印机、传真机、笔记本电脑等办公用品。有媒体记者鼓动舒正义做广告，他未听朋友的劝阻，投入了2000元的广告费。

公司的准备工作还没有完全结束，借款人提前催款，并搬走了他大部分办公用品。无奈，舒正义求助银行贷款，但因没有资产抵押及担保而被拒绝。结果，公司开业（事实上并未成功注册）9天后因资不抵债宣布破产。

由此可见，大学生在创业路上更应该高估风险，因为资金对他们而言本就是稀缺资源，一旦被骗，很难东山再起。

二、创业风险管理建议

1. 创业前期风险的管理

（1）敢于面对失败。创业活动风险无处不在，若因可能面对风险就踌躇不决，创业活动将难以开展。

（2）制订周全的计划。凡事预则立，不预则废。周密的计划能够帮助创业者预测好未来的发展趋势、安排好不同阶段的工作重点，进而起到预防创业风险的作用。

（3）先做小，后做大。创业者可先尝试小规模的项目，以积累创业经验，若失败，小项目造成的损失在其可承受范围之内；若取得成功，则可将小项目的经验移植到运作规模更大的项目中去。

（4）先务实，后务虚。创业活动需要投入资金，前期资金有限的情况下，创业者应将资金尽量投入到经营活动中去，脚踏实地，干实事、讲实效，解决创业前期面临的各种实际问题，而不应将重心放在做表面文章、说漂亮话上。

2. 创业中期风险的管理

（1）调整心态，强化危机意识。危机意识是企业永续经营的良药。企业发生危机是随时的，是常态不是异常，因此企业必须有随时应付危机的准备。危机也可以是转机，也常常带来新的发展机遇，当企业处理好这一危机，往往也能迈上一个新的台阶。领导者要有危机意识，并且善于制造危机，树立全员危机意识，以锻炼和增强企业体质及抗危机的能力。

（2）加强管理。建立科学的决策机制，使决策更加科学性、系统性、全面性，增强决策的效率和成功率。进行专业化的企业管理，日常管理科学化、专业化。

（3）创业团队沟通与建设。创业初期一般是由创业项目发起人和合伙人为主带领核心创业团队开展创业的活动，团队凝聚力很强。随着新创企业规模的增大，不断会有新的人员加入，若不及时采取措施加强团队间的沟通和建设，则很可能使原有的积极的企业文化被稀释，团队凝聚力下降，进而造成经营效率下降。

3. 创业后期风险的管理

（1）心态调整，尝试授权。成功创业后的两个主要因素会导致创业者开始考虑授权：一是管理问题变得又多又杂，创业者不堪重负；二是员工渴望分享权利，希望得到更多空间与舞台来发挥自己。创业成功后，创业者需要授权，但不要分权。通过把一些日常的非核心的工作授权给中层管理人员，创业者就可以把自己从繁重的事务工作中解脱出来，把更多的精力集中在战略性问题的决策上。

（2）持续创新。在前期取得成功的基础上，重点选择以一种或少量几种创新为主、其他创新为辅的不同组合模式，交替式地推进、持续创新。如业务发展模式上，许多优秀的企业一方面通过商业模式创新来充分利用外部资源；另一方面通过技术创新获得关键技术，实现对整个产业的控制权。

（3）制度化建设。制度的确立可以防止管理的任意性，通过设置合理的权利、义务和责任，使每位员工能预测自己的行为和努力的结果，激励员工为企业的目标和使命努力奋斗。通过制度建设可以有效梳理、确定管理规则和操作流程，固化已有的成功经验和管理方法，并将其转变为员工清晰了解、一致认同和共同遵守的明示规则，保障企业的运作有序化、规范化，降低企业运营成本，增强企业竞争实力。

（4）建立激励机制，凝聚人才。在创业过程中，创业者与员工承担着巨大的风险，需要彼此风雨同舟、共渡难关。创业成功后，创业者关注的是未来的更大回报，而员工更关注的是现在的即得利益。随着企业的扩大，新员工不断加入，他们更多的是一种职业选择，创业者需要考虑建立有效的机制来维持企业所需的更多优秀员工。除了激励机制外，企业前景也有很强的凝聚力，这就需要在这个阶段维持或提升企业的经营业绩，规划好企业的未来发展。

双创学堂

复合式激励机制

构筑复合式激励机制，发挥激励的综合效应。复合式激励中，物质激励是基础，环境激励、目标激励是核心。将物质激励作为激励基础必须注意三个问题。

第一，高薪酬必不可少，任何人都有满足生存的最底层需求，知识型劳动者也不例外。

第二，满足员工安全需要的医疗、养老、失业保障等应予以配套。

第三，报酬形式的选取要兼顾企业短期利益和长期利益，员工持股计划、股票期权及合伙人制度都是有效的留人"法宝"。

环境激励强调知识型员工的自我管理，将组织约束降至最低，仅给予员工共同愿景的指导，同时营造宽松的环境，以合理的授权帮助员工用自己的方式完成目标。目标激励是基于对知识型员工"自我实现人"的假设，侧重于工作多样化、挑战性的设计，通过协助员工制订职业生涯规划，实行工作丰富化，激励员工的事业心、责任心，满足其成就感。

复习思考题

一、名词解释

风险、创业风险、创业风险因素、规避风险、风险识别、风险评估、风险应对

二、选择题

1. 风险由（　　）、风险事故和损失三大基本要素共同构成。
   A. 风险评估　　　　　　　　　　　　B. 风险因素
   C. 风险识别　　　　　　　　　　　　D. 风险应对

2. 创业风险贯穿于整个创业过程中，但具备一些共同的特征，不包括（　　）。
   A. 主观性　　　　　　　　　　　　　B. 客观性
   C. 不确定性　　　　　　　　　　　　D. 双重性

3. 由于人、财、物等资源在数量、种类、结构等方面的原因而导致新企业创业绩效下降的可能性属于（　　）。
   A. 创业团队风险　　　　　　　　　　B. 创业资源风险
   C. 创业环境风险　　　　　　　　　　D. 技术风险

4. "团队成员构成不合理，无法形成优势互补" "团队涣散" "人员流失率过高" "创业精神不足" 等属于（　　）表现。
   A. 创业团队风险　　　　　　　　　　B. 创业环境风险
   C. 创业资源风险　　　　　　　　　　D. 组织管理风险

5. "不能及时筹齐所需资金" "无法保证稳定的原材料供应" "无法招到合适的人员" 等属于（　　）表现。
   A. 创业团队风险　　　　　　　　　　B. 创业资源风险
   C. 创业环境风险　　　　　　　　　　D. 组织管理风险

6. 消极观望与过于乐观属于创业（　　）的典型风险。
   A. 前期　　　　　　B. 中期　　　　　　C. 后期　　　　　　D. 全期

7. 调整心态，强化风险意识、加强管理属于创业（　　）的风险管控。
   A. 前期　　　　　　B. 中期　　　　　　C. 后期　　　　　　D. 全期

8. 风险识别阶段的主要职责在于识别组织内外部潜在的风险因素及（　　）。
   A. 风险发生概率　　　　　　　　　　B. 损失大小
   C. 风险征兆　　　　　　　　　　　　D. 应对策略

9. 当出现某种特定风险所致的损失频率和损失程度相当高时，可以采用（　　）风险应对策略。

A. 规避风险   B. 预防风险

C. 缓解风险   D. 自留风险

10. "创业者经过分析发现某一类产品市场已经过度供给，为了避免市场竞争激烈的风险，创业者可考虑采取主动放弃选择经营该产品的方法"属于风险应对策略中的（   ）策略。

  A. 规避风险   B. 预防风险

  C. 自留风险   D. 转移风险

三、判断题

1. 创业风险是所有经营风险之中最早到来的风险，并且是其他经营风险的根源。

                       （   ）

2. 经过严格的训练和细致的准备，新企业完全可以规避创业风险。 （   ）

3. 创业风险是可以被识别和区分的，而且还可以通过定性或定量的方法对其进行估计。   （   ）

4. "对市场变化趋势缺乏预见性"属于创业风险中的营销风险。 （   ）

5. 创业风险识别主要是对风险因素展开评估，测算各风险因素发生的可能性大小，以及若发生后可能对创业项目收益的影响程度。   （   ）

6. 自留风险一般适用于对付发生概率虽大但损失程度低的风险。 （   ）

7. 保险是转移风险应用范围最广、最有效的风险管理手段之一。 （   ）

8. 风险管理的一条基本原则是：以最小的成本获得最大的保障。 （   ）

9. 创业后期风险的管控包括心态调整、尝试授权、持续创新、制度化建设等。

                       （   ）

10. 创业成功后，创业者关注的是现在的即得利益，而员工更关注的是未来的更大回报。   （   ）

四、实践操作题

列出自己选定的创业项目可能面临的风险因素，并针对各类风险因素设计创业风险控制方案。

项目11
入门典型创业方式——网上商店的策划与运营

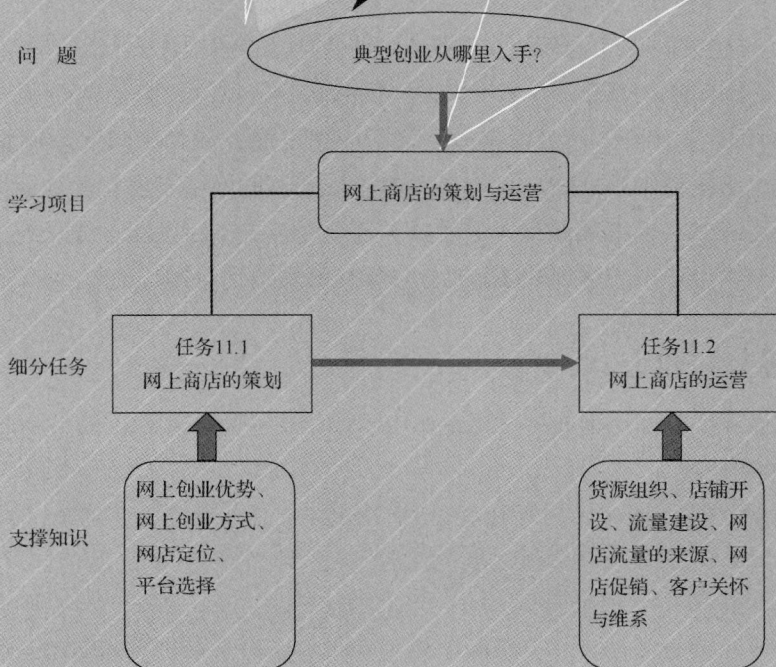

| 问　题 | 典型创业从哪里入手? |

| 学习项目 | 网上商店的策划与运营 |

| 细分任务 | 任务11.1 网上商店的策划 | → | 任务11.2 网上商店的运营 |

| 支撑知识 | 网上创业优势、网上创业方式、网店定位、平台选择 | 货源组织、店铺开设、流量建设、网店流量的来源、网店促销、客户关怀与维系 |

项目11 | 知识（技能）框架图

知识目标

- 了解网上创业的主要模式
- 了解网上商店货品选择的一般方法
- 掌握网上商店策划的基本方法
- 掌握网上商店运营的一般流程

技能目标

- 能规划网上资源，开展网上商店

任务11.1　网上商店的策划

网店策划

一、网上创业

网上创业是创业者围绕创业机会，以互联网为载体，创新性地提供产品或服务，实现价值创造的过程。简而言之，所有利用互联网开展的创业活动均可称为网上创业。

相比于传统创业方式，网上创业具有如下优势。

（1）进入门槛低、手续相对简单。如选择在第三方平台上开网上商店的方式来进行网上创业，创业者就可省去多项手续，避免了烦琐的程序，节省了费用。

（2）经营方式灵活，受时空限制小。互联网作为全球性的媒介，没有地域、时间限制，持续地向网络用户提供海量信息和丰富机会。可以说，互联网为创业者提供了一个没有时间地域限制、自主的网络市场环境。创业者可结合自己的兴趣爱好灵活选择创业方式。

（3）网络市场前景广阔。近十年来，以网络购物、网上外卖、旅行预订等为代表的商务类应用持续快速增长，并引领其他互联网应用发展，成为中国互联网发展的突出特点。中国互联网络信息中心（CNNIC）《第41次中国互联网络发展状况统计报告》显示：网上交易类应用在2017年继续保持快速增长，互联网模式不断创新，线上线下服务融合加速，其中网络购物用户规模达到5.33亿人，全年交易额达到71751亿元。

二、选择网上创业方式

根据盈利模式的不同，创业者可选择用以下网络经营模式来实现网上创业。

（1）网络销售式

该种经营模式是将传统中线下售卖的商品搬至网上进行售卖，典型的代表如苏宁易购、唯品会等。

（2）交易佣金式

该种经营模式主要依靠收取入驻商家的交易佣金实现盈利，典型的代表如旅游中介类网站携程、口碑等。

（3）会员收费式

该种经营模式是通过向会员有偿提供有价值的资源或信息服务来实现盈利，典型代表有网络小说类网站（如起点）、数据库类网站（如中国知网）等。

（4）广告盈利式

广告盈利适用于绝大多数网站的经营，当其在网民中具有一定影响力和知名度以后，就可能靠广告费来实现盈利。为此，就有部分网站通过向访问者免费提供资源的方式吸引用户访问，在用户中具有一定影响力和知名度后靠商家广告费实现盈利。典型代表有免费信息检索（如百度）、免费娱乐休闲网站（如优酷等）、论坛和社区类网站（如豆瓣、小红书等）。

（5）智慧服务

以网络为载体，利用创业者的个人智慧帮助有需求的或商家实现特定任务的一类创业方式，如猪八戒网等。

双创学堂

网上商店的基本模式

从网店经营主体来看，网上商店可分为B2C（Business-to-Consumer）网店与C2C（Consumer-to-Consumer）网店，前者是由企业通过网站向消费者提供商品和服务，后者是由个人通过网站向消费者提供商品和服务。从网店业务范围来看，网上商店可分为内贸网上商店和外贸网上商店，前者主要面向国内用户提供商品和服务，后者主要面向国际用户提供商品和服务，涉及国际物流与国际支付。从网店主营商品类目来看，网上商店可以分为综合百货类网上商店和垂直专卖类网上商店，前者涉及多个不同商品类目，后者专营某一类特色商品。

三、网上商店策划

对于初创者而言，选择网上创业的方式一般会选择网络销售形式。从2004年6月30日开始，我国统一启用新版的《零售业态分类》标准，"网上商店"作为一种新的零售业态正式纳入零售业。网上商店所面向的市场也称为网络零售市场。在准备开设网上商店之前，为降低创业风险，了解市场行情，有必要对网络零售市场进行调研，然后选择合适的商品。通过网络销售的商品一般包括有形商品和无形商品两大类，前者主要指实物商品，需要通过线下物流配送完成交易，后者主要指在线服务及虚拟商品，不需要线下物流配送即可完成交易。

在货品选择时，首先要了解市场需求，通过市场调研及自身积累的丰富经验，来把握市场的流行趋势，选择"最合适"的商品。例如，基于淘宝市场选择货品时，就必须分析淘宝市场数据。其次还需要综合考虑创业者资源背景、个人专长和兴趣爱好、货源地域优势等诸多因素。

拓展阅读

淘宝热卖排行榜

如果想了解淘宝上的热卖商品及热卖商品所在行业的特征，还可以通过淘宝网排行榜（top.taobao.com）来了解不同类目下的热卖商品。淘宝网排行榜是对淘宝近百万店铺前500名排名以及对商品性价比排行的一种导航，如图11-1所示。

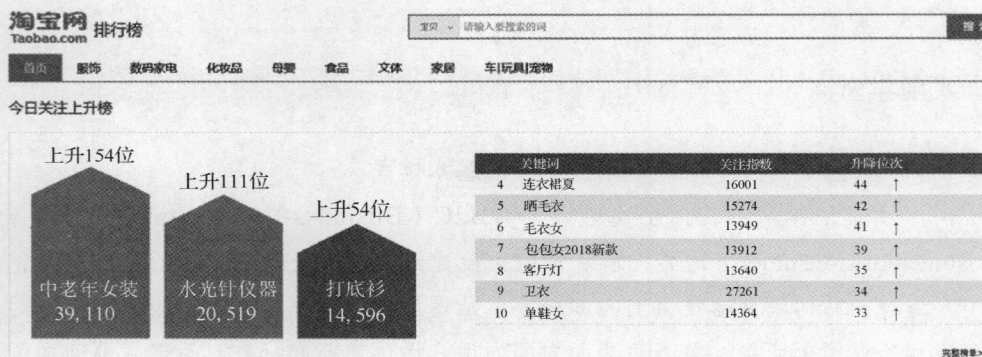

图11-1｜淘宝热卖排行榜

网上商店市场定位就是在确定自己的特色优势的前提下，使这些特色优势有效地向目标市场显示。常用的定位方法如下。

（1）根据产品属性定位

根据产品属性定位即通过产品的市场功能区分进行定位，重点突出产品的功能、风格等差异化属性。以淘宝女装店铺为例，女装类目是淘宝上竞争最激烈的类目，若要在女装类目中脱颖而出，必须突出店铺的与众不同之处。淘宝上特色鲜明的女装店铺包括："橡菲"只做皮衣的产品线特色定位，"木棉天堂"的文艺青年风格定位，"裂帛"的民族仿古风格定位，"韩都衣舍"的流行韩版风格定位，"七格格"的潮流炫酷风格定位，"OSA"的白领职业风格定位，"天使之城"的潮流偶像风格定位，这些店铺正是凭借鲜明的产品属性定位，在竞争激烈的淘宝女装类目中形成了自己的竞争优势，并取得了成功。在根据产品属性进行市场定位时，要尽量考虑竞争对手所没有顾及的属性，这种定位方法比较容易收效。

（2）根据产品价格和质量定位

根据产品价格和质量定位即通过价格与质量的关系进行市场定位。行之有效的价格—质量定位主要有"低质优价"定位、"优质高价"定位和"优质低价"定位三种。

（3）根据用户群体定位

根据用户群体定位即企业谋略性地把某些产品指引给适当的使用者或某个分市场，以便根据那个分市场的特点创建恰当的形象。

（4）根据产品档次定位

产品档次包括低档、中档和高档。例如，天猫在2011年大幅度提高收费标准，主要就是为了提高商城的服务品质与产品档次，淘汰一些产品档次低、品牌实力不强的中小卖家，为买家提供更好的购物体验。

市场定位是一项精细而又复杂的工作，需要企业市场营销人员通过一切调研手段，把握和确定自己的潜在竞争优势之后才能正确定位。

中小企业或个人一般通过入驻第三方提供的交易平台来创建网店，开展网络零售业务。目前，国内知名的第三方内贸网络零售交易平台主要包括淘宝网、拍拍网等，第三方外贸网络零售交易平台主要包括速读通、敦煌网等。根据艾瑞咨询统计数据，淘宝网在中国网络零售市场占据80%以上的市场份额，处于绝对领先地位。

个人或企业在选择所要入驻的第三方网络零售交易平台时，应注意考察平台是否具备以下基本功能。

① 为买卖双方提供交易空间，通过自身的知名度将买卖双方聚集到一起。

② 承担交易监督和管理的职责，包括制定平台交易规则，规范并监控买卖双方的交易行为，创建良好的商业信用环境，保障买卖双方的权益。

③ 为买卖双方提供技术支持服务，如商品发布、网店创建与装修、商品搜索比价、在线支付、在线推广、在线促销等各类技术支持服务。

④ 为买卖双方提供信用贷款、在线交易保险、仓储配送、数据分析等各类增值服务。

网上商店的典型业务包含进货生产、验货清点、入库上架、产品拍摄、收款结算、打单配货、装盒包装、封盒贴单、核对计数、面单排序，这些属于线下业务工作；而美工文案、产品发布、同步库存、上架销售、运营推广、生成订单、核对信息、确认快递这些都属于线上业务工作。对于新开设的网店而言，运营工作的重中之重是通过各类推广与促销手段为网店引入流量。只有有了持续稳定的流量，网店的各项业务才能正常开展，并形成良性循环。

任务11.2　网上商店的运营

一、网店货源组织

网上商店的主要货源渠道包括网下货源与网上货源。实际采购进货时，可以综合利用网上与网下货源。

1. 网下货源

网下货源即通过传统货源渠道采购进货。根据产品（或服务）最终来源与数量的不同，网下货源可以分为自身货源、批发市场货源及工厂货源等。

（1）自身货源

自身货源是指不需要通过外界而是凭自己的专业、手艺、创作甚至创意提供产品，如网店美工设计外包业务、商品图片拍摄外包业务、手工编制产品、专业翻译等。

（2）批发市场货源

线下的专业批发市场一般货品种类丰富，数量充足，但货品质量参差不齐，价格不一。在批发市场进货，必须要目标明确，眼光独到，多逛，多看，做到心中有数，尽可能在市场中找到货源稳定的批发商，建立长期稳定的合作关系。

拓展阅读

长三角及广东地区的主要服装批发市场

四季青服装批发市场：位于杭州，专业从事服装成衣销售，市场以批发为主，汇聚了1100余家服装生产企业，900多个品牌的服装，种类包括服装成衣的各个类型，且产品细分十分完善。

七浦路服装批发市场：上海最具规模、辐射长三角的专业服装类批发市场，坐落在闸北、虹口、黄浦三区交界处。目前，七浦路已逐渐由原来的地摊商业转变为商场商业，由原来经营低档服饰转变为品牌服饰，其功能也在原来批发、零售的基础上增加了品牌展示、新品发布等产业化发展商圈。

白马服装批发市场：规模最大的广州服装批发市场，以高品质的成熟女装居多，价位在同类服装批发市场中较高，国内有很多女装品牌都是从这里起家转向专卖的。

常熟招商城：中国最大的服装批发市场之一。目前，招商城内拥有至少20 000个摊店，不下5000家服装服饰品牌专卖店、总经销处和代理网点。

（3）工厂货源

工厂货源即直接从生产厂家进货，其优点是货源充足，价格最低；缺点是进货量大，容易压货，换货麻烦。

拓展阅读

原单货、跟单货、追单货、仿单货的不同

工厂进货时，有时会听到原单货、跟单货、追单货、仿单货等不同的词语，它们之间有什么区别呢？

原单货也叫余单、尾单，指订单内生产出来的产品。

跟单货："原版"面料，搭配非品牌商提供的辅料，按品牌商提供的版型生产出来的产品。

追单货：生产厂家利用品牌商提供的版型，采购类似的面料、辅料而生产出来的产品。

仿单货：小厂家仿照品牌商发布的成品生产制造的产品。仿单货质量最差，却是市面上最泛滥的货源。

2. 网上货源

网上货源即通过电子采购平台采购进货。网上商店的采购规模一般都很小，所以选择的电子采购平台多为第三方平台。根据是否与供应商有固定的供货关系，网上货源可以细分为网络分销货源和网络批发货源。

（1）网络分销货源

网络分销即供应商利用网络进行分销渠道管理。供应商可以利用网络快速招募分销商，并搭建和管理产品的网络销售渠道；分销商可以利用网络快速找到合适的供应商并取得货源。网络分销的主要业务模式可分为网络经销与网络代销两种。

网络分销货源比较适合大学生创业，其最大的优势是供应商可以代发货，分销商通过"零库存"，可以大大降低经营成本和风险。另外，通过网络分销平台，可以在供应商和分销商之间实现商品数据同步及采购业务协同处理，省去了商品发布、采购下单等工作，大大提高了业务效率。该模式存在的不足是分销商不能自由定价，产品销售毛利率较低，退换货较麻烦。

（2）网络批发货源

网络批发即通过各类网络批发平台寻找供应商并采购进货，其优点是货品丰富，途径便捷，搜索比价方便，可用第三方支付工具担保付款采购，缺点是不能亲眼看到商品的实

物，对商品质量的把控存在风险。相对于网络分销货源，同类商品的网络批发货源价格更低，但一般有起订量的要求。另外，网络批发平台与网络分销平台的差别还体现在采购商与供应商之间不存在相对稳定的渠道关系，采购商与供应商的合作关系是动态的。

🌱 双创学堂

智能化的分销模式

作为一种新型的淘宝店铺模式，分销模式是从1688官方和一些供应商确定分销关系后，直接从供应商那里上传商品到自己的店铺中。只要创业者与其确定了分销关系，就不用担心被商家投诉。创业者直接用批发价从商家拿货，其中的利润空间还是非常大的，买家在店铺购买商品后，创业者把买家的信息提供给供应商，由供应商发货，自己只需要把商品的批发价和快递费付给供应商就可以了。

二、网上商店的开设

淘宝网作为亚洲最大的网络零售交易平台，以其巨大的访问流量和成交量、稳定的后台技术支撑及成熟的在线交易商业环境，吸引了无数的创业者，成为中小卖家网上创业的首选平台。

1. 账号注册与开设

（1）注册淘宝账户。在账户未登录的情况下，单击淘宝网首页左上角的"免费注册"链接，根据页面提示输入手机号并接收验证码验证。

（2）绑定支付宝账户。注册用户后，登录淘宝网，进入"我的淘宝"中的"账户设置"→"支付宝绑定设置"页面绑定支付宝账户。

（3）支付宝实名认证。从淘宝网首页进入"卖家中心"中的"我要开店"，进行支付宝实名认证。按照页面提示的支付宝实名认证的条件项，点击进入"支付宝实名认证"页面，需要填写与注册支付宝账户时相同的身份证号码开户且可正常使用的银行卡信息，并按页面提示操作。务必仔细阅读跳转页面上的信息，并在等待银行打款的过程中先返回淘宝开店页面，同步做淘宝开店认证。有些实名认证需要经过1~2天的银行卡打款核对过程，收到款项后输入正确的金额，系统才能确认完成。

（4）淘宝开店认证。当完成支付宝实名认证操作之后，需要进行"淘宝开店认证"的操作。在"淘宝身份认证资料"页面，请根据页面提示进行操作。需要提供证件及各类有具体要求的照片，请务必如实填写并认真检查身份证信息、真实的经营地址（联系地址）、有效的联系手机，以免因信息不符或虚假信息等原因导致认证无法通过；拍摄照片后请仔细检查，确保身份证信息完整清晰、所拍摄的手势照与示例照相符。提交资料后，审核时间为48小时。

淘宝开店认证成功后，通过"创建店铺"链接进入店铺基本信息设置，即视为店铺创建成功了。

拓展阅读

开店资格条件判断

（1）阿里巴巴工作人员无法创建淘宝店铺。

（2）一个身份证只能创建一个淘宝店铺。

（3）同账户如果创建过U站或其他站点，则无法创建淘宝店铺，可更换账户开店。

（4）同账户如果创建过天猫店铺，则无法创建淘宝店铺，可更换账户开店。

（5）同账户如果在1688有过经营行为（发过供应产品信息、下单订购诚信通服务、卖家发起订单、报价、下单订购实地认证、开通旺铺、企业账户注册入口注册的企业账户），则无法创建淘宝店铺，可更换账户开店。

（6）淘宝账户如果违规被淘宝处罚，则永久禁止创建店铺，也就无法创建淘宝店铺了。

（7）经淘宝排查认证，实际控制的其他淘宝账户被淘宝处以特定严重违规行为处罚或发生过严重危机交易安全的情形，则无法创建淘宝店铺。

（8）企业店铺负责人关联的企业店铺数不能超过五家；企业店铺负责人包含但不限于该企业的法人、股东、淘宝店铺的运营人等。

2. 商品的上架

店铺开设后，通过"卖家中心"→"宝贝管理"→"发布宝贝"这个功能入口即可进入商品信息发布页面。在发布商品之前，可通过设置商品分类和运费模板进行前期设置。发布商品时，需要选择商品发布方式，分为一口价、拍卖和个人闲置三种，然后选择商品所属类目，单击"我已阅读以下规则，现在发布宝贝"按钮后，即出现详细的商品信息发布页面，在这里需要详细填写以下信息。

（1）商品基本信息：关键属性、销售属性、商品标题、商品价格、商品数量、商品图片、商品详情描述、在店铺中所属的类目等。

（2）商品物流信息：商品所在地、物流运费等。

（3）售后保障信息：发票、保修、退换货承诺、售后说明等。

（4）商品其他信息：库存计数（是拍下减库存还是付款后减库存）、上架时间（淘宝上买东西的高峰期大概是上午9—12点，下午2—4点，晚上6—9点，上架时间可设置在这几个时间段内）、是否设置为橱窗推荐、秒杀商品或会员打折商品等。

拓展阅读

淘宝助理的应用

淘宝助理是一款免费的客户端工具软件，它可以使创业者在不登录淘宝网的情况下就能直接编辑商品信息，快捷批量上传商品。淘宝助理也是上传和管理商品的一个店铺管理工具，它的核心功能就是保存上传一步到位，线上更新即时同步，导入导出一键搞定。它的特色功能有：巧用模板，快速发布；编辑数据，轻松自由；批量操作，省心省事；售后保障服务同步完成。

淘宝助理支持各种操作系统的手机，手机版采用典型的九宫式布局，显得尤为简洁明了。订单管理、发货管理、宝贝管理、评价管理、店铺动态、会员服务、意见反馈及旺旺等功能依次排序，按照轻重缓急优先处理等原则排序，迎合了广大店主的心思，也便于店主打理淘宝店铺。

3. 淘宝网店的装修

（1）店铺徽标的制作

店铺徽标的制作要求及主要设计工具如下。

① 制作要求：文件格式为GIF、JPG、JPEG、PNG，文件大小为80KB以内，旺铺导航建议尺寸280像素×70像素、店标建议尺寸80像素×80像素、手机淘宝店铺建议尺寸280像素×50像素。

② 静态店标设计工具：Photoshop。

③ 动态店标设计工具：ImageReady、FireWorks、Ulead GIF Animator。

淘宝店铺徽标同时还应满足形式美观、唯一性、符合用户定位、表现出产品特性及品牌特点等要求。

拓展阅读

淘宝旺铺的徽标分析

淘宝旺铺的徽标分析如表11-1所示。

表11-1　淘宝旺铺的徽标分析

徽标	店铺	特色
	MG小象欧美街拍时尚女装　👑👑👑👑👑 卖家：毛菇小象　浙江 杭州	简洁、抽象、美观

续表

徽标	店铺	特色
	巴巴爸爸 Barpa 护肤美妆 👑👑👑👑👑 卖家: kinn_ning 广东 广州	卡通、趣味、形象
	糖糖屋 零食物语 进口零… 👑👑👑👑👑 卖家: xiaotang2043 上海	符合用户定位、亲切、甜美
	朵朵云五金冠母婴店 👑👑👑👑👑 卖家: 朵朵云 上海	突出销量、颜色和线条柔和

（2）页面的布局与美化

淘宝旺铺是淘宝平台提供的一套专业的店铺系统，用来管理和装修店铺及其产品，它可以让店铺更加专业、美观，提供更佳的用户体验和更多店铺装修功能。根据不同卖家的特点及功能差异，淘宝旺铺分为扶植版和标准版两个核心版本。旺铺的最新功能及产品报价可参考官方网站。刚开店的中小卖家一般使用免费的扶植版。

双创学堂

淘宝旺铺创业扶植版

淘宝旺铺创业扶植版只对1钻及以下卖家开放订购，旨在更好地扶植低星级卖家成长。相对于标准版，扶植版固定了店铺首页的模块，不赠送图片空间服务。使用该版本的卖家可拥有一个全新的、自定义程度更大的店铺首页；卖家可在自己的店铺首页设置950像素×150像素大小的店铺招牌。可以设置高度最大为500像素的宝贝促销区域，支持HTML代码；可设定三个个性推广区，通过设定关键字、店铺类别、新旧程度、结束时间、价格范围、显示方式、排序方式等条件，显示商品搜索结果；商品详情页面可以显示店铺招牌和商品类目侧栏；可以设定店铺风格，挑选自己喜欢的颜色；可设置五个自定义页面，在淘宝的模板内嵌入自定义的HTML代码；可使用淘宝提供的HTML标签显示商品列表。

新开设的网店一般会重点装修首页。在淘宝旺铺中，不同的旺铺页面可以进行不同的布局设计，可以在页面布局模块中轻松设置。以旺铺首页为例，首页一般包括页头、左侧栏、促销区、推荐宝贝、页尾等版块，页面模块的添加与调整的具体操作均在页面布局模块中。

拓展阅读

浣花缘护肤品的代运营

浣花缘护肤品是淘宝上的一家八年老店，如图11-2所示。按照化妆品分类来划分，该店铺属于护肤类店铺。该店铺是一家企业店铺，拥有独立的货源渠道，在产品质量和发货时间上拥有较大的优势，但店铺的经营却不甚理想。为了店铺能够继续顺利经营，卖家在经过专业分析后，决定选择一家代运营公司为其淘宝代运营。代运营公司接手店铺后，针对店铺问题进行了专业的诊断，发现店铺有以下问题。

（1）店铺装修风格不统一，过于简陋。

（2）产品首页和详情页不够吸引人，内容不够详细。

（3）推广度不够，访客量太少。

（4）跳失率太高，页面停留时间太短。

针对店铺问题，代运营公司提出以下解决方案。

（1）安排美工团队针对店铺装修和产品详情页进行修改设计。

（2）重新拍摄产品图片，然后进行精修。

（3）丰富产品详情页，让消费者能够更了解产品的信息。

（4）选择直通车加钻展的推广方式，提高访客率。

（5）制订合适的营销方案，加大店铺活动力度，积累客户群体。

店铺在经过代运营后有了明显的改善，店铺营业额突破10万元。线上网店经营不同于线下店铺经营，要时刻了解产品的潮流趋势，与时俱进，才能经营好店铺，让自己的店铺经营蒸蒸日上。

图11-2｜浣花缘护肤品

三、网店流量建设

就像实体店铺一样，网店建好之后首先要有人光顾，即得先有流量。没有流量，就意味着新建网店被淹没在了茫茫"店"海中，无人问津。没有流量就没有浏览量，更不可能有成交量。淘宝平台各类卖家不计其数，竞争非常激烈，如何引入流量是每个新手卖家需要考虑的问题。

1. 流量

通俗地说，流量就是指网站的访问量，是用来描述访问一个网站的用户数量及用户所浏览的网页数量的指标。与传统的实体店铺不同，网上商店可以利用一些工具非常方便地掌握用户访问的数据，如每天有多少人来到店铺，客户什么时间从哪里来，客户浏览了哪些商品等。这些流量数据可以帮助卖家进一步了解市场、了解客户，让卖家有针对性地开展营销活动。

2. 流量统计的常用指标

反映网站流量最主要指标的是PV值和UV值，也就是网站的页面浏览量和访客数。除此之外，还有平均访问深度、用户在页面的平均停留时间等。各指标的含义和指标解读如表11-2所示。

表11-2　常用流量统计指标

指标名称	指标定义	指标解读
浏览量 Page Views （PV）	一定时间内，店铺各页面被查看的次数	反映用户在店铺查看的页面数量。该指标越高，说明店铺的页面越受买家喜欢。一个用户多次点击或刷新同一个页面会被记为多次浏览（PV）
访客数 Unique Visitors （UV）	一定时间内，全店各页面的访问人数	反映一定时间内（如一天内）进入店铺的人数。该指标越高，说明店铺的用户规模越大。一个用户（以用户ID作为唯一标识）在一天内多次访问被记为一个访客
平均访问深度	访问深度是指用户一次连续访问的店铺页面数（即每次会话浏览的页面数）。平均访问深度即用户平均每次连续访问浏览的店铺页面数	反映店铺中访客的浏览情况。数值越高，说明该店铺越受欢迎，点击率越高
页面平均停留时间	用户平均浏览店铺单个页面所花费的时间	反映页面的受欢迎程度、产品的吸引力。停留时间越长越好，通常以秒为单位计量
人均店内停留时间	平均每个用户连续访问店铺的时间（即平均每次会话持续的时间），以客户为基准统计	反映用户在店铺停留的时间长短，说明用户对店铺的忠诚度、喜爱度。该指标越高越好，通常以秒为单位计量
回访客比例	回头客占所有访客数的比例	反映了回头客在访客数中的比例，是衡量用户忠诚度和黏性的指标

3. 网店流量的来源

网上商店一般由基础自然流量（以搜索带来的流量为主）、付费流量、活动流量和会员流量四方面构成。另外，也可以根据是否付费，分为免费流量和付费流量；根据流量来源入口，分为搜索引擎、外链导入、直接输入网址访问等。对于网店来说，清楚流量从哪里来，才能有的放矢地开展引流工作。

（1）基础自然流量

客户使用关键词进行搜索，在搜索结果的页面中点击进入店铺，由此带来的流量称为基础自然流量。对于新开的店铺来说，自然流量非常有限，但因为是客户主动找上门的，带来的都是有一定购买意向的客户，比较精准，这是店铺流量的基础。因为基础自然流量主要是用户进行产品搜索带来的，所以也可称作搜索流量。

（2）付费流量

通过购买网络广告等付费推广方式带来的流量，称为付费流量。网上付费推广方式很多，如淘宝平台上就有直通车、钻石展位、淘宝客等网络广告形式。选择合适的付费推广方式，会在短期给店铺带来比较明显的流量提升。

（3）活动流量

通过开展各种促销活动给店铺带来的流量，称为活动流量。在淘宝平台上，可利用一些店内营销工具，如满就送、搭配套餐、限时打折，或结合平台的一些活动，如聚划算、淘金币、天天特价等开展促销活动，获得活动流量，从而取得进一步的销量提升。

（4）会员流量

随着店铺的成长，店铺积累了自己的客户资源，客服人员做好会员关系管理，赢得回头客，提高客户的重复购买率，会获得店铺长期、稳定的流量，这部分流量就称为会员流量。

上述各种引流方法的实施，可以不断提升网店在搜索引擎中被搜索到的概率，店铺就可以取得提高其自然排名的权重，进而逐步进入流量自然增长的良性通道。综上所述，对四种主要流量来源的流量特征和常用引流方法进行比较，如表11-3所示。

表11-3　不同流量来源的比较

序号	来源	流量特征	常用方法
1	基础自然流量	由客户主动搜索带来的流量，与商品在搜索引擎中的排序密切相关，流量比较稳定	采用标题优化、商品图片优化、商品上架时间优化等优化策略
2	付费流量	与网络广告的投放密切相关的流量。资金投入较大，短期内会有较大的流量提升，但不够稳定	利用直通车、钻石展位、淘宝客等网络广告方式

续表

序号	来源	流量特征	常用方法
3	活动流量	与促销活动的开展密切相关的流量，大多数活动需要一定的资金投入，在活动期内会有较大的流量提升，稳定性一般	使用淘宝店内营销工具及参与淘宝店外活动，如聚划算、淘金币、天天特价等
4	会员流量	通过对老客户的维护获得，流量比较稳定	使用即时通信工具、论坛、微博、邮件营销和专业的客户关系管理软件等会员管理工具

四、促销活动的策划

促销活动也是提升网店流量的常用方法。有效的促销活动及营销推广不仅能获得流量，同时还能获得较高的转化率，提高店铺的营业额。

（1）天天特价

天天特价活动是淘宝网扶持中小卖家的一个官方活动，卖家可以定时根据自己的情况报名参加。这个活动有一定的规则，具体的参与方式如下。

① 单击"网站导航"栏目中的"天天特价"链接，进入天天特价主页面中，可以按照所需单击并查看正在进行活动的产品展示。

② 进入"商家中心"，单击"商家报名"链接，进入报名页面。报名页面的顶部会有天天特价的活动规则提示，建议卖家在第一次报名时仔细查看一下，下方显示亮色的代表可以报名的日期，灰色代表不可报名。若单击橘色的日期，可以看到一个报名窗口，单击它即可进行报名操作；在右侧会看到可以报名的活动名称提示，按照产品所需单击相应的活动进行报名即可。

③ 若没有合适的活动，可以在"即将开始"栏目中查找合适的活动，等待时间到了再参与报名即可。

④ 若是报名成功了，可以单击"商品管理"链接查看报名过的商品。

（2）"双十二"大促

淘宝网于2013年12月12日起，每年会在该日推出年度大型的网购活动，商品包括女装、男装、母婴、居家、数码家电、化妆品、户外、汽车、美食、房产等大类。"双十二"大促是所有淘宝网店都可以参与的全网促销活动。

参加淘宝"双十二"活动的基本步骤如下。

① 在指定日期前进入淘宝"双十二"活动入口后台报名。

② 提前挑选好店铺内决定参加活动的商品。

③ 为参与活动的商品选择合适的活动标签。

④ 为参与活动的商品打广告，也就是输入宝贝宣言。

⑤ 推广活动商品，收集更多买家对商品的优惠请求和评价。

⑥ 在"双十二"那天及时响应买家需求。

（3）SNS营销活动

SNS（Social Networking Services，社交网站）营销指的是利用社交网络建立产品和品牌的群组、举行活动、利用SNS分享的特点进行病毒营销之类的营销活动。淘宝网店在淘宝平台之外，做好该类营销活动也可以带来不错的流量。

淘宝网店的SNS营销活动一般可以按照以下步骤开展。

① 全面收集各种社区渠道，通过收集查看相关行业的各种资讯。

② 筛选适合自己行业的渠道，目标就是精准，也可以在类似蘑菇街、美丽说、小红书那样的社会化电商社区进行适度宣传。

③ 可以通过微博、社区、微信等平台同时转发和宣传，形成一个有效的SNS营销圈，便于促销的全网开展。

![icon] **拓展阅读**

支付宝"敬业福"SNS营销

2016年年初，支付宝"集齐五福，平分2亿现金"的红包活动堪称风靡全中国。一时间，几乎身边的人都跪求那张稀缺的"敬业福"。大家加支付宝好友求"福"，社交氛围一片祥和。

春节前后，支付宝获得了集中的高强度曝光，传播量和品牌影响力不可估量，完胜微信。然而，众所周知，切入社交领域才是支付宝制造这次事件的最终目的。通过引导用户加支付宝好友、互送福卡，打通用户之间在支付宝内的社交关系。

五、客户关怀与维系

在以"客户为中心"的营销时代，寻找新客户对于网店的重要性不言而喻，可是保持老客户，提高其满意度和忠诚度对网店的发展更为重要。网店卖家要做好客户关系管理工作，具体包括客户关系的建立、维护、提升等，如在网店有新品上架时，可以通过发短信告知客户来增进客户关系；同时还要做好维权管理工作，如随时跟踪包裹去向、交易结束及时联系、认真对待退换货、用平和心态处理投诉等。

网上商店可以通过微信进行客户关系维系。微信的特点主要体现在以安卓系统、苹果系统的手机或平板电脑中的移动客户端进行的区域定位，商家通过微信公众平台，结合会员卡管理系统展示商家微官网、微会员、微推送、微支付、微活动，可以形成一种主线上线下互动的服务方式。

网上商店做微信互动时，最重要的一点是要让客户知道关注店铺微信公众号的好处，这一点应体现在网上商店的活动设计上。类似的设计可以有：关注微信公众号可享受全场八折、关注微信公众号送××等，一定要让访客一目了然地看到关注微信公众号的好处。

其次，可以针对微信会员开展优惠活动，让每一位店铺的访客尤其是喜欢商品的但因为价格原因没有立即购买的意向客户，通过关注微信公众号给予优惠，让大家都有一个立即交易的理由。

最后，利用好微信作为交流工具，平时多去分析这些客户的需求，通过关注客户的签名和朋友圈，多与他们互动，以获取更好的销售效果。

拓展阅读

成功者说"客户管理"

"新增10个新客户，不如沉淀一个忠诚、优质的老客户。"这是一个成功网上商店的创业者的认识。通过网络推广，现在每天都有客户询问这位创业者，他们来自不同地区、不同行业、不同年龄、不同时间。说起客户管理，他有着自己的认识。

"我觉得，做好产品，沉淀自己的文化并积累意向客户是很重要的事情，新增10个客户，不如沉淀一个忠诚、优质的老客户来得重要，而且沟通时间短，效率高，反复下单率高，可以节约很多信任时间。

吸引新顾客很重要，但将以下几点做好，也是很好的表现。

（1）优化自己的产品，反思自己能够给客户提供什么价位，对比同行，自己什么地方做得好，什么地方做得不够好，在可以保证质量的前提下，价格还能否再低，有什么办法可以提高效率，降低成本。

（2）提高服务，除了公开自己的材料来源外，还要有工作环境、工厂介绍、公司优势的介绍，以及优质的服务和售后，也能有效提高客户信心。

（3）免费试用、花钱做推广，有时不如直接去做个广告，赠送围巾，能够得到真实的反馈，也是回馈客户的一种方法。

（4）活动赞助一下，不如把好的产品直接送人，一定会有收获的，会让更多人看到你，让更多的采购商喜欢上你。"

复习思考题

一、名词解释

网上创业、流量、PV、UV、SNS营销

二、选择题

1. 根据盈利模式的不同，以下（　　）不是常见的网络经营模式。
   - A. 网络销售式
   - B. 交易佣金式
   - C. 直接收费模式
   - D. 广告盈利式

2. 网上商店常用的定位方法不包括（　　）。
   - A. 根据产品属性定位
   - B. 根据产品价格和质量定位
   - C. 根据产品档次定位
   - D. 根据产品生产定位

3. 网络销售式将传统中线下售卖的商品搬至网上进行售卖，典型的代表有（　　）。
   - A. 苏宁易购
   - B. 淘宝网
   - C. 知乎
   - D. 京东

4. 以广告盈利式作为创业方式的典型代表有（　　）。
   - A. 1号店
   - B. 蘑菇街
   - C. 知乎
   - D. 唯品会

5. 淘宝网店中录入的商品基本信息包括关键属性、销售属性、（　　）和在店铺中所属的类目等。
   - A. 生产厂家
   - B. 销售属性
   - C. 商品质检
   - D. 商品类目

6. 店标建议尺寸为（　　）。
   - A. 80像素×80像素
   - B. 180像素×180像素
   - C. 30像素×30像素
   - D. 280像素×280像素

7. 浏览量是指一定时间内店铺各页面的（　　）。
   - A. 访客数
   - B. 查看数
   - C. 查看深度
   - D. 跳失率

8. 在淘宝平台上，不可利用（　　）的营销工具获得活动流量。
   - A. 满就送
   - B. 搭配套餐
   - C. 限时打折
   - D. "双十一"活动

9. 以小红书为代表的社会化电商社区中进行的营销属于（　　）。
   - A. 微博营销
   - B. 微信营销

C. 会员营销　　　　　　　　D. SNS营销

10. 在淘宝平台中发布商品时，需要选择的商品发布方式不包括（　　　）。

　　A. 直营　　　　　　　　　　B. 一口价

　　C. 拍卖　　　　　　　　　　D. 个人闲置

三、判断题

1. 相比于传统创业方式，网上创业进入门槛低、但操作和手续都比较复杂。

（　　）

2. 工厂货源即直接从生产厂家进货，其优点是货源充足，价格最低；缺点是进货量大，容易压货，换货麻烦。　　　　　　　　　　　　　　　　　　（　　）

3. 淘宝网买东西的高峰期是晚上9—12点，上架时间一般设置在这一个时间段内。

（　　）

4. 对于新开的店铺来说，自然流量非常有限，一定要付费引流量。　（　　）

5. 网上商店可以通过微信进行客户关系维系。　　　　　　　　　（　　）

6. 售后保障信息包括发票、保修、退换货承诺、售后说明等。　　（　　）

7. 在淘宝旺铺中，不同的旺铺页面不可以进行不同的布局设计。　（　　）

8. 天天特价活动是淘宝网扶持中小卖家的一个官方活动。　　　　（　　）

9. 聚划算活动中，淘宝中小卖家也可以参与。　　　　　　　　　（　　）

10. SNS营销活动的特点在于病毒性传播。　　　　　　　　　　（　　）

四、技能训练

请在淘宝上注册并开设一家网店，上架10件商品。

参考文献

[1] 罗伯特·库伯. 新产品开发流程管理[M]. 北京：电子工业出版社，2013.

[2] 陈劲，郑刚. 创新管理：赢得持续竞争优势（第三版）[M]. 北京：北京大学出版社，2016.

[3] 缪莹莹，孙辛欣. 产品创新设计思维与方法[M]. 北京：国防工业出版社，2017.

[4] 杰弗里·蒂蒙斯. 创业学[M]. 北京：人民邮电出版社，2011.

[5] 刘霞，宋卫. 大学生创业指导[M]. 天津：南开大学出版社，2016.

[6] 吴凌娇，宋卫. 网上创业[M]. 北京：高等教育出版社，2013.

[7] 孙霞，黄真. 大学生就业与创新创业教程[M]. 北京：人民邮电出版社，2017.

[8] 帕蒂·约翰逊. 创变者[M]. 北京：中国人民大学出版社，2015.

[9] 王丹. 现代企业管理教程（第三版）[M]. 北京：清华大学出版社，2016.

[10] 孙国忠，陆婷. 市场营销实务（第二版）[M]. 北京：北京师范大学出版社，2015.

[11] 刘霞. 新企业创业要素的聚合[M]. 西安：西安交通大学出版社，2014.

[12] 彭斌. 企业财务管理[M]. 北京：中信出版社，2015.

[13] 王清海. 中小微企业财务管理一本就够 [M]. 北京：中国纺织出版社，2018.

[14] 齐建国，王宏伟，蔡跃洲. 技术经济学及其应用[M]. 北京：社会科学文献出版社，2014.

[15] 陈建安，金晶，法何. 创业胜任力研究前沿探析与未来展望[J]. 外国经济与管理，2013，（9）：2-14.

[16] 李明章. 高校创业教育与大学生创业意向及创业胜任力的关系研究[J]. 创新与创业教育，2013，（6）：1-13.

[17] 潘建林. 中小企业创业胜任力的素质与能力双维度冰山模型[J]. 统计与决策，2013，（9）：186-188.

[18] 蒲清平，吕鹏. 基于大学生创业胜任力的培养对策研究[J]. 中国成人教育，2011，（3）：49-51.

[19] 范晓光，郑峰. 大学生创业胜任力的特征模型构建及培养途径[J]. 教育与职业，2012，（23）：86-87.

[20] 刘霞. 基于胜任力培养的高职创新创业课程体系构建研究[J]. 常州信息职业技术学院学报，2016，15 (2) :10-13.

[21] Mark Dodgson，Roy Rothwell. 创新聚集——产业创新手册[M]. 陈劲，译. 北京：清华大学出版社，2000.

[22] 赵炎. 创新管理（第二版）[M]. 北京：北京大学出版社，2017.